U0907565

主编简介

邓纯东　男，中国社会科学院“马骨干”博士生导师。现任十三届全国政协社会和法制委员会委员，中国社会科学院马克思主义研究院党委书记、院长。主持国家重点课题多项。在《人民日报》《求是》等报刊发表理论文章多篇。主编《中国特色社会主义理论研究》《中国梦与中国特色社会主义研究》《马克思主义中国化最新成果研究报告》等图书多部。

中国社会科学院
马克思主义理论学科建设与
理论研究工程项目

治国理政思想专题研究文库

意识形态工作思想研究

邓纯东　主编

YiShi XingTai GongZuo
SiXiang
YanJiu

人民日报出版社

图书在版编目（CIP）数据

意识形态工作思想研究 / 邓纯东主编 . —北京：人民日报出版社，2018. 1
ISBN 978 - 7 - 5115 - 5267 - 9

Ⅰ. ①意… Ⅱ. ①邓… Ⅲ. ①社会意识形态—工作—文集 Ⅳ. ①D64 - 53

中国版本图书馆 CIP 数据核字（2018）第 010669 号

书　　名：意识形态工作思想研究
作　　者： 邓纯东

出 版 人： 董　伟
责任编辑： 周海燕　孙　祺
封面设计： 中联学林

出版发行： 人民日报出版社
社　　址： 北京金台西路 2 号
邮政编码： 100733
发行热线：（010）65369509　65369846　65363528　65369512
邮购热线：（010）65369530　65363527
编辑热线：（010）65369518
网　　址： www. peopledailypress. com
经　　销： 新华书店
印　　刷： 三河市华东印刷有限公司

开　　本： 710mm × 1000mm　1/16
字　　数： 208 千字
印　　张： 15. 5
印　　次： 2019 年 1 月第 1 版　　2019 年 1 月第 1 次印刷

书　　号： ISBN 978 - 7 - 5115 - 5267 - 9
定　　价： 68. 00 元

编者说明

中国共产党是高度重视理论指导、不断推进马克思主义中国化、善于进行理论创新的党。同时，我们党重视对马克思主义理论的学习和研究工作，重视用马克思主义中国化最新理论成果武装全党和教育人民，推进马克思主义大众化。

党的十八大以来，以习近平同志为核心的党中央坚持以马克思列宁主义、毛泽东思想、邓小平理论、“三个代表”重要思想、科学发展观为指导，坚持解放思想、实事求是、与时俱进、求真务实，坚持辩证唯物主义和历史唯物主义，紧密结合新时代条件和实践要求，以巨大的政治勇气和强烈的责任担当，对经济、政治、法治、科技、文化、教育、民生、民族、宗教、社会、生态文明、国家安全、国防和军队、“一国两制”和祖国统一、统一战线、外交、党的建设等各方面都做出了理论上的回答，以全新的视野深化对共产党执政规律、社会主义建设规律、人类社会发展规律的认识，进行艰辛理论探索，取得重大理论创新成果，提出一系列治国理政新理念新思想新战略。

围绕习近平总书记关于系列治国理政新理念新思想新战略的相关论述，学术界理论界发表了非常多的高质量的阐释性、研究性文章。为了更好地配合学习、研究和宣传习近平系列重要讲话精神，为了更好地推进和加强对习近平关于治国理政思想的研究，中国社会科学院马克思主义理论学科建设与理论研究工程决定编辑出版这套《治国理政思想专题研究文库》。文库从丰富的治国理政思想中撷取二十个方面的重要思想，分二十专题编辑出版。包括：《中国梦思想研究》《创新发展思想研究》《协调发展思想研究》《绿色发展思想研究》《开放发展思想研究》《共享发展思想研究》《意识形态工作思想研究》《经济建设思想研究》《文化建设思想研究》《生态文明建设思想研究》《人类命运共同体思想研究》等。文库采集的论文来自党的十八大至党的十九大期间，在重要报刊上发表的部分理论和学术文章。

限于篇幅，不能把所有的高质量文章收入；基于编者水平，可能会遗漏一些高质量文章。另外，在编辑出版过程中对个别文章的标题和内容有所改动。在选编工作中难免出现错误与不妥之处，敬请作者与读者一一谅解与指正。

2017 年 10 月

目　录

CONTENTS

不断巩固马克思主义的指导地位*

——学习习近平总书记关于加强党的意识形态工作的重要论述

马克思主义理论研究和建设工程实施以来，取得了一系列重要成果，为巩固马克思主义在意识形态领域的指导地位、巩固全党全国人民团结奋斗的共同思想基础，为促进改革发展稳定、推动中国特色社会主义事业发展做出了重要贡献。

一、马克思主义是颠扑不破的真理

作为无产阶级政党，我们共产党只相信真理，服从真理，为真理奋斗，为真理献身。什么是真理？真理就是人们对于客观事物本质及其规律的正确认识。我们共产党人坚信马克思主义，始终不渝地坚持把马克思主义作为自己的指导思想，就是因为马克思主义是颠扑不破的真理。

马克思主义是由哲学、政治经济学和科学社会主义等部分组成的严密的、完整的、科学的理论体系。马克思主义哲学是马克思主义整个科学理论体系的灵魂、基础和根据，揭示了自然、社会和人类思维的最一般规律，既是世界观也是方法论。世界观和方法论是一致的，用什么样的观点看世界，就是世界观；把马克思主义世界观用于认识和改造世

---

* 本文作者：王伟光，中国社会科学院党组书记、院长。

界，就是方法论。习近平总书记强调："辩证唯物主义是中国共产党人的世界观和方法论"，"努力把马克思主义哲学作为自己的看家本领"。这是对马克思主义哲学真理性的科学评价，也是对待马克思主义的根本态度。

马克思主义经典作家运用马克思主义立场、观点、方法分析客观世界形成了一系列基本原理，如劳动价值和剩余价值的原理，社会形态和社会形态演变规律的原理，社会基本矛盾运动规律的原理，关于阶级、阶级斗争和国家的原理，关于无产阶级政党的原理，关于社会主义革命和无产阶级专政的原理，关于社会主义、共产主义必然代替资本主义的原理，关于社会主义本质特征和社会主义建设的原理，等等。这些基本原理共同构成了马克思主义的科学理论体系，是指引我们前进的强大思想武器。

实践是不断发展的，人们对于客观事物的认识也在不断发展。马克思主义是革命的、批判的、开放的、与时俱进的理论体系，必将随着实践的发展、时代的变迁、条件的变化而不断有所发现、有所前进、有所创新。马克思主义经典作家一再强调，正确的理论必须结合具体情况并根据现存条件加以阐明和发挥。恩格斯说过："我们的理论是发展着的理论，而不是必须背得烂熟并机械地加以重复的教条。"① 列宁反对用教条主义的态度对待马克思主义。他认为，如果把马克思主义变成一种片面的、畸形的、僵死的东西，就会抽掉马克思主义的活的灵魂，就会破坏它的根本的理论基础——辩证法，即关于包罗万象和充满矛盾的历史发展的学说，就会破坏马克思主义同时代的一定实际任务，即可能随着每一次新的历史转变而改变的一定实际任务之间的联系。任何僵化与停滞，都与马克思主义的理论品格背道而驰。一部马克思主义的历史，就是马克思主义创始人及其后继者，对已经改变的实践进行

---

① 《马克思恩格斯选集》第4卷，第3版，第588页。

新的理论概括，又用创新理论指导发展了的实践的历史。因此，对待马克思主义，切忌把它在特定历史条件下做出的个别结论僵死化、凝固化，而应当根据不同历史条件，创造性地加以运用。例如，马克思主义经典作家曾预言社会主义革命会在少数几个西欧国家同时爆发、同时取得胜利，这被概括为“数国同时胜利论”。按照这个论断，就无法解释列宁领导的十月社会主义革命，因此就必须解放思想、实事求是、大胆创新。任何理论的产生发展，都处于具体的历史条件之中。不能因为个别结论过时，就得出马克思主义已经过时，更不能因此否定马克思主义的真理性、科学性。

马克思主义诞生以来的历史雄辩地证明了马克思主义的真理性。马克思主义在历史上和现实中所发挥的作用，是其他任何理论、学说都不可比拟的。历史上资产阶级学者曾经无数次宣布“马克思主义过时了”“马克思主义死亡了”“马克思主义被送进墓地了”“马克思主义的幽灵已经消失了”“马克思主义作为一种意识形态已经终结了”等，但每一次这种宣布都被历史无情地嘲弄了。20世纪以来，特别是第二次世界大战结束以后，尽管世界发生了巨大变化，尽管时代主题发生了重大转换，但马克思主义所揭示的资本主义必然灭亡、社会主义必然胜利的历史趋势没有变，所揭示的时代本质没有发生根本转变，马克思主义世界观、方法论及其基本原理没有过时。邓小平同志说得好：“我坚信，世界上赞成马克思主义的人会多起来的，因为马克思主义是科学。”①

二、马克思主义是认识与改造世界的最锐利的思想武器

指导我们思想的理论基础是马克思列宁主义，这是毛泽东同志留给我们的至理名言，也是中国共产党最宝贵的历史经验。中国共产党

---

① 《邓小平文选》第3卷，第1版，第382页。

人最注重马克思主义的指导作用，最注重结合实际，运用马克思主义的立场、观点和方法。靠马克思主义建党、立党、兴党，靠马克思主义建国、立国、兴国，靠马克思主义挽救中华民族于危亡之际，靠马克思主义取得革命、建设、改革的伟大成就。历史一再昭示，不断推动马克思主义中国化时代化大众化，是我们不断从胜利走向胜利的根本思想保证，是我们党最可宝贵的经验。

没有先进理论，无法成就事业。毛泽东同志指出："代表先进阶级的正确思想，一旦被群众掌握，就会变成改造社会、改造世界的物质力量。"① 马克思主义理论的真理性，突出体现在它为我们认识、改造世界提供了最透彻最全面最科学的理论指南。

马克思主义坚定我们的理想信念。习近平总书记指出，理想信念是共产党人的精神之"钙"，必须加强思想政治建设，解决好世界观、人生观、价值观这个"总开关"问题。坚定的理想信念、不懈的精神追求始终是共产党人的标志，从来都是共产党人的强大优势。对马克思主义、共产主义的信仰，对社会主义的信念，是共产党人的政治灵魂，是我们党经受任何考验、不断攻坚克难、始终奋力前进的精神支柱。邓小平同志说过："对马克思主义的信仰，是中国革命胜利的一种精神动力。"② 马克思主义揭示了社会主义、共产主义取代资本主义的不可抗拒的历史趋势，这是我们共产党人为实现伟大理想而不畏流血牺牲、英勇奋斗的理论支撑。只要坚信马克思主义、共产主义，我们就会始终胸怀远大理想，坚定革命信仰，牢记全心全意为人民服务的宗旨，无论遇到什么险阻，都不会丧失信念；就会始终保持革命英雄主义，无论遇到多大困难，都不会退缩不前；就会始终保持革命乐观主义，无论遇到什么挫折，都坚信历史潮流滚滚向前。现实生活中，一些党员、干部出现这样那样的问题，遇到风雨就东摇西摆，说到底是信仰缺失、精神迷

① 《毛泽东文集》第 8 卷，人民出版社 1999 年版，第 320 页。

② 《邓小平文选》第 3 卷，第 1 版，第 63 页。

茫，丧失了共产党人的理想信念。

马克思主义赋予我们立场、观点和方法，为我们提供理论支撑。马克思主义哲学世界观方法论就是马克思主义立场、观点和方法。立场，就是指马克思主义代表的是工人阶级和最广大人民群众的根本利益；观点，就是马克思主义哲学基本观点和把它运用于实际而得出的基本原理；方法，就是把马克思主义世界观方法论及其一般原理运用于分析解决实际问题时形成的思维方法和工作方法。坚持马克思主义立场、观点和方法，就要坚定地站在工人阶级及最广大人民群众的立场上，运用马克思主义世界观方法论，运用马克思主义基本原理和基本观点分析问题、认识问题和解决问题。列宁以马克思主义为指导，结合俄国具体国情，制定出符合俄国实际的战略和策略，夺取了十月革命的胜利。以毛泽东同志为主要代表的中国共产党人把马克思主义与中国实际相结合，运用马克思主义的立场、观点和方法，深刻研究中国革命的特点和规律，探索出了符合中国国情的农村包围城市、武装夺取政权的新民主主义革命道路，带领人民取得了革命的成功。改革开放以来，中国共产党人解放思想、实事求是、与时俱进，毫不动摇地坚持马克思主义，坚定不移地推进马克思主义理论创新，开创和发展了中国特色社会主义，带领中国人民取得了改革开放的辉煌成就。历史已经证明，马克思主义具有强大的生命力。掌握和运用马克思主义的立场、观点和方法，是我们克敌制胜、做好一切工作的看家本领。

三、马克思主义是不断发展的科学理论

马克思主义之所以始终是我们的强大思想武器，之所以具有旺盛生命力，就在于它是发展的理论，就在于它要求理论联系实际，与具体条件、具体实践相结合。列宁在领导俄国革命和建设的实践中，概括 19 世纪末到 20 世纪初自然科学、社会科学发展的最新成果，研究资本主义发展到帝国主义阶段的本质规律，总结无产阶级革命和社会主义建设

的新经验，创造性地运用和发展了马克思主义，从而将马克思主义推到了一个新阶段。中国共产党人根据马克思列宁主义的基本原理，把中国革命、建设、改革实践中的一系列独创性经验进行理论概括，实现了马克思主义中国化的两次历史性飞跃，形成了两大理论成果。党的十八大以来，习近平总书记从坚持和发展中国特色社会主义全局出发，发表了一系列重要讲话，提出了一系列新思想、新观点、新论断，形成了“四个全面”战略布局，进一步丰富和发展了中国特色社会主义理论体系，开辟了我们党治国理政的新境界。

在新的历史起点上，实现“两个一百年”奋斗目标和中华民族伟大复兴的中国梦，面临着十分艰巨的任务，呼唤着21世纪中国马克思主义的大发展。马克思主义理论研究和建设工程是坚持和发展马克思主义、巩固马克思主义指导地位的铸魂工程和基础工程，是党的一项根本性建设。在新的历史条件下深入实施这一工程，必须强化问题导向，回应时代关切，把研究阐释当代中国马克思主义作为主攻方向，一定要有发展的观点，一定要着眼于新的实践和新的发展；必须深入研究阐释习近平总书记系列重要讲话的重大意义，深入研究阐释讲话蕴含的新思想新观点新论断；必须围绕落实党的十八大以来党中央战略部署来确定研究重点，深入回答事关全局的实践课题，着力探究深层次思想理论问题，正确解析热点难点问题；必须紧紧围绕坚持和发展中国特色社会主义这一主题，回答中国特色社会主义的一系列重大理论与实际问题，引导干部群众坚定道路自信、理论自信和制度自信；必须着力构建中国特色哲学社会科学体系和学术话语体系，坚持用中国理论阐释中国实践，立足中国实践升华中国理论。总之，坚持和发展马克思主义，更好推动马克思主义中国化时代化大众化，只有进行时，没有完成时，思想理论工作者必须自觉承担起这一光荣使命。

（原载于《求是》2015年第15期）

要自觉坚守意识形态阵地*

党的十八大以来，习近平总书记十分重视意识形态的工作，他多次联系国家政权的安危、社会应有的健康向上的主旋律和培养什么样的人等重大问题，深刻论述了意识形态工作的重要性。他特别指出：“一个政权的瓦解往往是从思想领域开始的，政治动荡、政权更迭可能在一夜之间发生，但思想演化是个长期过程。思想防线被攻破了，其他防线就很难守得住。我们必须充分认识意识形态工作的极端重要性，把意识形态工作的领导权、管理权、话语权牢牢掌握在手中，任何时候都不能旁落，否则就要犯无可挽回的历史性错误。”这对于我们自觉坚守意识形态的阵地有重要的指导意义。

自觉坚持社会主义意识形态并不输理

在阶级社会里，各个阶级都以自己的思想体系作为自己行动的指南，而任何一个时代的统治思想都是统治阶级的思想。资产阶级总是把自己的意识形态标榜成全民的、超阶级的，否认社会意识的阶级性。这是因为他们所建立起来的经济制度和政治制度是剥削和压迫无产阶级和广大人民群众的制度，他们只有通过这样的遮羞布，来掩盖其阶级的实

---

* 本文作者：梁柱，北京大学中国特色社会主义理论研究中心教授。

质。无产阶级政党则与此相反，公开申明自己意识形态的阶级性，申明它是为无产阶级和人民群众服务的。这是因为无产阶级的历史使命和根本利益是同历史发展的要求相一致的，能够代表最广大的人民群众的利益和要求。因而，无产阶级不需要隐瞒自己意识形态的阶级性，相反，只有旗帜鲜明地亮明和坚持自己的意识形态，才能说服和吸引最广大的人民群众，并使之转化成为建设社会主义的巨大的物质力量。对此，我们要有高度的自觉，始终坚持体现党性和人民性相统一的意识形态，维护中国人民的经济利益和政治地位。

那些敌视社会主义的势力总是采用“夺权先夺人，夺人先夺心”的策略，从意识形态方面入手，攻击和否定马克思主义，丑化党和社会主义制度，鼓吹西方资本主义的民主、自由，蛊惑人心，煽动群众，一旦时机成熟，他们就会结成“政治反对派”，进行旨在推翻社会主义制度的政治斗争。而国际敌对势力加紧推行的“和平演变”战略，也主要是搞“攻心战”，大力强化意识形态渗透，通过各种渠道传播西方资本主义的思想观念和政治模式，动摇人们对社会主义的信念，从而导致社会动荡，政局失控，达到不战而胜的目的。我们知道，以马克思主义为指导的社会主义意识形态是有史以来最先进的社会思想体系。但它的历史还很短，与剥削阶级意识形态的成熟程度及其拥有充分的传播工具相比，与这种旧意识形态具有的某种传统优势相比，社会主义意识形态还需要一个继续加强和完善的过程。毛泽东曾经说过：“我国社会主义和资本主义之间在意识形态方面的谁胜谁负的斗争，还需要一个相当长的时间才能解决。”因而，社会主义思想不去占领意识形态的阵地，资本主义思想就一定会去占领。这是没有调和的余地的。

苏联解体为我们提供了以意识形态为突破口最终导致亡党亡国的惨痛教训。从赫鲁晓夫到戈尔巴乔夫的所作所为，正是适应了西方敌对势力以“攻心为上”的战略需要。赫鲁晓夫借口时代的变化，在反对教条主义、发展马克思主义的旗号下，修正列宁的帝国主义理论，否认无产阶级专政的必要性，认为无产阶级国家已变为“全民国家”，无产阶级政党已发展成为“全体人民的党”。随着时间的推移，深受苏共二十大影响的一代人开始步入苏联领导层，发挥了“二十大的产儿”的作用。戈尔巴乔夫在回答自己是一个什么样的人的时候，竟然公开地说，我的回答只有一个：“我是社会民主主义者”，“我不止一次地论述过：我们面临的，绝不是在社会主义或是资本主义之间进行选择的问题。我们的未来是一个趋同的社会，具有趋同性的价值基础”。戈尔巴乔夫不仅在否定社会主义历史方面，而且也在否定马克思主义方面，比赫鲁晓夫走得更远了。戈尔巴乔夫把改革变成改制，鼓吹“人道的民主的社会主义”，更加自觉地颠覆无产阶级专政的社会主义制度。对于这种演变，布热津斯基在《大失败》一书中以辛辣讽刺的手法，认为苏联共产党统治集团，“一直以一种历史脱衣舞的形式，一层一层地否定（或者是脱掉）他们过去的理论外衣。”正是戈尔巴乔夫的这一套主张和做法，使苏共在二十八大召开时就已经陷入了四分五裂、危机四伏的境地。如果说，戈尔巴乔夫在鼓吹民主化、公开性时，还不时打出马克思列宁主义作为他的遮羞布，那么到了二十八大就不再提以马克思列宁主义为指导，而要求人们摆脱对它的“教条主义的解释”，提出了意识形态多元化的主张，并宣布抛弃“意识形态垄断主义”。戈尔巴乔夫等不但在舆论上、政治上把苏共推上了绝路，而且还违背苏联人民的意志，把解散苏联的错误做法强加给苏联人民，最终葬送了苏联社会主义事业。这是一个现代版的“殷鉴不远”，是值得我们认真研究和鉴戒的。

习近平总书记在全国宣传思想工作会议讲话中强调，我们要巩固马克思主义在意识形态领域的指导地位，巩固全党全国人民团结奋斗的共同思想基础，缺乏阵地意识、斗争意识不行，含糊摇摆也不行，陷入“本领恐慌”更不行。如果意识形态工作这一手不抓、不硬、不强，如果意识形态领域斗争抓而不紧、抓而不实、抓而不常，最后必然会出大问题，就要犯无可挽回的历史性错误。我们要有一种“任它东西南北风，咬定青山不放松”的精神，自觉坚持社会主义意识形态的阵地。

要清醒认识各种错误思潮的严重危害

改革开放以来相继出现了危害社会的各式各样的错误思潮，如新自由主义、民主社会主义、历史虚无主义、宪政改制、普世价值和儒化中国等，虽然他们主张各异，表现形式不同，但却有共同的政治诉求，这主要表现在：反对四项基本原则这一立国之本，力图扭转现代化建设和改革开放的发展方向，把中国纳入到西方资本主义体系中去。他们否定中国走上社会主义道路的历史必然性，散布社会主义失败论，马克思主义过时论，颠倒是非，混淆视听，如果听任其发展下去，就会动摇中国人民的共同理想，摧毁近代中国所苦苦追求的国家富强、民族振兴的伟大事业，陷国家于万劫不复的境地。

这里，着重以多年来泛起和泛滥的历史虚无主义为例，来帮助我们认识错误思潮对党和人民的事业、对社会特别是广大青年可能造成的严重危害。

应该看到，历史虚无主义思潮不仅表现在史学研究中，而且也表现在涉及历史和历史人物的某些文学、艺术和影视等领域的作品中，影响面大，有很大的欺骗性和渗透性。它利用改革之机，以“反思历史”为名，歪曲“解放思想”的真意，从纠正“文化大革命”“左”的错误，走到“纠正”社会主义；从纠正毛泽东晚年的错误，走到全盘否定毛泽东的历史地位和毛泽东思想；从诋毁新中国的伟大成就，发展到否定中国革命的历史必然性；从丑化、妖魔化中国共产党领导的革命和建设的历史，发展到贬损和否定近代中国一切进步的、革命的运动；从刻意渲染中国人的落后性，发展到否定五千年中华文明，等等。

历史虚无主义对消解社会主旋律的负面作用，是十分明显的。它的一个重要表现，就是轻蔑黄土文明、颂扬海洋文明（蓝色文明），把西方的政治思想、政治制度、价值观念作为普世价值，反对共产党领导和社会主义制度。一些人不但歪曲近现代中国革命的历史，而且对我们以爱国主义为核心的民族精神，中华源远流长的灿烂文化也恣意抹杀。在一些人的笔下，我们的民族不仅“愚昧”“丑陋”，而且充满“奴性”、安于现状、逃避现实，如此等等；而把中国优秀的文化和文化传统说成是走向没落的“黄色文明”，要现代化只有乞灵于西方的“蓝色文明”。历史虚无主义的一些鼓吹者丧失了起码的民族良知，他们不但渲染民族失败主义情绪，而且公开走上称颂帝国主义侵略，称颂殖民统治的道路上去。有人说，“鸦片战争一声炮响，给中国带来了近代文明”，应当“大恨其晚”。有人认为，近代中国的反侵略斗争，“在形式上都是民族自己的斗争，而在实质上，都是站在维护本民族封建传统的保守立场上，对世界资本主义历史趋势进行本能的反抗，是以落后对先进，保守对进步，封建闭关自守孤立的传统对世界资本主义‘自由贸易’经济变革的抗拒”。有的论者说：“如果中国当时执行一条‘孙子’战略（此人特别声明：不是《孙子兵法》的孙子，而是爷爷孙子的孙子），随便搭上哪一条顺风船，或许现在的中国会强得多。比如追随美国，可能我们今天就是日本。”这一切，他们都作为一种新的历史观加以推销。如果按照这样一种所谓新的历史观，黑白可以颠倒，是非可以不分，忠佞可以不辨，那么，中华民族的精神支柱，爱国主义的旗帜，彪炳千秋的民族英雄，又有哪一样不可以摧之毁之呢？

历史虚无主义所散布的种种言论，是我们在旧史学中能够常常看到的维护封建正统、蔑视人民群众的唯心史观，公正地说，历史虚无主义比旧史学还不如，因为他们不是研究历史，而是为一定的政治诉求而玩弄历史，典型地表现了他们的反历史、反科学的性质。他们的这些言论，不仅涉及史学领域的大是大非问题，而且还直接关系到做人立国的根本问题。这主要是：是维护历史本来面目，还是歪曲历史真相；是高扬民族精神，还是鼓吹妥协投降；是从历史主流中吸取精神力量，还是在历史支流中无限放大负面影响；是坚持唯物史观，还是回到唯心史观。如果这些原则问题被颠倒、被消解，就会从根本上搞乱人们思想，一个民族、一个国家就会失去立足和发展的思想基础。这是值得我们高度警惕和认真对待的。

古往今来，一切民族和国家在进步发展中都重视自己的历史，善待自己的历史，善于从历史经验中吸取智慧，资政育人。中国是一个史学很发达的国家，有经世致用的史学传统。清代思想家龚自珍说，“当以良史之忧忧天下”，讲的就是这个道理。习近平总书记在号召干部学习党史、国史时说：要“知史爱党，知史爱国”。我们要从这一认识高度，保持对历史的清醒，明辨是非，敢于抵制和批判包括历史虚无主义在内的各种错误思潮。

要自觉坚守意识形态的阵地

这些年来，在意识形态领域出现的各种错误思潮，可以明显地看到他们是一种有组织行为、有舆论阵地、有明确的政治诉求的行动，甚至有他们并不隐瞒的国际背景。对于这种情况，中央虽然多次提出，但没有引起各级领导干部的足够重视，甚至听任泛滥，应对无力。这也造成某些人有恃无恐，我行我素，达到无所顾忌的地步。出现这种情况原因是多方面的，就我们的工作方面来说，对意识形态工作的重要性，对错误社会思潮的危害性，并没有在相当多的领导干部中达成共识。有的关注的是个人政绩的显示，仕途的通畅和提升；有的是对各种错误思潮采取包容、宽厚、和谐相处的态度，老道于世故，尽量表现自己的开明形象，不肯也不敢得罪人。在干部政策上，对政治素质的要求多满足于和中央保持一致的空洞内容，而很少涉及能否坚持党的原则，能否在意识形态领域发挥领导干部的作用。一些领导干部不重视意识形态工作的原因，一是有的人本身已经相当“西化”了，并不认为这是问题；二是有的人缺乏起码的马克思主义理论修养，失去了应有的政治嗅觉，麻木不仁。这些情况，应当引起我们足够的重视。领导干部的思想状况不解决，用人标准不严格，意识形态工作是搞不好的。

我们要认真贯彻习近平总书记的系列重要讲话，从根本上扭转意识形态工作中的软弱被动局面。首先，领导干部特别是高级干部要把系统掌握马克思主义基本原理作为看家本领。共产党人的坚定信念，是奠定在科学理论基础上的理想信念，是一种对真理的信仰、科学的信仰。共同的理想信念是党内团结的基础，是党具有强大战斗力的力量源泉。毛泽东十分强调党内要有共同语言，有了共同语言才会有团结的基础。他说，要学马克思主义，才有方法，才有共同语言。这是千真万确的真理，对于我们今天面临着复杂多变的世情和国情来说尤为重要。事实证明，理论的坚定是政治坚定的基础，只有正确掌握马克思主义的世界观、方法论，才能把握历史的主动，坚定不移地推进中国特色社会主义事业；才能在各种社会思潮中明辨是非，坚定党的立场；才能在改革开放和市场经济的考验中，有力地抵制各种诱惑，防腐拒变，永远保持共产党人的本色。

其次，在各种错误思潮面前，要旗帜鲜明地敢于表明我们的态度，敢于“亮剑”。多年来在意识形态的工作中，往往表现出“骂不还口、打不还手”的软弱状态。一些似是而非的说法，捆住了我们自己的手脚，使我们在是非面前偃旗息鼓；一些反社会主义的势力已经打上门来了，我们却怕“炒热”，自动“退避三舍”，而不敢“礼尚往来”。这方面的教训很深刻，是值得我们认真总结加以改正的。事实表明，只要我们敢于坚持真理，又善于表达真理，真理就一定会获得广大人民群众的心。

再次，要严明党的纪律，党首先要管好党。党的纪律，是包括组织纪律和政治纪律两个方面的内容，这是相辅相成、不可分割的党的纪律的统一体。在改革开放新时期，面对“文化大革命”遗留下的严重派性、纪律松弛以及领导班子软、懒、散等问题，邓小平明确指出：“国要有国法，党要有党规党法。党章是最根本的党规党法。没有党规党法，国法就很难保障。各级纪律检查委员会和组织部门的任务不只是处理案件，更重要的是维护党规党法，切实把我们的党风搞好。对于违反党纪的，不管是什么人，都要执行纪律，做到功过分明，赏罚分明，伸张正义，打击邪气”。陈云指明当时正在蔓延的腐败现象是关系到党的生死存亡问题，他指出，在改革开放的历史新时期，“党性原则和党的纪律不存在‘松绑’的问题。没有好的党风，改革是搞不好的。共产党不论在地下工作时期或执政时期，任何时候都必须坚持党的纪律。”他强调，如果不用党的纪律来约束党组织和党员的行动，就会像毛主席所说的“亡党亡国亡头”。毋庸讳言，在一个时期内，在党的组织纪律和政治纪律方面存在的种种问题，已经同我们党面临的形势和任务形成了尖锐的矛盾。有的党员无视党的政治纪律，随意发表违背党的基本路线、基本方针的错误言论，甚至任意践踏宪法规定的红线；有的党员热衷于鼓吹资产阶级自由化思潮，力图用私有化来误导我们改革的方向，要求按照西方特别是美国的政治制度和价值观的所谓“普世价值”来推进我国的政治体制改革，企图改变中国的社会主义制度；有的党员毫无顾忌地歪曲党的历史、否定党在革命、建设和改革开放各个历史时期的重大成就，特别是不遗余力地攻击、污蔑和抹黑党的领袖；有的人甚至通过在境外海外发表大量不顾事实、不负责任的错误言论和书籍，再采取“出口转内销”的办法影响群众。凡此种种，不一而足。这些违纪行为，严重损害了党的形象，瓦解党的战斗力，消解广大群众对党的信任。这种情况如果不加以制止，严明党的纪律，而任其发展下去，后果将不堪设想。

（原载于《前线》2015 年第 3 期）

充分认识意识形态工作的极端重要性*

习近平总书记在2013年8月全国宣传思想工作会议上的重要讲话中指出："经济建设是党的中心工作，意识形态工作是党的一项极端重要的工作"。这是习总书记在对世情、国情和党情科学判断的基础上，对意识形态工作重要地位和作用的新论断，表明了我们党对这项工作认识上的升华和理论上创新。2014年2月，习近平总书记在中共中央政治局第十三次集体学习时强调，把培育和弘扬社会主义核心价值观作为凝魂聚气、强基固本的基础工程，广泛开展社会主义核心价值观的宣传教育。在当前改革发展的攻坚阶段，能否充分发挥意识形态工作的政治支持、思想引导、精神动力等作用，是关系到改革发展能否坚持正确的方向、中华民族伟大复兴的中国梦能否实现的重大问题。只有深刻认识意识形态工作的这一极端重要性，才能在实践中正确处理党的中心工作与意识形态工作的关系，从而切实发挥意识形态工作的极端重要作用。

一、意识形态工作在党的整个事业中具有战略性地位

新的历史时期，经济建设无疑是党的中心工作，其他一切工作都必须紧紧围绕经济建设这个中心来展开，既不能脱离这个中心，也不能偏

* 本文作者：邓纯东，中国社会科学院马克思主义研究党委书记、院长。

离这个中心，更不能代替这个中心。但是，绝不能因此而忽视或放松意识形态工作，必须把它放在极端重要的地位，防止和克服“一手硬一手软”的倾向。

意识形态具有政治、经济、文化、教育等多重功能，作为一定社会的上层建筑对经济基础有巨大的反作用。古今中外的历史都已表明，思想文化、价值观念、意识形态，对于一个国家和社会的长治久安、和谐稳定、兴旺发达具有极其重要的意义。现代意义的“强国”概念，更不仅仅是经济上的强大，以价值观为核心的文化软实力的较量尤为明显。历史与现实都已证明，“仓廪实未必一定知礼节，衣食足并非必然知荣辱”。实际上，古人在强调“仓廪实而知礼节，衣食足而知荣辱”的同时，还提出“四维不张，国乃灭亡”，即“礼、义、廉、耻”的伦理不大加宣扬，国家就会灭亡。不是物质生活好了就一切都能水到渠成，物质文明强大了，精神文明并不一定自然而然地提高，不是经济发展了，意识形态工作就一定能自然而然地做好。而且，越是以经济建设为中心，越是在改革攻坚克难的关键时刻，越是需要加强意识形态工作，从而为经济建设提供强大精神动力支撑。

所谓“极端重要”，就是进一步增强“重要”的程度，进一步强调党的意识形态工作在党的整个事业中所具有的根本性、战略性、全局性、关键性。从马克思主义的观点看，意识形态是国家权力的组成要素，即“思想的上层建筑”。任何一个政权的建立，总要先造舆论，取得道义上的广泛认同；而一个政权的巩固，则总要把统治阶级的意志上升为统治思想，成为社会的普遍共识。意识形态对政治、经济具有巨大的反作用，它关系着人心的向背、社会的安定、经济的兴衰、政权的得失、国家的安危。邓小平早就指出：“不加强精神文明建设，物质文明的建设也要受破坏，走弯路。光靠物质条件，我们的革命和建设都不可能胜利。”物质文明搞不好，精神文明会受到影响，同样，精神文明搞不好，物质文明也要受到影响。经济建设事关党和国家的前途命运，意识形态工作也同样关系到党和国家前途命运，关系到中国特色社会主义的成功，关系到广大人民的幸福安康。经济建设工作搞不好会翻船，意识形态工作搞不好则会变色、会变质。意识形态所具有的政治支持、统一思想、引导舆论、鼓舞动员、凝聚力量等作用，是党的任何工作取得成功的关键所在。正因为如此，我们要深刻认识和理性把握习近平总书记意识形态工作“极端重要”的论断，增强做好意识形态工作的自觉性、主动性、能动性，创造性地做好宣传思想工作，巩固马克思主义意识形态领域的指导地位，巩固全党和全国人民团结奋斗的共同思想基础。

二、高度重视意识形态工作是我们党的政治优势和优良传统

高度重视并善于做宣传思想工作或意识形态工作，是我们党的政治优势和优良传统，是我们党凝聚力量、战胜艰难险阻、夺取一个又一个胜利的重大法宝。中国革命、建设和改革事业的每一个胜利，都与党的艰苦细致、卓有成效的宣传思想工作密不可分。无论是战争年代还是和平建设时期，我们党都把意识形态工作放在事关党和国家事业兴衰成败的战略高度来抓，把进步的思想文化引领和放手发动群众、宣传群众、组织群众作为凝心聚力、推进工作的重要手段，在广泛的领域开展形式多样、卓有成效的宣传鼓动工作，在唤起民众、鼓舞士气、瓦解敌军等方面发挥了极其重要的作用，成为中国革命取得胜利的“第二大武器”。我们党对宣传思想工作或意识形态工作的重要地位和作用，一直用“生命线”一词来形象地比喻和凝练地表达。党从成立之日起，就把这一工作放在党的全部工作的重要位置上。早在1921年党成立之初，我们党就设立宣传机构，负责宣传鼓动工作，为革命事业发展宣传鼓动。新民主主义革命时期，尽管我们党不掌控国家意识形态机器，但积极倡导新的政治文化思想，不断加强马克思主义的宣传和引导，以此推动中国革命的历史进程，为新民主主义革命的胜利奠定了坚实基础。新

中国成立后，我们党把宣传思想和舆论引导工作放在突出地位，始终牢牢掌握着意识形态的主导权，马克思主义在意识形态领域的指导地位不断巩固。

在不同历史时期，毛泽东、邓小平等党的几代领导人就加强意识形态工作提出了一系列重要战略思想。毛泽东曾指出："掌握思想领导是掌握一切领导的第一位。"邓小平曾指出："经济工作搞得好不好，宣传工作搞得好不好，对经济形势和政治形势能否稳定发展，关系很大。"并强调："我们一定要把思想政治工作放在非常重要的地位，切实认真做好，不能放松。"江泽民曾强调："越是发展经济，越是改革开放，越要重视思想政治工作。"并指出，意识形态领域阵地，马克思主义不去占领，非马克思主义和反马克思主义的东西必然会去占领。胡锦涛曾指出："意识形态历来是敌对势力同我们激烈争夺的重要阵地，如果这个阵地出了问题，就可能导致社会动乱甚至丧失政权。敌对势力要搞乱一个社会、颠覆一个政权，往往总是先从意识形态领域打开突破口，先从搞乱人们的思想下手。"习近平指出："经济建设是党的中心工作，意识形态工作是党的一项极端重要的工作。"将意识形态工作强调到"极端重要"的程度，这在党的历史上还是第一次。从"生命线"到"极端重要"，是对意识形态工作或宣传思想工作重要地位和作用的新表达、新概括、新论断，表明了我们党对这项工作认识上的又一次升华。

90 多年来，我们党不断发展壮大的一个重要条件，就是始终坚持抓好意识形态工作。而苏联解体的一个重要原因，就是在意识形态领域放松和放弃马克思列宁主义在意识形态领域的指导地位，使得党和国家失去了科学理论的指导和正确的舆论支撑，各种错误思想和反动思潮的泛滥，导致苏联革命和建设成就遭到否定，使人们对社会主义事业失去信心，结果只能是导致社会主义苏联的覆灭。这是世界社会主义历史上的沉痛教训。

三、改革关键阶段凸显意识形态工作的极端重要性

社会主义意识形态工作是社会主义建设事业的重要组成部分，在社会主义建设总体布局中占有重要的地位。当前，国内形势发生复杂变化，我国改革发展进入关键阶段。社会发展进入了社会转型、体制转轨、机制转换、政府职能转变的艰难时期，一些深层次的矛盾凸显，中国特色社会主义建设事业面临多重挑战。其必然给意识形态工作带来诸多的新课题，凸显意识形态工作的重要和必要。越是在这种关键时期，越是要抓好意识形态工作，以主流意识形态引领多元化文化，及时应对和回答，形成各阶层都能接受的建设中国特色社会主义共识，对社会健康发展进行正面引导，为改革发展提供强大的思想保障和精神动力。

伴随国际形势的风云变幻、国内经济社会的转轨转型、新技术新媒体的迅猛发展，党的意识形态工作面临着严峻挑战。世界范围内各种思想文化交流、交融、交锋更加纷繁复杂，西方意识形态渗透方式发生新变化，采取新的手法来散布“意识形态终结”的迷雾，推销“普世价值”的神话；运用各种传播工具，抢占舆论阵地，公开或隐蔽地推销其社会政治理论、价值观念、意识形态和生活方式，试图使我们党在思想理论上崩盘，行动上自乱，最终让我们党重蹈苏东国家亡党亡国的覆辙。社会矛盾日益复杂，思想文化多元多样多变，享乐主义、拜金主义、极端个人主义在一些地方还严重存在，一些人世界观、人生观、价值观发生扭曲，是非混淆、善恶颠倒、荣辱不分的现象还时有发生。科学技术的日新月异，传播手段的迅猛发展，新兴媒体对人们的影响日益增大。网络已经成为人类生存的又一“家园”，成为人们与外界交流、获取信息、学习知识、表达思想的主要途径。但网络是一把“双刃剑”，网络信息良莠不齐、泥沙俱下、鱼目混珠，极易对社会产生负面影响。在这种状态下，以掌握舆论和引导舆论为重要内容的意识形态工作，显得“极端重要”。

在当前我国改革发展的关键阶段，利益格局和阶层结构的日益分化，不同阶层、不同利益群体的利益性矛盾日益增多，甚至一些价值性矛盾出现。在国家通过经济发展和政策调整来解决这些问题的同时，我们的意识形态工作，就是要大力宣传改革发展与最广大人民群众根本利益之间的关系，重点加强对收入分配差距问题、先富与后富问题、公平与正义问题的教育，引导人们树立正确的利益观、公正观和共富观。既要正视而不回避当前存在的问题，又要使人们认识产生问题的原因；既要看到我们在解决这些问题上的努力和成绩，又要看到问题依然存在有些还很严重；既要看到由于各种因素而导致的解决问题的任重道远，又要看到社会主义制度在解决这些问题上的优越性，使广大干部群众对党和国家充满信心，从而为实现中华民族伟大复兴的中国梦凝聚其强大的精神力量。

（原载于《广东社会科学》2014 年第 10 期）

略论意识形态工作的几个问题*

——学习习近平总书记在全国宣传思想工作会议上的讲话精神

中国共产党历来高度重视并积极开展意识形态工作。习近平总书记在今年8月召开的全国宣传思想工作会议上对党的意识形态工作做了深刻阐述。本文就意识形态工作的几个问题谈一些认识。

一、意识形态工作的定位：党的一项极端重要的工作

习近平在讲话中强调，经济建设是党的中心工作，意识形态工作是党的一项极端重要的工作。这是对意识形态工作的明确定位：它在以经济建设为中心的党的事业全局中处于“极端重要”的地位。这一定位要求我们在抓意识形态工作时始终不忘党的中心工作是经济建设，绝不能偏离这个中心；在抓经济建设时又绝不能忽视或放松意识形态工作，必须把它放在极端重要的地位。这种全面而坚定的认识凝结着党在把马克思主义基本原理同中国具体实际相结合的过程中处理经济工作与意识形态工作关系的极为丰富的经验，体现了党在政治上和理论上的高度

* 本文作者：田心铭（1947—），教育部高等学校社会科学发展研究中心研究员，中国社会科学院马克思主义研究院特聘研究员，贵州师范大学特聘教授。
本文系教育部重大课题攻关项目“马克思主义学习型政党建设研究”（11JZD001）的阶段性成果。

成熟。

经济和意识形态都是社会生活的重要领域，它们与政治等其他因素相互作用，共同构成了社会有机体。但是，这二者之间并不是并列的平行发展的关系。“物质生活的生产方式制约着整个社会生活、政治生活和精神生活的过程。”① 马克思在《〈政治经济学批判〉序言》中的这一经典论断，揭示了经济运动在社会发展中归根到底起决定性作用，经济发展是一切重要历史事件的终极原因和伟大动力。因此，当工人阶级夺取政权、上升为统治阶级并建立社会主义制度以后，就应该把经济建设作为中心任务。党的十一届三中全会以来，党纠正“以阶级斗争为纲”的错误，实现工作重心的转移，制定并始终贯彻以经济建设为中心的基本路线，取得了辉煌成就。数十年的实践经验证明，集中精力把经济建设搞上去，提高人民生活水平，是坚持党的基本路线100年不动摇的根本要求，是解决当代中国一切问题的根本出路。只要国内外大势没有发生根本变化，就必须紧紧扭住经济建设这个中心不放，而绝不能改变党的工作中心。

既然意识形态工作不是党的中心工作，为什么又要把它放在“极端重要”的位置呢？这同要求意识形态工作围绕中心、服务大局能不能统一起来？应该看到，按照历史唯物主义的观点，经济的决定作用是“归根到底”意义上的决定作用，它具有根源性、终极性，却并不具有唯一性，也不一定具有直接性。恩格斯严肃地指出，无论马克思或他都从来没有肯定过比“历史过程中的决定性因素归根到底是现实生活的生产和再生产”“更多的东西”，“如果有人在这里加以歪曲，说经济因素是唯一决定性的因素，那么他就是把这个命题变成毫无内容的、抽象的、荒诞无稽的空话”。他强调，“对历史斗争的进程发生影响并且在许多情况下主要是决定着这一斗争的形式的，还有上层建筑的各种因

① 《马克思恩格斯文集》第2卷，人民出版社2009年版，第591页。

素”①。他指出，政治的、法律的和哲学的理论，宗教的观点等等，就是这样的因素。这里表现出一切因素间的“相互作用”。因此，党在坚持以经济建设为中心的同时，强调意识形态工作“极端重要”，这并没有违反历史唯物论，而正是坚持了历史唯物论和辩证法的统一。

意识形态工作之所以极端重要，是因为意识形态对政治、经济具有巨大的反作用，在一定的条件下直接关联着人心的向背、社会的安定、经济的兴衰、政权的得失、国家的安危。无论是要维护或破坏一种社会制度，无论是要巩固或推翻一个政权，都必须做意识形态方面的工作。这是社会历史发展的一般规律。恩格斯曾经指出，在18世纪的法国和19世纪的德国，哲学革命作了政治变革的前导。哲学这种高度抽象的远离经济基础的意识形态尚且如此，各种政治的、法律的、经济的、文化的思想理论则具有更加直接的作用。在俄国十月社会主义革命和中国革命中，马克思主义作为无产阶级的意识形态发挥了无可估量的动员和组织群众的作用，转化成了变革社会、推动历史前进的伟大物质力量。另一方面，我们也已经看到，在20世纪八九十年代的苏联解体、东欧剧变中，在世纪之交一些国家发生的“颜色革命”中，意识形态是如何作为推翻国家政权以至改变社会制度的强大舆论力量起作用的。

今天，我们之所以特别强调意识形态工作的极端重要性，是由当代的世情、国情决定的。其一，在当代世界，我们在意识形态领域面临的斗争和较量是长期的、复杂的。在世界范围内思想文化交流交融交锋频繁，国际思想文化领域的斗争复杂，西方国家把中国的发展壮大视为对其价值观和制度构成的挑战，加紧对我国进行思想文化渗透。其二，国内一些错误观点时有出现。有的宣扬西方价值观，有的专拿党史国史说事，否定党领导人民进行革命斗争的历史，有的质疑和否定改革开放，有的否定四项基本原则。其三，在我国现阶段，由于社会深度变革，对

---

① 《马克思恩格斯文集》第10卷，人民出版社2009年版，第591页

外开放不断扩大，各种社会矛盾和问题相互叠加集中呈现，人们的思想正在发生广泛而深刻的变化。思想道德领域出现了一些不容忽视的问题，一些人理想信念不坚定，一些腐朽落后的思想文化沉渣泛起，拜金主义、享乐主义、极端个人主义有所滋长。在社会主义事业进程中，如果思想防线被攻破了，其他防线就很难守住。一个政权的瓦解往往是从思想领域开始的。因此，党和政府必须极端重视意识形态工作，牢牢掌握领导权、管理权、话语权。

人对社会的认识同社会本身一样，是在矛盾运动中前进的，对经济与意识形态关系的认识同样如此。马克思和恩格斯创立唯物主义历史观时，针对占统治地位的唯心史观，着重阐明了经济对政治和意识形态的决定作用：马克思在《资本论》中曾经有过“决定性的反作用”这样的提法，他说，劳动地租这种独特经济形式“决定了统治和从属的关系，这种关系是直接从生产本身中生长出来的，并且又对生产发生决定性的反作用”①；恩格斯在他的晚年，针对把唯物史观歪曲为“经济唯物主义”的错误观点，着重论述了政治和意识形态的相对独立性和反作用，从而阐明了社会发展是在经济归根到底起决定作用的基础上各种因素相互作用的过程，丰富和发展了历史唯物主义。毛泽东在《矛盾论》中说：“生产力、实践、经济基础，一般地表现为主要的决定的作用，谁不承认这一点，谁就不是唯物论者。然而，生产关系、理论、上层建筑这些方面，在一定条件之下，又转过来表现其为主要的决定的作用，这也是必须承认的。”他指出：“当着如同列宁所说‘没有革命的理论，就不会有革命的运动’的时候，革命理论的创立和提倡就起了主要的决定的作用。”② 毛泽东总结中国革命经验得出的这些重要结论，与马克思肯定“决定性的反作用”、恩格斯反对“说经济因素是唯一决定性的因素”是完全一致的，是中国化马克思主义对历史唯物主义基

① 《马克思恩格斯文集》第7卷，人民出版社2009年年版，第894页。

② 《毛泽东选集》第1卷，人民出版社1991年版，第325、326页。

本原理的坚持和发展。正如毛泽东所说："这不是违反唯物论，正是避免了机械唯物论，坚持了辩证唯物论。"① 因此，坚持以经济建设为中心和坚持把意识形态工作放在极端重要的地位是辩证统一的，而不是相互排斥的，必须"两手抓、两手都要硬"。我们曾经出现过"一手硬，一手软"、削弱思想政治教育的失误，给党和国家的事业带来了一定的损失，这个教训一定要汲取。

二、意识形态工作中的一个重要关系：正面宣传和舆论斗争的统一

正面宣传和舆论斗争的关系，是做好意识形态工作必须正确处理的一个重要关系。习近平指出，坚持团结稳定鼓劲、正面宣传为主，是宣传思想工作必须遵循的重要方针。他同时指出，在事关大是大非和政治原则问题上，必须增强主动性、掌握主动权、打好主动仗，帮助干部群众划清是非界限、澄清模糊认识。按照这些论述的精神，我们必须正确认识意识形态工作中建设性和批判性的关系，把正面宣传和舆论斗争统一起来。

意识形态工作必须坚持建设性和批判性的统一，这是由意识形态所固有的本性和功能决定的。马克思主义揭示了，人类社会的历史，是几个依次更替的社会形态由低级到高级发展的历史。其中每一个社会形态，都在一定的经济基础之上竖立着由政治法律制度和意识形态构成的上层建筑。意识形态是由经济基础决定的、为自己的经济基础和政治制度服务的社会意识形式；一种社会意识如果不为特定的经济基础和政治制度服务，它就不属于该社会的意识形态。意识形态的特定功能，就是促进自己的经济基础、政治制度的建立、巩固和发展，同时批判和破坏与之相对立的经济基础、政治制度、意识形态。

一种社会意识形态一经形成，就具有相对独立性，成为哲学社会科

① 《毛泽东选集》第1卷，人民出版社1991年版，第326页。

学的一个专门学科、社会分工的一个特定领域、专业人员从业的特殊部门。尤其是在各种社会意识中处于核心地位的理论、学说，都是由一系列特殊的概念、范畴构成的思想体系。每一学科领域都有其世代传承的思想材料。新的一代制造新的思想产品，就其实质来说，是对新的社会物质生活条件的反映；就其形式来说，只有通过对现有思想材料的加工才能实现。这就意味着意识形态工作是需要专门知识的专业性工作。因此，意识形态工作具有建设性。不同的意识形态及其所维护的不同经济、政治制度，代表着不同阶级的利益，在一定的历史空间中相遇，彼此间存在着对立和斗争。因此，意识形态工作又必然具有批判性，表现出建设性和批判性两种相反相成的属性。

社会主义意识形态是反映社会主义的经济和政治并为其服务的思想文化，维护社会主义的根本经济制度、政治制度、国家政权，同时批判资本主义、批判封建主义，是由其本质决定的基本功能和职责。坚持社会主义意识形态，批判资本主义、封建主义腐朽思想，既是维护人民的根本利益，也是坚持真理、同谬误做斗争。意识形态与客观真理的关系，由于各阶级的历史地位不同，在不同阶级的意识形态中具有不同情形，或相互排斥，或相互统一。工人阶级的阶级地位决定了它的根本利益同社会历史发展方向完全一致，因而它能够大公无私地揭示社会客观规律。所以维护社会主义意识形态与坚持客观真理是统一的。建设社会主义意识形态，就是追求真理；批判资本主义、封建主义的意识形态，是为了克服谬误。

正面宣传体现了意识形态的建设性，舆论斗争体现了意识形态的批判性，它们是意识形态工作中相互统一、不可分割的两个方面。

建设中国特色社会主义是走前人没有走过的道路、做前人没有做过的事业，面临的挑战和困难前所未有。实践中不断提出新的课题，需要我们通过总结实践经验创造出新的理论，用发展了的科学理论指导实践、武装群众，壮大主流思想舆论，弘扬主旋律，传播正能量，激发全社会团结奋斗的强大力量。邓小平在1979年提出“坚持四项基本原则”时就指出，根据新的丰富的事实对这些原则“做出新的有充分说服力的论证”，“这绝不是改头换面地抄袭旧书本所能完成的工作，而是要费尽革命思想家心血的崇高的创造性的科学工作”①。今天我们的意识形态工作又面临着结合改革开放30多年来新的实践对四项基本原则做出新的论证的任务。论证党一贯坚持的原则尚且不易，创新党的理论更是需要费尽心血。思想教育、形势宣传、成就宣传、典型宣传等等，同理论研究和理论宣传一样，也都是难度很大的工作，必须下一番苦功夫才能做好。

但是，坚持正面宣传为主，绝不意味着放弃舆论斗争。习近平要求宣传思想工作“打好主动仗”，这是把意识形态领域看作一个战场。意识形态的本质和功能决定了这一领域必然是各种思想理论和价值观交锋的战场。虽然就理论研究和宣传思想的工作方式而言，大量的是通过加工思想材料制造精神产品的案头工作，但从实质上说，意识形态工作绝不是远离战场、回避斗争、躲进书斋、背对现实去从事学术著述。中国化马克思主义的创立者毛泽东、邓小平为我们提供了把意识形态的建设和批判统一起来的范例。毛泽东的新民主主义革命理论是一个伟大的理论创造。毛泽东在《新民主主义论》中论述新民主主义文化时，严肃地批驳了顽固派宣扬资产阶级专制生义，提出了明确的要求：“‘收起’共产主义”的谬论，阐明共产主义思想体系同封建主义思想体系、资本主义思想体系的对立，并且指出，帝国主义文化和半封建文化—“这类反动文化是替帝国主义和封建阶级服务的，是应该被打倒的东西。不把这种东西打倒，什么新文化都是建立不起来的。不破不立，不塞不流，不止不行，它们之间的斗争是生死斗争。”② 邓小平提出的“坚持四项基本原则”是党的基本路线中的两个基本点之一。邓小平始

① 《邓小平文选》第2卷，人民出版社1994年版，第180页。
② 《毛泽东选集》第2卷，人民出版社1991年版，第695页。

终把“坚持四项基本原则”和“反对资产阶级自由化”结合在一起。他在1989年回顾说，“坚持四项基本原则，反对资产阶级自由化，这些年来每年我都讲多次”①。他还说过：“反对资产阶级自由化，我讲得最多，而且我最坚持。”② 苏联解体、东欧剧变发生后，邓小平又尖锐地指出：“西方国家正在打一场没有硝烟的第三次世界大战。所谓没有硝烟，就是要社会主义国家和平演变。”③

意识形态领域是一个没有硝烟的战场。由于没有硝烟，所以许多人对这个无形的战场、对这里发生的激烈斗争、对意识形态斗争的严重性和残酷性视而不见，掉以轻心，甚至认为抓意识形态斗争是杞人忧天，无事忙。正因为如此，邓小平反复告诫：“我们要警惕”④，“资产阶级自由化泛滥，后果极其严重。”“垮起来可是一夜之间啊。”“在苗头出现时不注意，就会出事。”⑤ 意识形态斗争是争夺人心的战争。宣传思想阵地，我们不去占领，人家就会去占领。我们必须增强政治敏锐性和政治鉴别力，保持清醒的头脑。

既然意识形态领域是一个战场，我们就必须认真研究战场的态势，认清双方的实情，探求斗争的规律，讲究战略战术，把握新的动向，掌握党的政策，增强主动性，掌握主动权，打好主动仗。意识形态领域争论的一些问题，既是重大的政治原则问题，又是具有专业性的学术问题，既反映了阶级利益的对立，又包含着在探求真理过程中难以避免的失误，不同性质的问题交织在一起，呈现出复杂的情形。因此，既要立场坚定，在大是大非政治原则问题上敢于亮剑，又要尊重学术规律，坚持“双百”方针，开展学术争鸣。意识形态工作，即使是针对敌对势力散布的错误观点的论战，根本目的还是教育群众、影响群众，分清是

① 《邓小平文选》第3卷，人民出版社1993年版，第324页。
② 《邓小平文选》第3卷，人民出版社1993年版，第181页。
③ 《邓小平文选》第3卷，人民出版社1993年版，第334页。
④ 《邓小平文选》第3卷，人民出版社1993年版，第326页。
⑤ 《邓小平文选》第3卷，人民出版社1993年版，第379页。

非，争夺人心，因而仍然是一种面向广大群众的思想工作。毛泽东说："思想斗争同其他的斗争不同，它不能采取粗暴的强制的方法，只能用细致的讲理的方法。"① 思想问题只能说服，不能压服。开展舆论斗争，既要旗帜鲜明，又要深入细致，充分说理，以理服人。当代科学技术尤其是互联网的发展，是意识形态斗争所面对的重要的新情况新方式。我国有近6亿网民，互联网已经成为很多人特别是年轻人获取信息的主要渠道，因而也成了舆论斗争的主战场。在这个战场上的胜负，直接关系我国意识形态安全和政权安全。我们必须认真研究互联网上舆论斗争的规律，把网上舆论工作作为重中之重抓紧抓好。

三、巩固马克思主义指导地位：意识形态工作的根本任务

习近平指出，宣传思想工作就是要巩固马克思主义在意识形态领域的指导地位，巩固全党全国人民团结奋斗的共同思想基础。巩固马克思主义的指导地位，是意识形态工作的根本任务。

马克思主义是工人阶级的科学世界观。以1848年《共产党宣言》的发表为标志，马克思恩格斯创立的科学世界观武装了工人阶级，指导无产阶级联合起来，建立共产主义政党，为实现本阶级的历史使命而奋斗。中国共产党就是马克思主义同中国工人运动相结合的产物。党用马克思主义宣传群众、组织群众，把马克思主义普遍真理同中国具体实际相结合，找到了一条经过新民主主义革命走向社会主义的道路，建立了人民当家作主的国家政权和社会主义制度，开辟出一条中国特色社会主义道路，从根本上改变了中国人民和中华民族的前途命运。没有马克思主义就没有中国共产党，没有共产党就没有新中国，没有中国共产党和中国化马克思主义，就没有中国特色社会主义。马克思主义是社会主义核心价值体系的灵魂，也是整个社会主义意识形态的灵魂。社会主义意

---

① 《毛泽东文集》第7卷，人民出版社1999年版，第231页。

识形态之所以不同于资本主义意识形态，之所以能够发挥维护社会主义经济制度、政治制度的巨大作用，就在于它是以马克思主义为指导的意识形态。如果否定马克思主义的指导地位，社会主义意识形态就从根本上改变了性质，丧失了它的功能，就会导致社会主义经济基础的瓦解、人民民主专政国家政权的颠覆。因此，意识形态工作的根本任务，就是巩固马克思主义的指导地位，从而巩固全党全国人民团结奋斗的共同思想基础。随着实践的发展和世情、国情的变化，意识形态工作的理论、对象、范围、方式在不断变化，但是意识形态工作的这一根本任务没有变，也不能变。

巩固马克思主义在意识形态领域的指导地位，集中表现为坚持共产主义远大理想和中国特色社会主义共同理想。马克思主义是以科学社会主义为核心的思想体系，它指明了社会主义代替资本主义、最终实现共产主义的历史前进方向。邓小平说："马克思主义的另一个名词就是共产主义。我们多年奋斗就是为了共产主义，我们的信念理想就是要搞共产主义。"① 中国共产党从成立之日起，就把马克思主义写在自己的旗帜上，把实现共产主义确立为最高理想。中国特色社会主义指明了我国现阶段的奋斗目标和方针、政策，同时又指向共产主义的远大目标，体现了党的最低纲领和最高纲领的统一、中国人民现阶段的共同理想和党的最高理想的统一。党的十八大报告指出："对马克思主义的信仰，对社会主义和共产主义的信念，是共产党人的政治灵魂，是共产党人经受住任何考验的精神支柱。"② 马克思主义、共产主义信仰是共产党人的命脉和灵魂。坚定的信仰始终是党员、干部站稳政治立场、抵御各种诱惑的决定性因素。在当代国际国内复杂环境下，部分党员、干部理想信念动摇，信仰缺失，认为共产主义是虚无缥缈的幻想，不问苍生问鬼

---

① 《邓小平文选》第3卷，人民出版社1993年版，第137页。

② 胡锦涛：《坚定不移沿着中国特色社会主义道路前进为全面建成小康社会而奋斗》，人民出版社2012年版，第50页。

神，不信马列信鬼神，这已经成为一个需要引起高度关注的问题。共产党人没有理想信念，或理想信念不坚定，精神上就会“缺钙”，就会得“软骨病”，就可能导致政治上变质、经济上贪婪、道德上堕落、生活上腐化。

确立坚定的理想信念，必须学习马克思主义。马克思主义是十分完备而严整的科学世界观。科学的世界观不能自发地产生。马克思和恩格斯总结无产阶级革命实践的经验，继承人类文明发展的优秀成果，透彻地研究了资本主义，研究了人类社会历史，创立了唯物主义历史观，发现了资本主义剩余价值生产的秘密，揭示了社会发展的规律，把社会主义从空想变成了科学。马克思主义诞生以来的实践，中国共产党领导中国人民 90 多年奋斗的历史，反复证明了马克思主义和中国化马克思主义的科学真理性。共产主义理想是建立在科学理论基础上的，所以每个人只有通过深入的理论学习才能真正树立起来。坚持马克思主义的指导地位，必须在全社会大力倡导学习马克思主义，共产党员和领导干部尤其要认真学习。习近平强调：领导干部特别是高级干部要把系统掌握马克思主义基本原理作为看家本领，老老实实、原原本本地学习。党中央提出的这一要求，具有重大而深远的意义。毛泽东在 1938 年就提出，“如果我们党有一百个至二百个系统地而不是零碎地、实际地而不是空洞地学会了马克思列宁主义的同志，就会大大地提高我们党的战斗力量”①。共产党是靠马克思主义起家的，当然也必须把马克思主义当作看家本领。共产党人比其他人高明的地方，就在于学习了马克思主义，拿起了这个思想武器，因而能够透过纷繁复杂的现象认清中国的基本国情，掌握人类社会发展规律、社会主义社会发展规律、共产党执政规律，领导人民推动历史前进。党的干部特别是高级领导干部，如果不认真钻研马克思主义经典原著，不能系统掌握马克思主义基本原理并把它

---

① 《毛泽东选集》第 2 卷，人民出版社 1991 年版，第 533 页。

运用于中国实际，就不能比群众站得高些、看得远些，带领群众前进，就失去了领导群众的能力和资格。因此，一般党员和干部也只有认真学习马克思主义，树立辩证唯物主义和历史唯物主义世界观，才能懂得人民群众是历史的创造者这个伟大真理。只有永远同人民群众保持血肉联系，才能使党的事业不断获得无穷无尽的力量源泉。

马克思主义代表了最广大人民的根本利益，同任何背离客观真理、维护剥削阶级统治和剥削者少数人利益的意识形态不相容，因此，意识形态领域的斗争、争夺各种思想文化阵地的斗争，必然集中表现为坚持还是否定马克思主义指导地位的斗争。巩固马克思主义的指导地位，必须坚决反对和深入剖析“指导思想多元”论和马克思主义“过时”论、“外来文化”论、“非学术”论等各种否定马克思主义指导地位的错误观点。马克思主义指导地位的确立是中国历史发展的必然。统治阶级的思想必然是占统治地位的思想，这是意识形态发展的规律。指导思想多元化从来没有成为社会历史中的事实，宣扬“指导思想多元”论不过是企图用西方资产阶级思想理论取代马克思主义指导地位的一种谋略。马克思主义是来自实践、指导实践又随着实践发展而发展的理论，它诞生以来从未停止前进的步伐，始终保持着蓬勃发展的生命活力。中国共产党成功地实现了马克思主义中国化，创立了毛泽东思想和中国特色社会主义理论体系两大成果，它们深深扎根于中国实践和中国文化的土壤之中，既是科学真理，又是中国文化的一部分，是当代中国文化发展的丰硕成果。马克思主义不是什么“外来文化”。马克思创立历史唯物主义，使研究社会历史的各门学科有可能建立在科学的历史观之上而成为真正的科学，在哲学社会科学的发展中划出了一个新的时代。马克思主义不仅在哲学、政治经济学和科学社会主义中建立起恢宏的理论体系，而且正在社会科学的其他多个学科中建立起自己的科学理论。马克思主义既是在无产阶级革命实践中，也是在哲学社会科学的艰苦卓绝的学术理论研究中产生和发展起来的。否定马克思主义的学术地位，实质是否定它的指导地位。

哲学和社会科学的大多数学科都具有强烈的意识形态性。巩固马克思主义在意识形态领域的指导地位，必须深入哲学社会科学的各学科之中，用马克思主义指导学术研究，在繁荣发展哲学社会科学的同时，巩固和扩大学术领域的马克思主义思想阵地。这里既是繁花盛开的学术园地，又是没有硝烟的意识形态战场；既需要建设，又需要批判。学术研究和理论批判、正面宣传和舆论斗争，常常是同一件事情的两个方面，就像一枚硬币的两面一样无法分开。马克思主义的理论工作者、哲学社会科学工作者，应该具备学者兼战士的品格。

参考文献：

[1]《习近平在全国宣传思想工作会议上强调：胸怀大局把握大势着眼大事努力把宣传思想工作做得更好》，《人民日报》2013 年 8 月 21 日。

[2]《马克思恩格斯列宁历史理论经典著作导读》编写组：《马克思恩格斯列宁历史理论经典著作导读》，人民出版社、高等教育出版社 2012 年版。

[3]《邓小平文选》第 3 卷，人民出版社 1993 年版。

[4] 梁柱主编：《社会主义初级阶段与四项基本原则》，人民出版社 2002 年版。

[5] 田心铭：《评几种否定马克思主义指导地位的观点——三论"为什么必须坚持马克思主义的指导地位"》，《马克思主义研究》2009 年第 9 期。

（原载于《马克思主义研究》2013 年第 11 期）

论十八大以来中国共产党意识形态理论创新*

党的十八大以来，以习近平同志为总书记的中央领导集体高度重视党的意识形态工作。习近平总书记围绕意识形态工作的诸多问题发表了一系列重要讲话，提出了许多富有创见的新思想新观点新论断，推动了党的意识形态理论的创新。

一、新形势下党的意识形态工作的极端重要性

新形势下意识形态工作面临十分复杂的局面，需要重新审视意识形态工作的地位和作用。2013 年 8 月，习近平总书记在全国宣传思想工作会议上指出，经济建设是党的中心工作，意识形态工作是党的一项极端重要的工作。巩固党的群众基础和执政基础，不能说只要群众物质生活好就可以了，这个认识是不全面的。党的群众基础和执政基础包括物质和精神两方面，精神上丧失群众基础，最后也要出问题。能否做好意识形态工作，事关党的前途命运，事关国家长治久安，事关民族凝聚力和向心力。经济建设工作为意识形态工作创造物质基础，只有经济建设这个中心工作做好了，意识形态工作才会有坚实的物质基础；反过来，意识形态工作做好了，可以为经济建设这个中心工作保驾护航，保证经

* 本文作者：赵剑英（1964－　），中国社会科学出版社社长兼总编辑、博士生导师，浙江师范大学马克思主义学院客座教授。

济建设持续、快速、健康发展。习近平总书记2016年2月19日在党的新闻舆论工作座谈会上的重要讲话再次强调，党的新闻舆论工作是党的一项重要工作，是治国理政、定国安邦的大事。做好党的新闻舆论工作，事关旗帜和道路，事关贯彻落实党的理论和路线方针政策，事关顺利推进党和国家各项事业，事关全党全国各族人民凝聚力和向心力，事关党和国家前途命运。

习近平总书记科学运用历史唯物主义理论对意识形态工作极端重要性进行了新的阐释。马克思主义认为，经济基础决定上层建筑，上层建筑反作用于经济基础，两者是辩证统一的。“随着经济基础的变更，全部庞大的上层建筑也或慢或快地发生变革。在考察这些变革时，必须时刻把下面两者区别开来，一种是生产的经济条件方面所发生的物质的、可以用自然科学的精确性指明的变革，一种是人们借以意识到这个冲突并力求把它克服的那些法律的、政治的、宗教的、艺术的或哲学的，简言之，意识形态的形式。”① 意识形态是与一定社会的经济和政治直接相联系的观念、观点、概念的总和，是上层建筑中的重要内容，它由经济基础决定并随着经济基础的变化而改变。但意识形态具有相对独立性，对经济基础具有很强的反作用。正如马克思所说，“如果从观念上来考察，那么一定的意识形态的解体足以使整个时代覆灭”②。

中国共产党的意识形态是中国特色社会主义经济关系和政治关系的反映，是占统治地位的党和人民的观念、主张。它是由社会主义经济基础决定的，同时又具有相对独立性，反作用于社会主义的经济基础，两者是辩证统一的。这种统一表现为两者是互构的，相互促进的。党的意识形态引领和统一广大人民群众的思想，凝聚力量，服务于中国特色社会主义的发展；同时，中国特色社会主义的发展成果证明了党的意识形态理论的科学性、合理性和有效性，推动意识形态理论的发展创新。

① 《马克思恩格斯选集》第2卷，人民出版社1995年版，第33页。
② 《马克思恩格斯文集》第8卷，人民出版社2009年版，第170页。

二、在增强“三个自信”的基础上确证党的意识形态的合理性

经过三十多年的改革开放，中国特色社会主义取得巨大成就，在不断解决发展中遇到的经济、政治、文化、社会、生态等各种难题的过程中，形成了中国特色社会主义的道路、理论体系和制度，增强了道路自信、理论自信和制度自信。习近平在新进中央委员会的委员、候补委员学习贯彻党的十八大精神研讨班上的讲话对社会主义500多年的历史发展进程，特别是我们党探索中国特色社会主义的历史进程和伟大实践，对坚持和发展中国特色社会主义需要把握的几个重大理论问题，进行了系统而深刻的阐述，科学论证了中国特色社会主义的历史必然性和科学有效性。中国特色社会主义科学有效性和自信有力确证了党的意识形态的合理性。中国特色社会主义道路取得了成功，被历史和实践证明是正确的，那么业已证明与此内在统一的中国共产党的意识形态也是科学合理的。要在增强“三个自信”的进程中进一步建构党的意识形态的合理性。正如习近平总书记指出，我们坚信，随着中国特色社会主义不断发展，我们的制度必将越来越成熟，我国社会主义制度的优越性必将进一步显现，我们的道路必将越走越宽广，我国的发展道路对世界的影响必将越来越大。道路越宽广、理论越科学、制度越完备，也就越强化了我们的意识形态的合理性。

我们成功走出了中国特色社会主义道路，那么我们在精神上就要坚持意识形态的自主性，意识形态的自主性与中国道路的自主性是辩证统一的。习近平强调道路自信、理论自信和制度自信，强调马克思主义信仰和对中国特色社会主义的信念，就是要强调中国道路的自主性和中国精神的自主性。我们正处于爬坡的关键时期，在中华民族伟大复兴的重要闯关时期，做好党的意识形态工作至关重要。习近平总书记非常形象地强调：“伟大事业需要伟大精神……当高楼大厦在我国大地上遍地林

立时，中华民族精神的大厦也应该巍然耸立。”① 中华民族精神是以党的意识形态为引领的，如果再不紧抓意识形态工作，精神上的问题不解决，将严重威胁党的政权和中国特色社会主义事业，将成为阻碍中华民族伟大复兴的一大短板。我们要旗帜鲜明地高举党的意识形态大旗，坚决反对西方价值观念特别是七个错误思潮：第一，宣扬西方宪政主义，即三权分立、多党制、司法独立、军队国家化等资产阶级国家理念、政治模式和制度，借以否定党的领导和批评中国政治体制。第二，宣扬“普世价值”，企图动摇党的执政理念和执政基础。第三，宣扬公民社会理论，企图瓦解党执政的社会基础。第四，宣扬新自由主义，主张经济的绝对自由化，彻底私有化和完全市场化，反对国家对经济的任何干预和调控，企图否定我国的基本经济制度。第五，宣扬西方的新闻观，挑战我国的党管媒体原则和新闻出版管理制度。第六，宣扬历史虚无主义，其根本目的就在于否定中国共产党的历史和新中国的历史。第七，质疑改革开放，质疑中国特色社会主义的社会主义性质。夸大我们改革开放中遇到的问题，企图借助这些问题来否定中国特色社会主义，否定改革开放，把中国特色社会主义说成中国特色资本主义、国家垄断资本主义、新官僚资本主义等。

三、党的意识形态本质内容：坚守共产党人的理想信念和宗旨

中国共产党所主张的社会主义意识形态的本质内容，是坚守共产党人的理想信念和宗旨，即马克思主义信仰、共产主义的理想、中国特色社会主义的信念和全心全意为人民服务的宗旨，这是中国共产党人的政治特质，即本质规定性。在新形势下，习近平总书记强调加强党的意识形态工作，是让所有中国共产党党员牢记自己的政治本色，保证中国共产党永不变色，保证中国特色社会主义的前进方向。习近平总书记强

① 《习近平总书记在文艺工作座谈会上的重要讲话学习读本》，学习出版社 2015 年版，第 7 页。

调："对马克思主义的信仰，对社会主义和共产主义的信念，是共产党人的政治灵魂，是共产党人经受住任何考验的精神支柱。"①

回溯历史，中国共产党从诞生之日起就把马克思主义写在自己的旗帜上，把实现共产主义确立为最高理想。在我们党九十多年的历史中，无数共产党人不惜流血牺牲，靠的就是这种信仰，为的就是这个理想。正是有了这一精神力量，中国共产党一步步发展壮大，领导人民群众取得抗日战争和解放战争的胜利，建立了社会主义新中国，开始了新中国社会主义建设。在一穷二白的条件下，中华民族就是靠着这种精神克服困难，赢得了民族的独立和尊严。邓小平在绘制改革开放蓝图时，明确提出"一个中心、两个基本点""两手抓、两手都要硬"，对经济建设和意识形态工作的关系及其重要性做了科学设计。

然而，我们在集中精力搞社会主义经济建设时，人们的精神思想领域却出现信仰危机、信任危机、道德滑坡等问题。一部分共产党员淡化了马克思主义信仰、共产主义的理想，丧失了作为一名共产党员的政治本色，贪污腐化、生活奢靡，给社会带来十分恶劣的影响。很多人吃着共产党的饭砸共产党的锅，恶意攻击党的方针政策以及党和国家领导人。西方意识形态泛滥，渗透舆论宣传、理论界、文艺界以及学术界甚至其他各个领域，严重威胁党的意识形态话语权。正如习近平总书记所描述的："应该充分肯定，我们大多数干部理想信念是坚定的，政治上是可靠的。同时，在我们的干部队伍中，也有的对共产主义心存怀疑，认为那是虚无缥缈、难以企及的幻想；有的不信马列信鬼神，从封建迷信中寻找精神寄托，热衷于算命看相、烧香拜佛，遇事'问计于神'；有的是非观念淡薄、原则性不强、正义感退化，糊里糊涂当官，浑浑噩噩过日子；有的甚至向往西方社会制度和价值观念，对社会主义前途命运丧失信心；有的在涉及党的领导和中国特色社会主义道路等原则性问

① 《习近平总书记系列重要讲话读本》，学习出版社、人民出版社 2014 年版，第 160 页。

题的政治挑衅面前态度暧昧、消极躲避、不敢亮剑，甚至故意模糊立场、耍滑头，等等。”①

可以说，党的意识形态经历了一个从牢固构筑（无人质疑）到不断解构（淡化分化）的过程，现在面临再次建构的艰巨任务。党的十八大以来，以习近平同志为总书记的中央领导集体全面从严治党，加强党的意识形态工作，补共产党人的精神之“钙”，重塑党的精神力量。习近平总书记对党的意识形态理论的创新，从本质上说是党的传统政治本色的回归，但又不是简单的重复，它反映了新形势下我国改革发展的实践需要，是回应新的时代要求的创新和升华。

四、中华优秀传统文化是党的意识形态之根

我国的意识形态是以马克思主义为指导的，适应社会主义经济基础的发展要求，但又是以中华优秀传统文化为根基的。党的十八大以来，习近平总书记多次强调要继承发扬中华优秀传统文化，指出中华文明是中国特色社会主义的重要历史渊源，中华优秀文化是涵养社会主义核心价值观的重要源泉。

习近平总书记在论证坚定不移走中国特色社会主义道路时指出，中国特色社会主义是科学社会主义理论逻辑和中国社会发展历史逻辑的辩证统一，是植根于中国大地、反映中国人民意愿、适应中国和时代发展进步要求的科学社会主义。他强调：“中国特色社会主义这条道路来之不易，它是在改革开放三十多年的伟大实践中走出来的，是在中华人民共和国成立六十多年的持续探索中走出来的，是在对近代以来一百七十多年中华民族发展历程的深刻总结中走出来的，是在对中华民族五千多年悠久文明的传承中走出来的，具有深厚的历史渊源和广泛的现实基础。中华民族是具有非凡创造力的民族，我们创造了伟大的中华文明，

① 《十八大以来重要文献选编》上，中央文献出版社 2014 年版，第 339 页。

我们也能够继续拓展和走好适合中国国情的发展道路。”① 他在全国宣传思想工作会议上的讲话还指出，宣传阐释中国特色，要讲清楚每个国家和民族的历史传统、文化积淀、基本国情不同，其发展道路必然有着自己的特色；讲清楚中华文化积淀着中华民族最深沉的精神追求，是中华民族生生不息、发展壮大的丰厚滋养；讲清楚中华优秀传统文化是中华民族的突出优势，是我们最深厚的文化软实力；讲清楚中国特色社会主义植根于中华文化沃土、反映中国人民意愿、适应中国和时代发展进步要求，有着深厚历史渊源和广泛现实基础。习近平总书记这两个论断科学阐释了中国特色社会主义道路的历史渊源和现实基础，同时也点出了中华优秀文化对于中国特色社会主义的重要意义，中国特色社会主义与五千多年的中华文明是一脉相承的，中华优秀文化是中国特色社会主义的重要源泉。

中华优秀文化是中国特色社会主义的重要源泉主要表现在：中华优秀传统文化是社会主义核心价值观的根，这也是习近平总书记重点关注和强调的。他在 2016 年 2 月主持政治局集体学习时指出，培育和弘扬社会主义核心价值观必须立足中华优秀传统文化。牢固的核心价值观，都有其固有的根本。抛弃传统、丢掉根本，就等于割断了自己的精神命脉。习近平总书记还指出，弘扬社会主义核心价值观要从中华优秀文化中汲取精华。他说，要认真汲取中华优秀传统文化的思想精华和道德精髓，大力弘扬以爱国主义为核心的民族精神和以改革创新为核心的时代精神，深入挖掘和阐发中华优秀传统文化讲仁爱、重民本、守诚信、崇正义、尚和合、求大同的时代价值，使中华优秀传统文化成为涵养社会主义核心价值观的重要源泉。他还指出：“中华优秀传统文化是中华民族的精神命脉，是涵养社会主义核心价值观的重要源泉，也是我们在世

① 《习近平总书记系列重要讲话读本》，学习出版社、人民出版社 2014 年版，第 30 页。

界文化激荡中站稳脚跟的坚实根基。”① 他还从方法论的角度指出，对待中华优秀传统文化，要处理好继承和创造性发展的关系，重点做好创造性转化和创新性发展。创造性转化和创新性发展最重要的就是要解决如何将中国传统优秀文化与社会主义核心价值观，与马克思主义意识形态相衔接与融合的问题。马克思主义与中华优秀传统文化不是互相排斥的，是内在统一的。当今世界，马克思主义在中国得到最好的继承和发展，正好说明两者之间的统一。中华优秀传统文化博大精深，它的创新性发展，实际上是推动这两者的更好融合。习近平总书记关于以马克思主义为指导的意识形态与中华优秀文化融合发展的新思想，意义重大，内容丰富，是对党的意识形态理论的一大创新，也是对中国特色社会主义文化理论发展的重要贡献。

五、提升中华文化软实力，增强国际话语权

当前，国际意识形态领域的斗争日益激烈，国际交往、文化交流都体现着意识形态的较量。正如习近平总书记所说，中华民族经过几代人的努力，逐步解决了挨打、挨饿的问题，但是挨骂的问题还没有解决，我们在国际上的话语权还不强。近几十年，我国经济社会发展在世界上是最好的，也受到世界各国的关注。我们做得很好，但是没有把我们的经验讲好，把我们的发展逻辑和成功之道讲出来，不能在国际社会产生强大的辐射力。习近平总书记指出：“古往今来，中华民族之所以在世界有地位、有影响，不是靠穷兵黩武，不是靠对外扩张，而是靠中华文化的强大感召力和吸引力。”② 显然，我们现在还远远没有做到。

因此，我们要推动中华文化走出去，讲好中国故事，传播中国声

① 《习近平总书记在文艺工作座谈会上的重要讲话学习读本》，学习出版社 2015 年版，第 28 页。

② 《习近平总书记在文艺工作座谈会上的重要讲话学习读本》，学习出版社 2015 年版，第 3 页。

音，把中国特色讲好，把中国特色社会主义的成功经验讲好。习近平总书记在中共中央政治局第十二次集体学习时强调，提高国家文化软实力，要努力传播当代中国价值观念，即中国特色社会主义价值观念，代表中国先进文化的前进方向。我国成功走出了一条中国特色社会主义道路，实践证明我们的道路、理论体系、制度是成功的。要加强提炼和阐释，把当代中国价值观念贯穿于国际交流和传播方方面面。要把中国梦的宣传和阐释与当代中国价值观念紧密结合起来，要努力展示中华文化独特魅力，注重塑造我国的国家形象，等等。我们要在国际社会理直气壮地表达我们的信仰和价值观念，有力回击国际上的各种质疑和攻击。中国道路具有世界意义，我们用行动已经证明它的科学性，我们要向世界说明中国特色社会主义是对人类文明多样性的独特贡献。

我们要积极提高对外传播能力，创新传播方式，拓展对外传播平台和载体。习近平总书记强调，要在文化交流中传播我们的意识形态，展示中华民族文化的自信和魅力。他还特别强调文艺在中国文化走出去中的重要作用。他在文艺工作座谈会上的讲话中指出，中国文化走出去光靠正规的新闻发布、官方介绍是远远不够的，靠外国民众来中国亲自了解、亲身感受是很有限的。而文艺是最好的交流方式，在这方面可以发挥不可替代的作用，要向世界宣传推介我国优秀文化艺术，让国外民众在审美过程中感受魅力，加深对中华文化的认识和理解。

六、适应网络化条件下思想文化传播新趋势，加强意识形态工作创新

在“互联网＋”的时代背景下，党的意识形态工作发生很大变化，网络发展成为一个新的主阵地。在某种程度上可以说，互联网已成为意识形态领域争夺人心、争夺群众的主战场，更是国际意识形态斗争的角力场。信息化网络化的加速发展给党的意识形态工作提出新课题，也必将推动意识形态工作的创新发展。意识形态阵地的形态发生了变化，党

的意识形态工作也要转变观念，创新方式方法，中央领导集体对这一形势有着十分清醒的认识。

习近平总书记深刻认识到党的意识形态工作所面临的新的时代背景，形象准确地描述了加强网络阵地建设的重要性。他在全国宣传思想工作会议上曾指出，根据形势发展需要，要把网上舆论工作作为宣传思想工作的重中之重来抓。宣传思想工作是做人的工作的，人在哪儿重点就应该在哪儿。我国网民有近六亿人，手机网民有四亿六千多万人，其中微博用户达到三亿多人。很多人特别是年轻人基本不看主流媒体，大部分信息都从网上获取。必须正视这个事实，加大力量投入，尽快掌握这个舆论战场上的主动权，不能被边缘化了。他在网信工作座谈会上的讲话中指出："'知屋漏者在宇下，知政失者在草野。'很多网民称自己为'草根'，那网络就是现在的一个'草野'。网民来自老百姓，老百姓上了网，民意也就上了网。群众在哪儿，我们的领导干部就要到哪儿去，不然怎么联系群众呢？各级党政机关和领导干部要学会通过网络走群众路线，经常上网看看，潜潜水、聊聊天、发发声，了解群众所思所愿，收集好想法好建议，积极回应网民关切、解疑释惑。善于运用网络了解民意、开展工作，是新形势下领导干部做好工作的基本功。各级干部特别是领导干部一定要不断提高这项本领。"① 从历史唯物主义角度看，信息革命带来人们物质生产和生活方式的变化，也极大地改变了人们的交往方式，通过信息网络交往已经成为人们的一个十分重要的方式。网络空间是亿万民众共同的精神家园，是西方意识形态和价值观最容易渗透的领域。如果党的意识形态不去占领，就会被其他思想潮流所占领。因此，习近平总书记在党的新闻舆论工作座谈会上的讲话中强调，能否过网络化这一关，是对我党执政的考验。要适应并掌握网络化条件下意识形态工作的主动权，牢牢掌握意识形态工作的领导权、管理

① 《习近平在网络安全和信息化工作座谈会上的讲话》，《人民日报》2016 年 4 月 26 日。

权、话语权，改变传统纸媒条件下的被动局面。

抢占网络阵地，对党的意识形态工作来说，既是挑战，也是机遇。加快传统媒体和新兴媒体融合发展，科学把握和运用网络传播规律，充分运用新技术新应用创新媒体传播方式，弘扬主旋律，激发正能量，大力培育和践行社会主义核心价值观，用党的意识形态牢牢占领网络阵地，这是党的意识形态工作创新面临的重大任务。

党的十八大以来，习近平总书记科学运用马克思主义立场、观点和方法，从中国特色社会主义发展的大局出发，科学把握经济建设和意识形态工作的辩证关系、中国特色社会主义实践与意识形态之间的互构关系，强调党的意识形态的自主性，推动了党的意识形态理论创新，是新形势下做好党的意识形态工作，为中国特色社会主义健康发展保好驾护好航的科学指引。

（原载于《马克思主义研究》2016 年第 7 期）

深刻认识意识形态工作的极端重要性*

——学习习近平总书记在全国宣传思想工作会议上讲话精神

习近平总书记在全国宣传思想工作会议上，站在时代发展、历史发展和阶段发展的制高点上，依据宣传思想工作的环境、对象、范围、方式已经发生很大变化的客观实际，以改革开放30余年来从未有过的认识深刻程度，特别阐述了意识形态工作的重要地位和作用，他强调指出，意识形态工作是党的一项极端重要的工作；他又指出，历史和现实反复证明，能否做好意识形态工作，事关党的前途命运，事关国家长治久安，事关民族凝聚力和向心力；他还指出，在集中精力进行经济建设的同时，一刻也不能放松和削弱意识形态工作。习近平总书记的这些重要论断，指明了意识形态工作引领社会、凝聚人心、推动发展的强大支撑作用，确定了意识形态工作的根本性、战略性、全局性意义。

理论自觉和理论自信的重大表现

习近平总书记关于意识形态工作极端重要性的论述，是我们党理论自觉和理论自信的又一重大表现。

党的十一届三中全会以后，我们党实行了工作重心转移，开始了以

---

* 本文作者：尹韵公，中国社科院中国特色社会主义研究中心主任。

经济建设为中心工作的崭新征程。十亿中国人民一心一意，排除干扰，全力以赴地改造山河，使我国的经济建设和经济发展又好又快地向前推进，创造了人类经济社会史上的发展奇迹，中华民族以最短的时间、最快的速度整体上摆脱了贫困而实现了小康，从而赢得了举世公认的经济建设成就。在这个历史巨变过程中，我们并没有丢掉意识形态工作。譬如，我们在 20 世纪 80 年代中期就提出了在抓紧物质文明建设的同时，也要抓好精神文明建设，要“两手抓，两手都要硬”。陈云同志曾经说过，经济工作做不好要翻船，宣传工作搞不好也会翻船。胡锦涛同志曾经说过同样经验总结的话：经济工作搞不好要出大问题，意识形态工作搞不好也要出大问题。其他一些国家的历史经验表明，即使经济工作搞好了，意识形态工作搞不好照样会出大问题。故此，充分认识精神文明建设和物质文明建设的同等重要性，是我们坚持和发展中国特色社会主义的一条基本经验。牢牢把握和丰富这条宝贵的基本经验，就要求我们不断深化意识形态工作的重要性认识。可以看出，习近平同志的重要论断是对中国特色社会主义理论体系的丰富和发展所做出的新贡献和新推进。

按照马克思主义的基本原理，经济基础决定上层建筑，而上层建筑则反作用于经济基础。意识形态属于上层建筑，意识形态出问题，则必然地上层建筑定出问题；一旦上层建筑出问题，则必然地经济基础要出问题。上层建筑与经济基础的关系，是相互影响，相互牵扯，相互因果的。我们要从唯物论和辩证法的立场出发，既要切实做好经济建设中心工作，为意识形态工作提供坚实物质基础，又要切实做好意识形态工作，为经济建设中心工作提供有力精神保障；既不能因为经济建设中心工作而忽视意识形态工作，也不能使意识形态工作游离于经济建设中心工作；既要有硬实力，也要有软实力。实际上，经济建设中心工作和意识形态工作，犹如任何社会发展的两个车轮，如果一个车轮正常，而另一个车轮有毛病，整个发展动力就会出现问题，只有经济建设中心工作的车轮和意识形态工作的车轮都正常地飞速运转，我们事业的发展才能更好更快。习总书记的讲话实质上是在提醒全党各级领导干部，不能只有做经济工作的积极性，而且还要有做意识形态工作的积极性；做好意识形态工作的重要性和积极性，决不能亚于做好经济工作的重要性和积极性。那种认为宣传思想工作是空的、虚的，不像经济工作是实的、硬的，有 GDP 数据，容易出政绩的看法，只能说明这些领导干部对意识形态工作的重要性，还没有认识到位。巩固党的群众基础和执政基础，不能说只要群众物质生活上去了就可以了，这是典型的“好行小惠，言不及义”。党的群众基础和执政基础包括物质和精神两个方面。精神上丧失群众基础，最后也要出问题，甚至是大问题。实现民族复兴中国梦，一方面必须继续坚持经济建设中心工作，另一方面还要大力增强和提升意识形态工作的主动性和积极性，为中国特色社会主义事业向前发展提供强大的思想保证、精神动力、舆论支持和文化条件。

强烈的现实意义和针对意义

习近平总书记关于意识形态工作极端重要性的重要论断，还有一个鲜明而突出的特征，就是具有强烈的现实意义和针对意义。

首先，我们正处于信息传输技术发生革命性变化的过程之中。互联网的迅猛发展和广泛应用，一方面使人们之间、人与社会之间的信息交流与沟通变得更加方便、快捷和及时，另一方面也使舆论生态市场变得更加嘈杂、多样和生动，甚至更加吊诡，因而使得宣传思想工作和意识形态工作的难度更为加大，局面更加复杂，任务更加繁重。正是因为舆论环境出现了前所未有的深刻变化，我们才会产生了意识形态工作极端重要的前所未有的深刻认识。

其次，我们正处于发展关键期、改革攻坚期和矛盾凸显期的历史进程之中。当下各种社会矛盾和问题相互叠加、集中呈现，人们思想观念的独立性、差异性、多样性、多变性日益增强，思想道德领域出现了一些不容忽视的现象，如一些人理想信念不坚定，一些腐朽落后的思想文化沉渣泛起，拜金主义、享乐主义、极端个人主义有所滋长，等等。“宣传思想工作就是要巩固马克思主义在意识形态领域的指导地位，巩固全党全国人民团结奋斗的共同思想基础。”这两大根本任务的贯彻落实，从来没有像现在这样面临着如此严峻的挑战和如此艰巨的考验。

再次，意识形态领域硝烟弥漫，斗争尖锐。我们必须看到，伴随着中国举世瞩目的巨大进步，中国的发展模式也日益扩大影响。西方一些势力抱着意识形态偏见和冷战思维不放，把中国发展模式视为对西方制度模式和价值观的威胁，围绕发展模式和价值观的讨论、争论在国际思想文化市场上从未消歇过；各种思想文化交流、交融、交锋日趋频繁，意识形态领域渗透与反渗透的斗争日趋尖锐复杂。我们将长期面对西方遏制、促变的压力，而意识形态渗透是西方敌对势力对我国推行西化、分化战略和弱华战略的主要手段。同时，我们还要注意到，互联网时代的思想内外界限越来越模糊，国外思想动态与国内思想动态的区别也越来越不明显，国内声音总是能和国外声音及时地遥相呼应。譬如，有人鹦鹉学舌，把西方的制度模式说成是“普世价值”，鼓吹中国只有接受这些“普世价值”才有光明前途，实际上是否定四项基本原则，主张走改旗易帜的老路；也有人以“反思改革”为名，得出中国改革走入歧途的结论，实际上是否定改革开放，主张回过头去走封闭僵化的老路。近些年来，境内外敌对势力相互勾结，内外串通，小题大做，借题发挥，造谣诬蔑，挑拨离间，起劲唱衰中国，恶意抹黑中国的国家形象和政府形象，其目的就在同我们争夺阵地、争夺人心、争夺群众，最终推翻中国共产党的领导和中国特色社会主义制度。必须着重指出，一个政权的瓦解往往是从思想领域开始的，政治动荡、政权更迭可能在一夜之间发生，但思想演化是一个长期过程。思想防线被攻破了，其他防线就很难守得住。所以，如果我们听任那些混淆视听的负面言论大行其道，势必搞乱党心民心，危及社会和谐稳定和国家政权安全。

我们党历来重视意识形态工作，善于做宣传思想工作是我们党的看家本领和政治优势。我们的各级党委要负起政治责任和领导责任，加强对意识形态领域重大问题的分析研判，站稳政治立场，增强政治定力，坚决做到守土有责、守土负责、守土尽责。对重大政治原则和大是大非问题，支持什么、反对什么，我们必须旗帜鲜明、态度坚定，绝不能似是而非，模棱两可。更不能沉默失语、缺席失声；我们不搞无谓争论，但涉及大是大非问题，涉及政治原则问题，绝不能含糊其词，更不能退避三舍。总之，我们必须深刻认识到意识形态工作的极端重要性，把意识形态工作的领导权、管理权、话语权牢牢掌握在手中，任何时候、任何情况下都不能旁落，否则我们就会犯下无可挽回的历史性错误。

（原载于《紫光阁》2013 年第 10 期）

8·19 重要讲话的深层蕴含*

党的十八大以来，习近平总书记发表了一系列重要讲话。这些重要讲话，站在时代发展的战略高度，立足国际国内发展大局，围绕“两个一百年”奋斗目标，深刻阐述了党和国家发展的重大理论和实践问题，提出了许多重要思想观点，坚持和发展了中国特色社会主义。习近平总书记在全国宣传思想工作会议上的讲话（简称 8·19 重要讲话）是进一步做好我国意识形态工作的纲领性文献。我们要联系习近平总书记其他重要讲话，深刻领会和准确把握 8·19 重要讲话精神的主要点。

充分认识做好意识形态工作的极端重要性

马克思有句名言：“批判的武器当然不能代替武器的批判，物质力量只能用物质力量来摧毁；但是理论一经掌握群众，也会变成物质力量。”① 毛泽东多次讲到，我们改变旧中国主要靠“两杆子”。一靠枪杆子，二靠笔杆子。枪杆子就是指物质力量，笔杆子就是指精神力量。邓小平在总结改革开放实践经验基础上指出，搞现代化建设一定要两手抓，只有一手是不行的。他在 1992 年的“南方谈话”中进一步指出，

---

* 本文作者：严书翰，中共中央党校教授、博导，马克思主义理论研究和建设工程课题组首席专家。

① 《马克思恩格斯选集》第 1 卷，人民出版社 1995 年版，第 9 页。

两个文明建设都搞好，这才是中国特色社会主义。陈云还指出，“经济工作搞不好，要翻船；意识形态搞不好也要翻船。”① 历史和现实反复证明，能否做好意识形态工作事关党的前途命运，事关国家长治久安，事关民族凝聚力和向心力。

党的十一届三中全会以来，我们始终坚持以经济建设为中心，集中精力把经济建设搞上去、把人民生活搞上去，并且已经取得巨大成绩。今天中国已经是世界第二大经济体，中国人民的生活水平离实现全面小康的目标也越来越近。世界上任何不抱偏见的人都会看到这一事实。因此，只要国内外大势没有发生根本变化，坚持以经济建设为中心就不能也不应该改变。这是坚持党的基本路线一百年不动摇的根本要求，也是解决当代中国一切问题的根本要求。同时，也要看到社会主义现代化建设是五位一体总体布局。全面小康的内涵是很丰富的，不仅仅是经济指标。正如习近平总书记指出的，只有物质文明建设和精神文明建设都搞好，国家物质力量和精神力量都增强，全国各族人民物质生活和精神生活都改善，中国特色社会主义事业才能顺利向前推进。因此，我们必须始终做到中心工作和意识形态工作要两手抓。

宣传思想工作的根本任务是巩固马克思主义在意识形态领域的指导地位

或许有人认为，中国共产党是执政党，我们搞的是中国特色社会主义。马克思主义在我国意识形态领域的指导地位还会有问题吗？对此，我们需要这样看。一方面，我国宪法和中国共产党党章都明确规定了马克思主义在我国意识形态领域的指导地位。另一方面，也应实事求是地看到，马克思主义指导地位正在受到挑战，甚至是严峻挑战。对此，我们要保持清醒头脑。这种挑战发生在两个范围内。从外部看，无论是从

① 《陈云年谱（1905—1995）》下卷，中央文献出版社，第262页。

力量对比，还是从意识形态的交锋态势上看，仍然是“西强我弱”。一百多年前，也就是《共产党宣言》发表时，马克思主义还是一种思潮、流派，马克思恩格斯就指出，当时欧洲反动势力就把马克思主义当作可怕的“幽灵”，加以反对。今天马克思主义已经成为社会主义国家尤其是占世界人口五分之一的社会主义中国的指导思想，因此，在那些反马克思主义势力看来，它已经不是“幽灵”，而是“洪水猛兽”了。这种状况可以从20世纪八九十年代东欧剧变、苏联解体后西方一些敌对势力弹冠相庆中清楚地看出来。

从内部看，一个越来越清楚的现实是：由于互联网尤其是移动互联网技术的发展，我国社会实际上已形成两个社会即现实社会和网络社会（现在我国网民已达6亿，超过了美国）。如果说在我国现实社会里马克思主义是我国意识形态领域的指导思想，这是不争的事实（当然，仍有如何巩固的问题），那么我们还不能笼统地说在网络社会里马克思主义也处于指导地位。这是因为互联网是一把典型的、锐利的“双刃剑”。互联网迅速发展，促进了经济社会发展，方便了群众工作和生活，但是给社会管理带来了新情况新问题，也对马克思主义提出了重大挑战。从社会管理上看，当前互联网在这几个方面存在着明显的负面影响：一是网上违法犯罪活动日益突出，现实社会违法犯罪向虚拟社会蔓延。二是虚拟社会对现实社会的负面影响日益增强。三是网上炒作日益严重，各种社会矛盾和热点敏感问题极易在网上快速扩散放大。更有甚者，以造谣、传谣来吸引网民眼球，以谩骂攻击代替理性讨论，以“人肉搜索”代替侦查调查，以“舆论审判”代替国家法律，造成严重后果。四是网上信息安全问题日益凸显。从巩固主流意识形态上看，西方一些思潮如新自由主义、历史虚无主义和民主社会主义等通过互联网长驱直入，并同国内一些错误思潮合流，形成了对我国主流意识形态的强烈冲击。对此，我们要保持清醒头脑，决不能掉以轻心。

无论是现实社会还是网络社会，巩固马克思主义在我国意识形态领域指导地位的对象（或称主体）都是人，主要是指党员、领导干部。因此，习近平总书记指出，党员、干部要坚定马克思主义、共产主义信仰，脚踏实地为实现党在现阶段的基本纲领而不懈努力，扎扎实实做好每一项工作，取得"接力赛"中我们这一棒的优异成绩。他还强调，领导干部特别是高级干部要把系统掌握马克思主义基本理论作为看家本领，老老实实、原原本本学习马克思列宁主义、毛泽东思想特别是邓小平理论、"三个代表"重要思想、科学发展观。新干部、年轻干部尤其要抓好理论学习，通过坚持不懈学习，学会运用马克思主义立场、观点、方法观察和解决问题，坚定理想信念。这些重要思想习近平总书记在党的十八大后的几次重要讲话中都做了深刻阐述。

新的历史条件下做好宣传思想工作的最基本着眼点是国内外大局

习近平总书记强调，宣传思想工作一定要把围绕中心、服务大局作为基本职责，胸怀大局、把握大势、着眼大事，找准工作切入点和着力点，做到因势而谋、应势而动、顺势而为。这段重要论述中的"大局""大势""大事"和"因势""应势""顺势"中的"势"，实际上指的是国内外大局。也就是说当前我们做好宣传思想工作的最基本着眼点是国内外大局。

我们这个党是以科学理论立党，自成立以来，一直以马克思主义为指导思想。在长期的革命、建设和改革历程中创造并积累了丰富的做宣传思想工作的经验。这是我们战胜困难、克敌制胜的重要法宝。正如邓小平指出的，"过去我们党无论怎样弱小，无论遇到什么困难，一直有强大的战斗力，因为我们有马克思主义和共产主义的信念。"① 我们党创造并积累的宣传思想工作的经验，来之不易、弥足珍贵，这些是做好今后工作的重要遵循，我们一定要认真总结、长期坚持，并在实践中不

① 《邓小平文选》第 3 卷，人民出版社 1993 年版，第 143 页。

断丰富和发展。

可以说，今天我们比以往任何时候都更加强调做好宣传思想工作的最基本着眼点是国内外大局。这是因为我们处于新的历史条件下，新的历史条件就是党的十八大指出的要准确判断我们所面临重要战略机遇期的内涵和条件的变化。也就是说，当今世界正处于大发展大变革大调整时期，世界多极化、经济全球化深入发展，科学技术日新月异，各种思想文化交流交融交锋更加频繁，国际环境复杂多变。国内发展出现了发展黄金期和矛盾凸显期并存，所遇到的问题具有明显的“两难”特点（简称“两期并存”和“两难问题”）。当前我国改革进入攻坚期和深水区。展开地说，在国际上，既要进一步融入经济全球化，又要承受并化解西方发达国家在经济科技上长期占优势给我们带来的压力。在国内，既要继续发展，又要建设生态文明；既要保持东部地区发展势头，又要使东中西部协调发展；既要推动产业升级和技术进步，又要扩大就业；既要注重社会公平、缩小差距，又要保持活力、提高效率；既要推进市场竞争，又要关心困难群众的生产生活；既要建设现实中的和谐社会，又要管理好虚拟社会，等等。

以上就是我们所说的新的历史条件即我们面临的重要战略机遇期内涵和条件的变化。只有从这个最基本着眼点出发，我们宣传思想工作才能做到有针对性、有效性和持续性。正如习近平总书记指出的，在全面对外开放的条件下做宣传思想工作，一项重要任务是引导人们更加全面客观地认识当代中国、看待外部世界。

讲好中国故事，传播好中国声音

党的十八大后习近平总书记多次讲到要树立道路自信、理论自信和制度自信这个重要问题。新中国成立以来，尤其是改革开放以来，我们以中国化马克思主义为指导，坚定不移走自己的路。特别是党的十一届三中全会以来的30多年，我们始终坚持以经济建设为中心，集中精力把经济建设搞上去，把人民生活搞上去，才使我们这样一个人口多、底子薄、城乡和地区发展很不平衡的大国面貌发生了翻天覆地变化，取得了历史性成就。可以说今天的中国，比历史上任何一个时期都更加接近中华民族伟大复兴的目标，而这一切就是最为生动的中国故事。

讲好中国故事，传播好中国声音，当前最重要的要做好中国特色社会主义尤其是中国梦的宣传教育。中国梦是以习近平同志为总书记的党中央提出的重大战略思想，是党和国家未来发展的政治宣言，是全党全国各族人民共同的奋斗目标，是团结凝聚海内外中华儿女的一面精神旗帜，充分体现了我们党高度的历史担当和使命追求。中国梦一经提出，就引起了强烈反响，释放出强大的号召力和感染力。

做好中国梦的宣传教育，需要阐明中国梦把我们党成立以来就肩负的救亡和复兴的两大使命贯通起来了，需要阐明中国梦与中国特色社会主义有着内在紧密的联系，需要阐明中国梦是调动一切积极因素，实现“两个一百年”目标的精神动力，需要阐明中国梦是国家情怀、民族情怀、人民情怀的统一，需要阐明中国梦是海内外中华儿女精神追求的最大公约数，等等。

讲好中国故事，传播好中国声音，还要不断充实和用好我们自己的话语和话语系统。我们党在长期领导意识形态尤其是宣传思想工作中实际上已经形成了自己的话语和话语系统。它的特点用毛泽东当年的话说就是“中国特点、中国风格、中国气派”。今天在新的历史条件下，我们要重视不断充实和用好我们的话语和话语系统。前已述及，世界形势继续发生深刻变化，各种思想文化交流交融交锋更加频繁。在这样的背景下，不断充实并用好我们的话语和话语系统，就要坚持习近平总书记强调的这两条原则。一是要积极借鉴人类文明创造的有益成果。也就是说对世界上出现的新事物新情况，对各国出现的新思想新观点新知识，我们要加强宣传报道。要以开放的眼光和宽阔的胸襟对待外来的新思想新观点新知识。二是要着力打造融通中外的新概念新范畴新表述的话语和话语系统。这需要全党尤其是做思想宣传工作同志下大功夫才能做到的。

随着我们对外交往日益扩大和全媒体时代的到来，如何辩证分析和正确对待西方话语是不可回避的问题。我认为应该采取“一分为三”的态度，所谓“一分为三”，就是要把西方话语区分为三种情况（或类型）：一是可以直接为我所用的话语。比如，市场经济、“看得见的手”“虚拟社会”和“中等收入陷阱”等。二是利弊皆有的话语，对此要慎用。比如，“中国模式”就属于这种情况。从总结中国发展经验和比较各国现代化发展的特点上看，“中国模式”这个提法是完全可以使用的。但是它最明显的不足是无法反映中国特色社会主义道路极其丰富的内涵，它最多只相当于我们所说的某条具体道路。三是弊大于利的话语。这些话语带有强烈的西方价值判断，比如，“邪恶轴心国”等。因为这些话语有其特定的语境和含义，如果不加分析地搬到我们国内来，后果是很消极的。对此，我们要保持清醒头脑。

总之，中国特色社会主义事业的发展，“三个自信”的弘扬，我们的人民和国际友人都要求要讲好中国故事，传播好中国声音。

（原载于《人民论坛》2013 年第 25 期）

论国家虚无主义思潮的危害及应对策略*

当今社会，随着经济全球化、政治多极化和思想多元化的不断发展，在国家问题上，有一些不同的声音，形成了一股新的社会思潮——国家虚无主义。所谓国家虚无主义是指在理论上否定、歪曲、消解马克思主义国家观的思潮；在实践上，企图弱化社会主义国家主权意识，让渡国家利益，淡化国家认同，抹黑国家形象，攻击社会主义制度，否定党的领导，否认社会主义国家存在的合法性等，便于西方国家推行其新自由主义的经济主张、政治制度、价值标准，目的是把社会主义中国纳入西方阵营中。

国家虚无主义从理论到实践，针对社会主义中国的国家问题进行虚化、丑化、抹黑、诋毁、攻击，危害极大。这一思潮在社会上，尤其是在互联网上呈现愈演愈烈的趋势，如果任其发展，会严重影响人们对国家的认同。目前学术界对国家虚无主义还缺乏认知，对其潜在的巨大危害并不清楚，我们必须对国家虚无主义思潮的泛起时刻保持警惕，及早采取措施，有效防止其发展和蔓延、限制其对全社会产生的负面影响。

---

* 本文作者：辛向阳（1965—），中国社会科学院马克思主义研究院研究员、博士生导师；王珊珊（1981—），中国社会科学院研究生院马克思主义研究系博士生。
基金项目：中央马克思主义理论研究和建筑工程重大委托项目“国家治理体系和治理能力现代化问题研究”（项目编号：2015MZD027）的阶段性成果。

一、国家虚无主义的主要表现

国家虚无主义针对的主要对象是社会主义中国，包括马克思主义国家理论、社会主义国家主权、社会主义国家利益和国家制度等方面。其表现形式主要有以下几种情况。

第一，否定马克思主义国家观。马克思列宁主义是我们党和国家指导思想的理论基础，马克思主义国家观是指导我国发展和运行的基本理论。然而，在学术界有少数人质疑马克思主义的国家观，认为马克思主义国家观无法解释当今世界的许多国家现象，马克思主义国家观是不科学的，已经过时。例如：有个别学者否定马克思主义的国家起源理论，认为国家并非起源于社会阶级的分化。有的认为国家起源于暴力战争，有的认为起源于民族解放运动，有的认为其起源于“社会的理性化”；否定恩格斯在《家庭、私有制和国家的起源》中谈到的国家的两个基本特征：一是以地域而不是血缘来划分公民国家，二是公共权力与大众分离。有人认为当代许多国家仍然是单一的民族国家，即还存在以血缘划分国家的现象，当今世界还有许多国家的公共权力并未与人民大众相分离，因此，这二者并不是国家的基本特征。① 马克思主义认为，国家未来的发展形态是以消除阶级和阶级对立的联合体来代替国家，“社会把国家政权重新收回，把它从统治社会、压制社会的力量变成社会本身的生命力”②，国家消亡是国家发展的最终归宿。然而，有的学者认为，马克思的国家消亡理论是错误的，国家不仅不会消亡，而且将会“终极繁盛”；马克思主义认为，国家是暴力统治机关，是一个阶级压迫另一个阶级维护阶级统治的暴力工具。有人强烈反对国家的“暴力工具说”，认为改革开放以来我们的中心工作已经转移到经济建设上来了，

---

① 阎学通：《恩格斯的国家理论与今天的国家形态》，《当代世界与社会主义》2015 年第 1 期。

② 《马克思恩格斯选集》第 3 卷，人民出版社 1995 年版，第 95 页。

不应再谈阶级问题，国家也不是阶级斗争的工具，而只具有公共管理的职能，“暴力工具说”是完全错误的，等等。总之，以上所有针对国家问题的质疑，目的就是消解和否定马克思主义国家理论，否定其科学性、合理性和正确性，进而弱化马克思主义国家观在我国发展中的指导地位。

第二，借经济全球化，弱化消解国家主权。当今世界，经济全球化的脚步逐渐加快，国家与国家之间的贸易往来越来越频繁，世界范围的交流日益加深。国际交往的深入发展要求资本、货物、人员等经济要素跨国自由流通。美国学者理查德·库伯认为：“国际经济交往既增加又限制了各国根据本国的情况而行动的自由。国际经济交往能更好地利用有限的资源，所以增加了各国的自由。① 国际经济交往把各国置于一个有限制的范围内，而又不能对它有很大的影响，而且即使有影响的话，也经常是间接的，很难预料其效果，因此它限制了各国的自由。”即主权使各个国家成为作茧自缚的政治实体，而促进经济的繁荣却需要各国之间打破壁垒尽量交流商品和投资。这使主权国家陷入矛盾之中。因此，在经济全球化中获得巨大利益的发达国家要求打破发展中国家的主权壁垒，以谋求从发展中国家获得更多的经济利益。为达到这样的目的，西方发达国家从意识形态上大唱高调，鼓吹“全球思维”，提倡“全球繁荣”“全人类的利益高于一切”等理念，要求弱化甚至否定国家主权，传统的国家主权理论受到各种反主权观念的冲击。例如：“主权弱化论”认为，经济全球化的持续发展，跨国公司和国际组织的发展最终将出现一个没有国界的新世界。国家主权被弱化到无，神圣性消失，国家决策能力越来越弱，国家最后将处于一种软弱无力的状态。随着市场开放程度的进一步加深，国家主权将受到全球经济一体化的不断侵蚀，最终导致民族国家的界限日益模糊，主权观念日益淡化。“国家

① [美] 威廉·奥尔森等:《国际关系理论与实践》，王沿等译，中国社会科学出版社 1987 年版，第 213 页。

主权让渡理论”认为，随着经济全球化范围的不断加深和扩展，国际合作不断深入，国际组织的管辖范围不断扩大，经济全球化和国家主权之间的矛盾与冲突可以通过相互让渡而得到某种程度的缓和与协调。经济全球化时代，国家主权可部分让渡于经济发展。国际法学界大多数学者都持此种观点。“新干涉主义”坚持“人权高于主权”的原则，认为“我们不是为土地而战，而是为价值观而战”“国家主权并不及人权和防止种族灭绝重要”，更重要的是“我们的价值观的传播会增进我们的安全”。“民族国家终结论”认为，经济全球化破坏了民族国家的自主性，“社会的世界”正在取代“国家的世界”，东西方冲突的结束削弱了民族国家存在的价值。“世界政府论”认为，经济全球化使得世界各民族国家利益融为一体。经济的同构性也决定了其政治的同构性和文化的同构性，这是“世界政府”或“世界社会”实现的现实基础。经济全球化促使各民族国家不断走向“世界政府”或“世界社会”等。

总之，这些观点认为，在经济全球化的框架下，国家主权应让位于经济发展，打破国家主权对资本膨胀的限制，弱化国家主权，国家主权不应成为经济发展的障碍。同时，由市场经济主导的经济全球化，使世界各国的发展逐步融入相同的运行体系，遵循同样的市场规则、相同的价值标准，经济模式的趋同，也要求政治模式的一致，国体、政体、政治制度等要与西方国家趋同，淡化国家性质的差异，消减意识形态的区别。目的是逐步将社会主义国家演变为资本主义国家，将其纳入与西方一致的政治体系之中。所谓“弱化”国家的论调，旨在强化美国的国家霸权。这是国家虚无主义的实质和政治目的。

第三，以攻击社会主义制度为突破口攻击社会主义国家。互联网的发展给攻击社会主义制度的人以话语空间，他们通过各种各样的借口攻击中国特色社会主义制度，认为这样的制度“一无是处”，毫无优势，将社会主义制度批判得体无完肤。“独裁说”认为，中国目前“基本上都是独裁制、集权制，这样的国家没有民主因素”；依照西方国家的政治制度标准，攻击中国是“一党专政独裁”，不是两党或多党轮流执政，政权不是由选举产生的，是不合法的，政治生活中毫无民主可言；并攻击中国特色社会主义制度是独裁式的国家制度等。“失败说”认为，“所谓的社会主义时期，如果平心静气地来讲，这个时期同样是失败的。”“现在实际上我们也恨透了三十年这种东西，三十年没干多少好事情，从感情上是这样。但从客观上讲，我们现在是全面落后状态，中国现在没有一样不落后。”① 这些论调抓住社会主义中国与西方国家的巨大差异，即国家性质的不同，从否定中国的政治制度为突破口，进而全面否定国家的各项政策和措施，以达到丑化贬损社会主义的国家制度，进而丑化贬低社会主义国家的目的。

第四，以西方的国家观念和国家模式为标准，否定社会主义国家存在的历史必然性。有的学者认为，所谓的“现代国家观念”，即“个人与社会先于国家，所以个人普遍的权力、尊严与幸福首先需要得到保障与尊重，否则就是国家失职乃至失去合法性。”还有人认为，国家先于个人与社会，无国便无家，所以国家利益、国家强大比个人幸福、权利和尊严更重要，若个人、家庭的幸福有所改善，则是国家的莫大恩赐，理当感恩戴德是古代国家观念。国人中大都还滞留在古代国家观念中，开启现代性启蒙运动的一个基本工作就是，通过追问与确立个人之自由与权利，最终确立现代国家观念，厘定个人与国家之间的关系，从而把人类带进了一个新时代。这种观点是典型的新自由主义国家观的主张，将个人利益置于国家利益之上，践行资本主义“个人至上”的价值观念，将国家置于个人之后，认为国家的作用只在于保护个人的安全、尊严和幸福，否则国家就没有存在的必要。这与我国一直倡导的“国家利益高于一切，个人利益服从国家利益”的国家观念完全背道而驰。

第五，以反思社会主义制度为由，极力否定社会主义国家的成就，

① 区济文：《认真学习江泽民同志讲话　坚定不移走社会主义道路》，《社会科学探索》1989 年第 6 期。

抹黑社会主义制度。2013 年,《探索与争鸣》发表的一篇题为《“替代性选择”和“比较优势”——“苏联模式”为何丧失历史合法性》的文章认为,苏联模式的建立是在各种严峻形势下的“替代性选择”,然而这种“替代性选择”的苏联模式最终“离开了原来诉诸的合法性目标,在社会主义要求的人的自由、全面发展和社会公平、正义层面,斯大林已经不可能按马克思主义原则兑现列宁的承诺。”这使得苏联的苏维埃政权多次陷入“合法性危机”之中。之后,该文又对苏联的经济、政治、意识形态体制、国家体制等多方面进行了严厉的批判,认为“这个法律上遵循民族平等原则的联盟国家,实际上是一个高度中央集权的大一统国家体系”,“‘共和国’只是徒有虚名而已”,“苏联具有与沙俄帝国同构的体制特征”,“在马克思主义坐标上苏联不是一个社会主义国家。”苏联之所以在冷战中落败,原因就在于“社会发展程度的相对落后,虽然能集中国力逞强于一时,但不可能真正成为世界历史的引领力量。由于苏联模式的‘优越性’是建构在理论形态的‘先进性’的基础上,一旦实践形态的优势丧失必然会引起合法性危机。”斯大林时期建立了“与‘法治’相悖的‘人治’型监控和镇压体系。”这种“反自由、反民主的体制在本质上与社会理想目标背离”①。苏联社会主义国家的历史地位,其存在的历史合理性是不容置疑的,苏联在发展过程中取得的巨大成就也是不容抹杀的。甚至极端仇视苏联社会主义制度的丘吉尔都不得不承认,斯大林接手俄罗斯的时候还只有木犁,当他撒手人寰而去,苏联已成为世界工业强国。

国内学者的此种观点受到国外一些类似言论的影响。德国总统高克于 2016 年 3 月 23 日在同济大学演讲时借反思为由公开批评社会主义制度。他在谈到原东德的情况时说:“这个国家作为共产主义国家联盟的一部分依赖于苏联,它是剥夺自己人民的自主权,限制民众出国,并对

---

① 余伟民:《“替代性选择”和“比较优势”——“苏联模式”为何丧失历史合法性》,《探索与争鸣》2003 年第 11 期。

那些反抗领导层意志的人加以羞辱和惩罚。这个‘无产阶级专政’国家应当为多数民众的利益服务、结束剥削，抵制人的异化，并由此开启一个幸福与满足的时代。但当时的问题是，大多数人既未得到幸福也未得到解放。而且整个制度缺乏真正的合法性。没有自由、平等、秘密的民众选举。后果就是信誉的缺失，以及与之相联的一种被统治者与统治者之间的不信任文化。”① 这种观点漠视东德问题的复杂性，把一切问题归咎于社会主义制度，批评无产阶级专政，矛头直指社会主义国家。

第六，通过“唱衰中国”弱化中国的发展信心，为中国树敌。伴随着改革开放以来中国经济的迅猛发展，“唱衰中国”的论调屡见不鲜。“中国崩溃论”和“中国威胁论”交替出现，你方唱罢我登场。以诋毁中国经济发展能力和发展潜力为出发点，目的就是否定党和国家的治理能力和治理水平，否定社会主义制度的优越性，否定社会主义国家未来发展的光明前途。归纳“中国崩溃论”的主要观点，具体有：中国经济存在投资过度的泡沫，随时可能破裂；中国房地产行业即将崩盘，届时整个国民经济都会受到拖累；影子银行系统是一场即将发生的灾难；中国劳动人口在萎缩，工资上涨将削弱竞争力；中国的债务水平正在膨胀！“中国威胁论”更是常见，如：中国要把非洲作为自己的殖民地，搞“新殖民主义”；中国崛起后将要推行国际霸权主义，称霸世界；中国人口众多，发展壮大将占用世界绝大部分的资源，挤压他国生存空间；中国的迅速发展会导致全球环境恶化、资源枯竭、生态失衡，给全人类的发展带来威胁等。近几年来，由于中国经济正处于变革发展的转型期，发展速度有所放缓，“唱衰中国”的论调又沉渣泛起。然而，国内外“唱衰中国”的“预言家”的各种论调已经被中国近年来经济发展的实际情况证伪。但在互联网上，仍有大批所谓“公知”大肆宣扬“中国崩溃论”和“中国威胁论”，以达到污蔑中国形象、降低

---

① http：//www. 360. doc. com/content/16/0325/14/177104_ 545141629. shtml.

世界和国人对中国的信心、弱化中国国际地位的目的、阻碍中国发展和前进的步伐，这是典型的国家虚无主义论调。

总之，以上种种言论都是针对社会主义中国，其目的是消解和弱化社会主义国家的存在，颠覆社会主义的国家政权，以西方的国家理论、国家制度、国家模式取而代之。国家虚无主义思潮危害极大，在网上的传播速度极快，我们要重视其可能带来的危险后果，尽早提出对策积极应对，将可能出现的危害降到最低。

二、国家虚无主义思潮的实质

国家虚无主义思潮早有缘起，近年来随着我国经济社会的不断进步、国际交往日趋频繁，其呈现愈演愈烈的势头。为什么会产生国家虚无主义，其实质究竟是什么呢?

国家虚无主义的实质就是国内外一些反华势力从国家问题入手对社会主义中国的西化、分化、诋毁和遏制，是历史虚无主义思潮在国家问题上的新变种，是唯心主义历史观在国家问题上的表现，具体分析主要有以下几个方面。

首先，国家虚无主义是唯心主义在国家问题上的表现。唯物主义历史观是我们观察和分析问题的基本方法。恩格斯说："唯物主义历史观及其在现代的无产阶级和资产阶级之间的阶级斗争上的特别应用，只有借助于辩证法才有可能。"①"如果不把唯物主义方法当作研究历史的指南，而把它当作现成的公式，按照它来剪裁各种历史事实，那它就会转变为自己的对立物。"② 仔细分析国家虚无主义的各种表现就会发现，国家虚无主义体现的是唯心主义历史观。国家虚无主义违背实事求是国家问题研究的根本原则，违背全面、客观的国家问题研究方法，否认和反对阶级分析的国家问题研究方法。用虚假、片面、表面、歪曲的立场

---

① 《马克思恩格斯选集》第3卷，人民出版社1995年版，第691－692页。

② 《马克思恩格斯选集》第4卷，人民出版社1995年版，第688页。

来研究中国的国家问题。有意回避事实和真相，故意夸大或放大我国在发展过程中的一些问题，甚至无中生有地制造问题。国家虚无主义思潮放弃唯物辩证法，以唯心主义历史观和形而上学理论为指导分析看待国家问题。我们从理论上辨析国家虚无主义，必须抓住其唯心主义历史观的根源，抓住其狭隘的形而上学立场，始终坚持以辩证唯物主义和历史唯物主义为指导，客观公正地分析和批判国家虚无主义。

其次，国家虚无主义是私有制逻辑在国家问题上的体现。私有制逻辑是资本主义社会最重要的价值标准，其他一切都服从并服务于私有制，在它面前都要俯首称臣，为其让路。马克思在《论犹太人问题》中写道："金钱是以色列人的妒忌之神；在他面前，一切神都要退位。金钱贬低了人所崇奉的一切神，并把一切神都变成商品。金钱是一切事物的普遍的、独立自在的价值。因此它剥夺了整个世界——人的世界和自然界——固有的价值。金钱是人的劳动和人的存在的同人相异化的本质；这种异己的本质统治了人，而人则向它顶礼膜拜。"① 马克思进一步指出："在资产阶级经济以及与之相适应的生产时代中，人的内在本质的这种充分发挥，表现为完全的空虚化；这种普遍的对象化过程，表现为全面的异化，而一切既定的片面目的的废弃，则表现为为了某种纯粹外在的目的而牺牲自己的目的本身。"② 私有制逻辑所导致的外在虚无化会直接导致人的内在精神的虚无，物质世界和精神世界的双重虚无反映在国家问题上则是国家虚无主义的产生。

再次，国家虚无主义是意识形态斗争在国家问题上的展现。意识形态领域的斗争既复杂又艰巨。多年来，国内外一些势力通过各种方式和途径对我国进行西化，企图将我国纳入西方资本主义的阵营中，实施"和平演变"。西方国家利用意识形态领域的斗争成功搞垮苏联和东欧社会主义国家，又妄图在中国故技重施，以求在意识形态领域的斗争中

① 《马克思恩格斯文集》第 1 卷，人民出版社 2009 年版，第 52 页。
② 《马克思恩格斯文集》第 8 卷，人民出版社 2009 年版，第 137－138 页。

再次取得胜利。意识形态领域的斗争反映在国家问题上，就是国内外敌对势力通过国家虚无主义思潮攻击、诋毁中国的国家制度、国家政策、国家问题，将中国出现的一切问题都归结为中国的社会主义制度和中国共产党的领导。国家虚无主义认为，解决中国所有问题的关键，只需要转变中国的社会主义制度，取消中国共产党的领导地位，实行西方的资本主义制度，即“两党制”或“多党制”，通过选举轮流执政和实行“三权分立”的权力运行制度。

三、采取科学方法应对国家虚无主义思潮

我们要消除国家虚无主义思潮带来的危害，应当做好以下工作。

首先，要加强马克思主义国家理论的教育和研究。国家虚无主义思潮的出现，原因之一就在于我们对马克思主义国家观的宣传推广不够。由于一些人并不了解马克思主义国家观或只知道马克思主义国家观的只言片语，造成对马克思主义国家观的误解。所以，要加大对马克思主义国家观的教育和宣传力度，在学生、学者、大众中加强对马克思主义国家观全面系统的学习和教育，使其对马克思主义国家观有全面、客观、系统的了解。要加大投入力度、提高重视程度，多途径、多形式、多角度，通过各种方式和途径加强对马克思主义国家观的学习、宣传和教育活动，使马克思主义国家观真正进入人们的心中，成为人们内心的坚定信仰。同时，继续加强对马克思主义国家观的深入研究。马克思主义国家观蕴含着十分丰富的内容和深刻的内涵，要继续加大投入力度，组织专家学者不断深入挖掘和研究马克思主义国家观的理论内涵，不断丰富和发展马克思主义国家学说，增强马克思主义国家理论的科学性与权威性，巩固马克思主义国家观在国家问题研究领域的指导地位。

其次，强化国家主权意识，加强爱国主义教育。国家主权意识是公民意识的核心内容之一，是指公民对国家主权的认知、认同的意识，是公民基于对本国历史、文化、国情的认识和理解，逐渐积累而成的一种

主人翁责任感、自豪感和归属感。国家主权是不可分割、不可弱化、不可让渡的。强化国家主权意识，需要加强对全体公民进行爱国主义教育。我国一直非常重视对公民的爱国主义教育，《公民道德建设实施纲要》、“八荣八耻”、社会主义核心价值观都把“爱国”作为最重要的内容放在首位。我们现阶段进行爱国主义教育更重要的就是要适应当今社会的传播手段、通信设备、教学方式的变化，以及人们审美标准和接受能力的变化，采取更合适、更恰当、更有效的形式，提升爱国主义教育的时效性。可以通过课堂教学、影视动画、实践体验、理论宣讲、大型活动、重大节日等对全体国民进行爱国主义教育。动画片《那年那兔那些事儿》就以简洁的画风、丰富的内容、感人的情节、激情的配乐回顾自1840年以来中华民族走过的艰苦卓绝的岁月，在网上获得超高的点击率，引起广大网友的集体共鸣，反响十分强烈。我们要继续加大力度制作更多更好的类似这些人民喜闻乐见的优秀爱国主义文艺作品，将爱国主义教育真正落到实处。特别要加强对我国近现代史的教育，了解中国独立的国家主权是无数先烈抛头颅洒热血，突破重重艰难险阻才实现的，来之不易。作为当代人，必须坚定不移地维护国家主权完整和安全，对任何削弱破坏国家主权完整和安全的行为都必须进行坚决抵制。通过强化爱国主义教育，使人们的国家主权意识内化于心，外化于行，成为融入内心的坚定信仰，使全体国民自觉抵制和排斥国家虚无主义等消解弱化国家主权的行为，不断巩固和强化国家主权。同时，也要进行对比，宣传其他国家由于推行西方的所谓“普世价值”，而丧失主权目前所面临的悲惨境遇，使我们的人民倍加珍惜国家主权的完整。

再次，大力增强综合国力，提高维护国家主权安全的能力。国家虚无主义产生的重要原因之一，就是西方发达国家企图借助国家问题削弱发展中国家的主权，以实现其对发展中国家进行掌控的目的。主要手段就是利用经济全球化，资本、货物、人员全球流动的契机，敲开发展中国家的大门，逐渐蚕食发展中国家的主权。发展中国家之所以在经济全球化的竞争中处于被动地位，受制于西方发达国家，很重要的原因就在于综合国力薄弱，不足以与发达国家抗衡。经济、科技、教育、文化等各个方面均由西方发达国家引领掌控。因此，如果想要在经济全球化的过程中掌握主动权，防止国家虚无主义的侵害，保护国家主权安全，只有不断地提高综合国力，增强国家实力，才能在国际舞台上掌握竞争的主动权。在国家问题上就可变消极防御为主动出击，国家虚无主义便无从入手。

最后，加强社会主义制度优越性的对外宣传和强化国际交流。长期以来，由于我们缺乏对社会主义制度优越性宣传的重视，对社会主义制度优越性的宣传教育一直没有得到很好的普及推广。许多人并不了解社会主义制度是一种什么样的制度，它的优越性在哪里。加之一些不负责任的媒体和西方国家对社会主义制度进行恶意扭曲和丑化，一些人对社会主义制度和社会主义国家产生了疑问甚至误解。国家虚无主义思潮就是在这些扭曲和丑化社会主义国家的基础上逐步累积产生的。实际上，社会主义制度的许多优点是其他社会制度都不具备的，如："集中力量办大事""成熟定型成大事""目光远大做大事""活力四射干大事"等等。新中国成立 67 年来，中国从贫穷落后、满目疮痍、百废待兴的状况，发展成为全球第二大经济体；人民由食不果腹、衣不蔽体的状态发展到年人均可支配收入超过 2 万元；由文盲半文盲占大多数发展到全体民众至少要接受九年义务教育，"十三五"规划已将普及高中教育纳入其目标中，受高等教育的人口已经超过总人口的 10%；经济、军事、科技、教育、文化等各方面都名列世界前茅。中国取得的这些辉煌成就既是全体人民共同努力的结果，也是社会主义制度优越性的充分体现。我们要加大对外宣传力度，让全世界了解社会主义制度的优越性。通过"走出去"和"引进来"等活动，增进与西方国家的交流与对话，增进交往，加强了解。展示中国的实力和社会主义制度的优势，同时表达我们的善意。

总之，近年来兴起的国家虚无主义思潮呈现愈演愈烈的趋势，我们必须对这一社会思潮的危害有充分的了解和认识，及时采取措施积极应对，尽量减少其带来的负面影响。

参考文献：

[1]《马克思恩格斯选集》第3、4卷，人民出版社1995年版。

[2]《马克思恩格斯选集》第1、8卷，人民出版社2009年版。

[3] 陈舟望：《现当代挑战主权思潮批判》，《复旦学报》社会科学版1998年第1期。

[4] 王列：《关于现代国家职能的理论探讨》，《经济社会体制比较》1994年第2期。

[5] 刘凯：《国家主权让渡问题研究综述》，《东岳论丛》2010年第11期。

（原载于《马克思主义研究》2016年第7期）

意识形态工作是党的一项极端重要的工作*

——学习习近平总书记8·19重要讲话体会之一

在今年8月召开的全国宣传思想工作会议上，习近平总书记发表的重要讲话，站在党和国家全局的高度，深入分析了新时期宣传思想工作长远发展面临的一系列重大理论和现实问题，进一步明确了新形势下宣传思想工作的方向目标、重点任务和基本遵循。当前，摆在我们面前的一项重要任务，就是深入学习、深刻领会习近平总书记重要讲话精神，切实把思想和行动统一到讲话精神上来，努力把宣传思想工作做得更好。

充分认识意识形态工作的极端重要性

习近平总书记在讲话中对宣传思想工作，尤其是意识形态工作的地位和作用做了精辟、深刻的阐述，强调“经济建设是党的中心工作，意识形态工作是党的一项极端重要的工作”，从而明确了意识形态工作的定位。深刻领会讲话精神，要求我们充分认识意识形态工作的极端重要性和现实紧迫性。

---

* 本文作者：秦宣，中国人民大学马克思主义学院教授。

从历史经验看，能否做好意识形态工作，事关党的前途命运，事关国家长治久安，事关民族凝聚力和向心力。世界各国的发展经验表明，一个国家能否长治久安，一个社会能否和谐稳定，一个政党能否稳固自身的执政地位，既取决于国家的硬实力如经济实力、军事实力、技术实力的强弱，在很大程度上也取决于国家的文化软实力如民族精神感召力、民族凝聚力、意识形态的整合力、全民族的思想道德素质等。意识形态建设是整个国家建设的一个重要组成部分。一个国家如果失去了意识形态领域内统一的指导思想，出现了意识形态的安全危机，整个社会就会陷入一盘散沙，国家自身的安全也就无法保障，党的执政地位也无法巩固。在这方面，东欧剧变已经给我们提供了深刻的教训。东欧之所以发生剧变，这些国家的共产党之所以丧失了执政地位，原因虽极为复杂，但其中一个非常重要的原因是这些国家的共产党，主张意识形态的多元化，从而丧失了对意识形态的领导权。结果是马克思主义在意识形态领域内失去指导地位，全国不同民族团结奋斗的思想基础被破坏。东欧剧变的教训告诉我们一个深刻的道理，一个政权的瓦解往往是从思想文化领域开始的，政治动荡、政权更迭可以在一夜之间发生，但思想演化是一个长期过程。思想领域内的混乱是最难治理的混乱，思想防线被攻破了，其他防线就很难守住。正因为如此，我们看到，在东欧剧变之后，世界各国都十分重视意识形态建设和意识形态的安全问题。西方发达国家更是把意识形态作为实现其国家利益的重要手段，并把它渗透到经济社会生活和对外交往的方方面面。就连美国这样的世界超级大国，在冷战结束后也在担忧其国家的意识形态安全问题。美国著名政治学家亨廷顿在其最后一部著作——《我们是谁？——美国国家特性面临的挑战》中，不仅表示了这种对美国国家意识形态安全的担忧，而且提出了加强美国国家意识形态安全的建议。

从当前国际形势看，国际范围内围绕意识形态的斗争越来越激烈。进入21世纪以来，尤其是国际金融危机爆发以来，世界范围内各种思想文化交流、交融、交锋更加频繁，思想文化领域里的斗争依然深刻复杂，意识形态安全问题变得越来越突出，经济领域内的竞争开始转向意识形态领域和文化的竞争。2008 年以来，在全球范围内讨论国际金融危机、深刻分析此次危机的根源时，意识形态问题尤其是价值观问题被纳入讨论之中。西方国家一方面担心自身意识形态主导地位的丧失，开始采取各种措施维护本国占主导地位的意识形态。另一方面，面对中国的发展，西方国家开始担心中国的价值观会替代欧美占主导地位的价值观，并由此产生了所谓“中国文化威胁论”，有的西方国家甚至制定了遏制中国文化发展的战略。尤其值得关注的是，近几年来，西方敌对势力对我国推行的意识形态渗透方式发生了新的变化，除了继续对我国实施西化和分化外，还采取了一些新的手法：他们推行所谓民主化浪潮，极力宣扬“淡化意识形态”，企图让我们淡化意识形态，核心是淡化共产主义远大理想和中国特色社会主义共同理想，淡化马克思主义在意识形态的指导地位；他们利用我们执政党内少数党员和政府中少数公务员的工作失误、少数腐败分子的腐败行为和我国经济社会发展中存在的问题，添枝加叶，对中国共产党的领导和中国的社会主义制度加以丑化，企图使人们对共产党失去信任，对社会主义失去信心；他们通过广播、电视、电影、报纸、杂志、信息网络等文化产品的输出，公开或隐蔽地推销其社会政治理论、价值观念、意识形态和生活方式；他们散布所谓“中国崩溃论”“中国威胁论”等论调“妖魔化”中国，企图搞乱中国发展的外部环境，削弱中国在国际上的影响力。这一切表明，在新的历史时期，通过宣传思想工作加强意识形态建设，有效防范西化分化，维护我国政治安全和意识形态安全，任务十分紧迫。

就国内情况来看，国内经济社会转轨转型，给意识形态工作带来新挑战和新考验。进入 21 世纪以来，随着社会主义市场经济的发展和对外开放的扩大，社会经济成分、组织形式、就业方式、利益关系和分配方式日益多样化，人们的思想活动的独立性、选择性、多变性和差异性进一步增强。受西方思潮的影响，马克思主义的指导地位受到严峻挑战，非马克思主义的意识形态也有所滋长，享乐主义、拜金主义、极端个人主义在一些地方还严重存在，部分社会成员信仰缺失，思想道德失范，有些人世界观、人生观、价值观发生扭曲，是非混淆、善恶颠倒、荣辱不分的现象还时有发生。网络、微博、微信等新媒体对意识形态的影响越来越大。中国网民有近 6 亿人，微博用户达到 3 亿多人，是全世界最大的网络群体。新兴媒体的出现，给中国思想文化领域带来了一些积极影响，但存在的风险也越来越大，网上舆论斗争越来越激烈。宗教对私人生活领域的影响逐步扩大，进而会影响社会，影响国家的文化和意识形态安全。目前，宗教在高校、在社区、在边疆地区发展速度较快，信教群众越来越多。这一切表明，我国意识形态领域内的问题越来越复杂，矛盾越来越尖锐。在我们这样一个具有 13 亿人口的大国，如果思想处于混乱状态，则有可能演变成社会动荡甚至政治剧变，影响民族的团结和国家的统一，从而影响到改革开放和现代化建设的大局，给国家和民族带来巨大的灾难，同时对世界也是一场灾难。对此，我们必须有十分清醒的认识，必须引起高度重视。因此，如何巩固马克思主义在意识形态的指导地位，如何加强对网络媒体的管理和引导，如何引导宗教与社会主义相适应，如何适应新形势实现思想政治工作方法和管理体制的创新，已经成为维护意识形态安全和国家安全的重大课题。

总的来看，冷战结束后，伴随着经济全球化的进一步发展，世界范围内各种思想文化交流、交融、交锋更加频繁，思想文化领域里的斗争依然深刻复杂，意识形态工作已经成为对党、对国家、对民族的前途命运带有根本性、战略性和全局性意义的重要工作。中国作为一个发展中的社会主义国家，在外部环境快速变化，国内经济社会迅速发展的情况下，重视国家意识形态建设尤为重要。我们只有从推动中国特色社会主义事业长远发展、巩固党的群众基础执政基础的高度，认清肩负的责任、面临的挑战，我们才能进一步增强做好意识形态和宣传思想工作的自觉性和坚定性。

牢牢把握宣传思想工作的根本任务和着力点

在我国社会深刻变革和对外开放不断扩大的条件下，宣传思想工作发生了很大变化，但其根本任务没有变，也不能变。习近平总书记在全国宣传思想工作会议讲话中强调，宣传思想工作就是要巩固马克思主义在意识形态领域的指导地位，巩固全党全国人民团结奋斗的共同思想基础。这一重要论断，深刻概括了宣传思想工作的根本任务，明确指出了宣传思想工作的努力方向，是做好新时期意识形态和宣传思想工作的基本原则与重要遵循。实现这“两个巩固”，关键是要解决好对马克思主义和共产主义的信仰、对中国特色社会主义的信念问题。做好新时期的宣传思想工作，一定要把实现“两个巩固”、坚定信仰信念作为全部工作的立足点、聚焦点和着力点。

旗帜指引方向，思想凝聚人心。共同的思想基础，是一个党、一个国家、一个民族赖以存在和发展的根本前提。没有共同的思想基础，党就要瓦解、国家就要解体、民族就要分裂。我们党历来重视共同思想基础建设。毛泽东同志强调党要有“共同语言”，邓小平同志强调一靠理想二靠纪律才能团结起来，江泽民同志强调一个民族、一个国家要有自己的精神支柱，胡锦涛同志多次指出要增强“民族精神”，巩固“精神支柱”、加强社会主义核心价值体系建设，形成“共同理想信念”。党的十八大结束后，习近平总书记在第十八届中央政治局第一次集体学习时就明确强调：“坚定理想信念，坚守共产党人精神追求，始终是共产党人安身立命的根本。对马克思主义的信仰，对社会主义和共产主义的信念，是共产党人的政治灵魂，是共产党人经受住任何考验的精神支柱。形象地说，理想信念就是共产党人精神上的‘钙’，没有理想信念，理想信念不坚定，精神上就会‘缺钙’，就会得‘软骨病’。”所有这些强调的都是共同思想基础建设。

用科学理论统一全党全国各族人民的思想和意志，是我们党的一条根本经验、一个优良传统。我们党从一诞生，就把马克思列宁主义写在了自己的旗帜上，把实现共产主义确立为最高理想；党的七大，又把毛泽东思想写在了自己的旗帜上。这为取得新民主主义革命和社会主义革命的胜利，成功地进行社会主义建设，提供了思想上的有力指导和理论上的坚实基础。改革开放以来，伴随着马克思主义中国化一个又一个理论成果的取得，我们党又先后把邓小平理论、“三个代表”重要思想和科学发展观写在了自己的旗帜上，这为推进改革开放，开辟中国特色社会主义事业新局面，提供了共同的思想基础。历史经验表明，马克思主义是我们立党立国的根本指导思想，是全党全国各族人民团结奋斗的共同思想基础。对于宣传思想文化阵地，马克思主义的思想不去占领，各种非马克思主义的思想就会去占领。因此，无产阶级政党在意识形态建设过程中，必须牢牢掌握领导权、管理权和话语权，不断巩固马克思主义在意识形态的指导地位。

当前，宣传思想工作的环境、对象、范围、方式发生了很大变化。在多元、多变的思想冲击之下，在拜金、拜物等观念腐蚀之下，一些党员、干部出这样那样的问题，说到底是信仰迷茫、精神迷失。面对全球化、信息化的开放执政环境，处于利益诉求、矛盾问题交织互联的转型发展时期，党员干部更要坚定马克思主义、共产主义信仰，脚踏实地为实现党在现阶段的基本纲领而不懈努力，扎扎实实做好每一项工作。这就决定了宣传思想工作的根本任务，仍然是坚持“两个巩固”、增强“三个自信”，牢固树立起实现中华民族伟大复兴的中国梦这一共同理想。

要巩固马克思主义在意识形态领域的指导地位，必须用科学理论武装头脑。科学理论入脑入心，共同理想才能虔诚而执着；党的理论创新成果广泛而普及，道路自信、理论自信和制度自信才能至信而深厚。巩固马克思主义在意识形态领域的指导地位，党员干部是关键。因此，宣传思想工作要坚持不懈地用中国特色社会主义理论体系武装全党、教育人民、指导工作。领导干部特别是高级干部要把系统掌握马克思主义基本理论作为看家本领，老老实实、原原本本学习马克思列宁主义、毛泽东思想特别是邓小平理论、“三个代表”重要思想、科学发展观，学习党史国史，深刻领会中国特色社会主义的科学内涵和精神实质。党校、干部学院、社会科学院、高校、理论学习中心组等都要把马克思主义作为必修课，成为马克思主义学习、研究、宣传的重要阵地。新干部、年轻干部尤其要抓好理论学习，通过坚持不懈学习，学会运用马克思主义立场、观点、方法观察和解决问题，坚定理想信念。

要巩固全党全国人民团结奋斗的共同思想基础，必须加强理想信念教育。理想信念教育不仅要在党员干部中开展，而且要面向全社会开展。坚持和发展中国特色社会主义、实现中华民族的伟大复兴的中国梦，是全党全国各族人民的共同理想，是当代中国发展进步的鲜明主题。宣传思想文化工作必须牢牢把握这个主题、聚焦这个主题，深入开展中国特色社会主义宣传教育，更好地把全国各族人民团结和凝聚在中国特色社会主义伟大旗帜之下。要深入开展中国梦的宣传教育，深入宣传国家富强、民族振兴、人民幸福的基本内涵，讲清楚国家梦、民族梦与个人梦的关系，引导人们为实现中国梦而奋斗；要加强社会主义核心价值体系建设，积极培育和践行社会主义核心价值观，全面提高公民道德素质，培育知荣辱、讲正气、做奉献、促和谐的良好风尚。

总之，站在新的历史起点上，宣传思想文化工作必须紧紧围绕巩固马克思主义在意识形态领域的指导地位，巩固全党全国各族人民团结奋斗的共同思想基础这一根本任务，充分发挥宣传思想文化工作的思想引领作用、舆论推动作用、精神激励作用、文化支撑作用，增强干部群众对中国特色社会主义道路自信、理论自信、制度自信，为实现“两个一百年”奋斗目标和中华民族伟大复兴中国梦而奋斗。

牢牢把握宣传思想工作的基本要求和基本遵循

国际形势风云变幻，国内经济社会转轨转型，现代传播技术迅猛发展，对宣传思想工作提出了新的更高要求。正如习近平总书记指出的，宣传思想工作要把围绕中心、服务大局作为基本职责，胸怀大局、把握大势、着眼大事，找准工作切入点和着力点；坚持团结稳定鼓劲、正面宣传为主，巩固壮大主流思想舆论；坚持来之不易的宝贵经验，抓好理念创新、手段创新、基层工作创新；宣传阐释好中国特色，讲好中国故事，传播好中国声音。这些基本要求，既蕴含着对历史经验的深刻总结，又蕴含着对新形势新任务的科学判断，具有很强的战略指导性和现实针对性。当前，贯彻落实这些基本要求，必须正确处理好以下几对关系。

必须正确处理好经济建设和意识形态工作的关系，围绕中心工作搞好意识形态工作。经济建设是党的中心工作，意识形态工作是党的一项极为重要的工作，二者相辅相成。只有切实做好中心工作，才能为意识形态工作提供坚实物质基础；只有切实做好意识形态工作，才能为中心工作提供有力保障。我们既不能因为中心工作而忽视意识形态工作，也不能使意识形态工作游离于中心工作。我们在集中精力进行经济建设的同时，一刻也不能放松和削弱意识形态工作。宣传思想工作要把围绕中心、服务大局作为基本职责，胸怀大局、把握大势、着眼大事，找准工作切入点和着力点，做到因势而谋、应势而动、顺势而为。

必须正确处理好党性和人民性的关系，坚持党性和人民性相统一。党性和人民性的关系，是意识形态领域关乎舆论导向的重大问题，只有处理好二者的关系，宣传思想工作者才能明确方向、站稳立场。习近平总书记强调："党性和人民性从来都是一致的、统一的。"坚持党性，核心就是坚持正确的政治方向，站稳政治立场，坚定宣传党的理论和路线方针政策，坚定宣传中央重大工作部署，坚定宣传中央关于形势的重大分析判断，坚决同党中央保持高度一致，坚决维护中央权威。坚持人民性，就是要把实现好、维护好、发展好最广大人民根本利益作为出发点和落脚点，坚持以民为本、以人为本。只有坚持党性，宣传思想工作才能有明确的立场和指向；只有坚持人民性，宣传思想工作才能获得活力源泉和动力根基。把党性和人民性统筹好、实践好、统一好，宣传思想工作才能让党放心、让人民满意。

必须正确处理好正面宣传与舆论斗争的关系，弘扬主旋律，传播正能量。习近平总书记强调，“坚持团结稳定鼓劲、正面宣传为主”是宣传思想工作必须遵循的重要方针。坚持这一方针，一方面，我们要坚持“弘扬主旋律，传播正能量”，要不断改进正面宣传的方式和方法，提高正面宣传工作的质量和水平，夯实全国各族人民团结奋斗的思想基础，为不断推进中国特色社会主义事业提供精神力量。另一方面，要积极开展舆论斗争，坚持底线思维，强化阵地意识。在事关大是大非和政治原则问题上，必须旗帜鲜明，敢抓敢管，敢于亮剑。要增强主动性、掌握主动权、打好主动仗，找准思想认识的共同点、利益关系的交汇点、化解矛盾的切入点，帮助干部群众划清是非界限、澄清模糊认识，从而引导社会情绪、社会心理朝着积极健康的方向发展。

必须正确处理好总结经验和改革创新的关系，在继承中创新，在创新中赢得主动权。在长期实践中，我们党的宣传思想工作积累了十分丰富的经验。这些经验来之不易、弥足珍贵，是做好今后工作的重要遵循，一定要认真总结、长期坚持，并在实践中不断丰富和发展。另一方面，要大胆改革创新。宣传思想工作创新，重点要抓好理念创新、手段创新、基层工作创新，努力以思想认识新飞跃打开工作新局面，积极探索有利于破解工作难题的新举措新办法，把创新的重点放在基层一线。只有在创新中赢得主动权，宣传思想工作才能回答好时代考题，不断巩固全党全国人民团结奋斗的共同思想基础，为社会主义建设提供强大的精神动力和智力支持。

必须正确处理好认识当代中国与外部世界的关系，讲好中国故事，传播好中国声音。中国的发展离不开世界，世界的发展也离不开中国。习近平总书记在讲话中指出：“在全面对外开放的条件下做宣传思想工作，一项重要任务是引导人们更加全面客观地认识当代中国、看待外部世界。”认识当代中国，重点是阐释中国特色，就是要讲清楚每个国家和民族的历史传统、文化积淀，基本国情不同，其发展道路必然有着自己的特色；讲清楚中国特色社会主义植根于中华文化沃土、反映中国人民意愿、适应中国和时代发展进步要求，有着深厚历史渊源和广泛现实基础，中华民族创造了源远流长的中华文化，也一定能够创造出中华文化的新辉煌。正确看待外部世界，必须及时准确把握世界形势的新变化，正确认识当今世界出现的新事物新情况，充分了解世界各国出现的新思想新观点新知识，积极借鉴人类文明创造的有益成果，更好地发展我们自己。

必须正确处理好全党动手和部分负责的关系，着力构建全党动手的大宣传格局。宣传思想工作是政治性强、涉及面广、影响力大的系统工程，需要统筹谋划、强化协作，需要多方联动、全员参与。习近平总书记强调，做好宣传思想工作“必须全党动手”，“必须树立大宣传的工作理念，动员各条战线各个部门一起来做”。一方面，要构建全党动手的大宣传格局。各级党委要负起政治责任和领导责任，加强对宣传思想领域重大问题的分析研判和重大战略性任务的统筹指导，不断提高领导宣传思想工作能力和水平。另一方面，宣传思想部门必须守土有责、守土负责、守土尽责。此外，各条战线、各个部门都应该积极参与到宣传思想工作中来，树立大宣传的工作理念和“一盘棋”的大局意识，胸怀大局、把握大势、着眼大事，自觉支持宣传思想战线的工作。

（原载于《前线》2013 年第 9 期）

十八大以来思想政治工作的机遇与挑战*

思想政治工作是党的优良传统和政治优势，是经济工作和其他一切工作的生命线。作为党和国家的一项重要工作，思想政治工作必然会随着时代和社会的发展而更新自己的使命，随着党和国家事业的进步而焕发自己的活力。十八大以来，我国经济社会发展和改革开放事业进入新的历史阶段，以习近平为总书记的党中央带领全国人民为全面建成小康社会和实现中华民族伟大复兴的中国梦而奋斗。在这样的新形势下，思想政治工作获得了自己新的任务和新的使命，为在新的历史条件下发挥自己的作用而找到了新的舞台。面对新任务新使命，思想政治工作既有新机遇也有新挑战。思想政治工作必须振奋精神，抓住机遇，迎接挑战。

十八大以来思想政治工作的新使命

思想政治工作的命运是与其担负的使命息息相关的。在不同的时期历史，根据党和国家事业的需要，它担负着不同的使命和任务。从最初轰轰烈烈的工人运动的政治工作，到革命战争年代的军队思想教育；从建国初期的政治思想工作，再到改革开放初期的思想政治教育，党的思

---

* 本文作者：刘建军，李琼，中国人民大学马克思主义学院教授、博导。

想政治工作都很好地完成了时代和党赋予的历史任务。这个鲜活的传统会随着时代的发展、党的任务的重大转变而不断调整和创新，在战略性转变中实现创新发展。十八大以来，思想政治工作在新形势下获得了新的任务和使命。

宣传十八大精神，增强“三个自信”。在我国进入全面建成小康社会的决定性阶段，在深化改革开放、加快转变经济发展方式的攻坚时期，举什么旗、走什么路、以什么样的精神状态、朝着什么样的目标继续前进，是关系到国家前途命运的根本问题，是关系党的事业成败兴衰的决定因素。党的十八大鲜明地回答了旗帜、道路、理论和目标问题，对凝聚党心军心民心、全面建设小康社会、开创中国特色社会主义事业新局面具有重大的现实意义和深远的历史意义。学习宣传贯彻党的十八大精神，高举中国特色社会主义伟大旗帜，以奋发进取的精神状态和自信的底气，坚定道路自信，坚持和拓展中国特色社会主义道路，做忠实的道路践行者；坚定理论自信，坚持和丰富中国特色社会主义理论体系，做自觉的理论信仰者；坚定制度自信，坚持和完善中国特色社会主义制度，做坚强的制度捍卫者；这是思想政治工作在当前和今后一个时期的首要任务。

凝聚实现“中国梦”的精神力量。实现中华民族伟大复兴的“中国梦”，是中华民族近代以来最伟大梦想，承载着几代中国共产党人的理想和探索，凝聚了亿万中国人的夙愿和梦想。“中国梦”归根结底是人民的梦，是每一个中华儿女的共同期盼与追求。实现中国梦，必须紧紧依靠人民，必须弘扬中国精神，必须走中国道路。思想政治工作在统一思想、凝聚精神力量上能发挥出强大作用，激励人们紧密团结、万众一心，积极投身实践，同心共筑中国梦；着眼于坚定理想信念，深入开展中国特色社会主义和中国梦的宣传教育；把马克思主义理论研究和建设工程作为一项长期的战略任务来抓，坚持用中国的理论、中国的学术解读中国的社会发展奇迹，进一步坚定人们的道路自信、理论自信、制度自信，为实现中国梦的伟大实践提供理论支持和精神支撑。

服务“四个全面”战略布局。继“中国梦”之后，党中央深入认识把握共产党执政规律、社会主义建设规律和人类社会发展规律，提出协调推进全面建成小康社会、全面深化改革、全面依法治国、全面从严治党的战略布局。“四个全面”战略布局符合中国特色社会主义发展的历史逻辑，是马克思主义与中国实践相结合的新创造和新飞跃。党中央站在时代和全局的战略高度，廓清了治国理政的全貌，拎起了中国发展的总纲，使党和国家事业的战略方向、重点领域、主攻目标更加清晰。

新形势下的思想政治工作要以坚定的政治自觉、强烈的使命担当、务实的工作举措，解决好举旗铸魂的问题、全面建成小康社会的信心问题、思想解放和理论创新问题、党员的理想信念和党风廉政问题，在协调推进“四个全面”战略布局中经受考验、做出贡献。

弘扬社会主义核心价值观。我国正处在大发展、大变革、大调整时期，在前所未有的改革和发展进程中，各种思想文化处于交流、交锋、交融的形势下，各种价值观念和社会思潮纷繁复杂，思想意识也是多元多样性。这时，迫切需要核心价值观来整合社会中各种思想文化和价值观，凝聚全党全社会价值共识，掌握价值观领域的主动权、主导权和话语权，以巩固马克思主义在意识形态领域的指导地位，巩固全党全国各族人民团结奋斗的共同思想基础，从而引导人们坚定不移地走中国道路。以“三个倡导”为基本内容的社会主义核心价值观，与中国特色社会主义发展要求相契合，与中华优秀传统文化和人类文明优秀成果相承接，对提高国家文化软实力，引领社会全面进步，促进人的全面发展具有重要意义。因此，培育和践行社会主义核心价值观成为思想政治工作的一项重要使命。

传播中国新形象。国家形象是指一国在其他国家人民心目中的综合评价及印象。它是一个国家最宝贵的声誉资产，也是国家“软实力”的重要组成部分，体现了国家的综合实力和影响力。良好的国家形象可以使国家在国际交往中占据主动，有助于国家发展战略的实施，因此，国家形象的塑造与传播深受各国政府的重视。对于转型关键期的中国来说，塑造和传播国家新形象已经上升到了国家战略的高度。思想政治工作不仅要服务于国内各项事业发展，而且要面向世界，义不容辞地承担起塑造和传播中国新形象的全新使命。

十八大以来思想政治工作的新机遇

新使命与新机遇是紧密相连的。使命本身就是一种机遇，没有使命的事物就是无用之物，没有存在的价值，当然就谈不到机遇和挑战。十八大以来，思想政治工作正是因为有了新的任务和使命，才有了新的用武之地，有了发展繁荣的新条件。

党中央高度重视意识形态工作。我党历来注重意识形态工作，在不同历史时期都对做好意识形态工作提出了要求。只有旗帜鲜明地亮明和坚持自己的意识形态，才能说服和吸引最广大的人民群众，并转化成为建设社会主义的巨大的物质力量。十八大以来，新一届中央领导集体将意识形态工作提到了新的战略高度。习近平同志强调，经济建设是党的中心工作，意识形态工作是党的一项极端重要的工作，能否才勿子意识形态工作，事关党的前途命运，事关国家长治久安，事关民族凝聚力和向心力，必须牢牢掌握意识形态工作的领导权、管理权、话语权，巩固马克思主义的指导地位，巩固全党全国人民团结奋斗的思想基础。党中央对意识态工作的高度重视和部署，为思想政治工作提供了指导性纲领，也为思想政治工作的发展带来了新的战略契机。

思想政治工作处在国家发展的高起点上。改革开放三十多年来，中国经济一直保持着高速发展的态势，综合国力显著提升，时至今日已然站稳了第二大经济实体，处在国家发展的高起点上，处于实现“中国梦”最近的历史节点上。经济建设要搞好，必须有正确的政治方向和安定团结的环境，必须协调各方面的关系和调动各方面的积极性，并及时而果断地消除不安定因素。没有政治条件和政治保证，社会不稳定，经济就搞不上去。越是发展经济，越要重视思想政治工作。同理，经济越是发展，社会越是发展，越是需要思想政治工作，越是需要发展思想政治工作。思想政治工作要善于借助经济发展的大好形势，不断创新，实现自身的突破。同时，也要努力成为国家经济发展的稳定剂和实现“中国梦”的助推力，在中国特色社会主义建设中做出应有的贡献。

强力反腐和从严治党赢得民心。十八大以来，党和国家对于侵蚀党的肌体的腐败行为采取零容忍的态度，在党、政、军等多个领域，开展全面清理整顿腐败工作。不断打破传统“禁区”和“惯例”的强力反腐工作，不仅为深化改革扫清障碍、清除积弊，而且也改变了普通群众对党和政府的认识，让民众看到了党的决心和态度，增强了思想凝聚力。从轻车简从、精简会议活动、改进文风的八项规定、严禁超标准接待和使用公车的六项禁令，到以为民务实清廉为主要内容的党的群众路线教育实践活动和“三严三实”专题教育活动的深入开展，从严治党成为新常态。强力反腐和从严治党使得党在群众中的威信和形象进一步树立，党心民心进一步凝聚，赢得了广大人民群众的拥护。思想政治工作则赢得了广泛的群众基础和健康的社会环境。对思想政治工作的对象来说，现实的感触和真实的案例更具说服力，也更容易实现认同和接受。

十八大以来思想政治工作的新挑战

十八大以来的思想政治工作，既有机遇也有挑战。这些挑战既有来自党内的，了有来自党外的；既有来自国内的，也有来自国外的。它们从不同方面为思想政治工作增添了困难。认清这些来在自不同方面的挑战，是我们迎接挑战和战胜困难的前提。

经济减速影响社会心理。自改革开放以来，中国一直处于经济高速增长中，GDP 年平均增长速度达到 10%，在 2006 年达到 12.7%，2007

年更是高达 14.2%。由于经济结构的调整，经济增长方式的转变，人口红利的减弱以及受到全球金融危机的影响，自 2012 年起，经济增长速度明显减弱，2012 年的 GDP 增长速度仅为 7.8%，2014 年下滑到 7.4%，为 1990 年以来的最低水平，2015 政府报告将经济增长目标定为 7% 左右。从 GDP 的历史数据来看，中国的经济发展呈减速状态。经济上的减速以及股市动荡等，会在一定程度上引起人们心理的恐慌，造成负面的社会影响，增加了思想政治工作的难度。采取综合措施，开展有针对性的社会心理调控、疏导和理论说服至关重要。

全面深化改革触动深层利益关系。发展才是硬道理，解决中国的问题关键靠发展，而要发展就必须要改革。当前的改革已进入攻坚期和深水区，极具深刻性、敏感性、复杂性和艰巨性。全面深化改革必然会触动到深层利益关系，而利益关系的变动和紧张，必然会反映到人们的社会心理和思想意识上来，从而引起思想政治领域中的危险性。可以说，全面深化改革对于思想政治工作来说，同样也必定是一场触动灵魂的艰苦“战役”。

党内思想政治工作地位凸显、难度加大。思想政治工作不只是面向党外群众的，更是面向党的成员特别是党员干部的。由于社会环境的巨大变化以及我们体制机制上存在的问题，一些党员特别是党员干部在思想政治方面存在不少问题，并表现在工作和生活之中：有些问题可以说已相当严重，特别是有的党员干部，已经加人或形成了某些特殊的利益集团，甚至较深地卷人各种腐败案件，已经不仅听不进党和人民的要求，而且已经与党和人民渐行渐远，有的甚至走到了党和人民的对立面。面对十八大以来新一届党中央从严治党的各项举措，一些党员干部内心恐消极怠工。

网络和新媒体典论更加复杂、治理难度加大。党的思想政治工作产生于农村与战争环境，在缺少通讯和传播技术的条件下，主要依靠人际传播和面对面的说服工作，形成了自己一套独特的经验和做法。这些经验和做法在新兴的信息技术条件下遇到了巨大的挑战。改革开放特别是十八大以来，网络信息技术的发展更加突飞猛进，全面融入了人们的工作和生活。网络上的信息五花八门，极为复杂，对人们的思想产生着巨大的消极影响。由于网络和新媒体技术及影响的复杂性，网络环境的治理难度很大。而通过网络和新媒体来加强和改进思想政治工作，也是一项需要创造性工作的挑战。

国际上中国威胁论上升。伴随着中国快速崛起的进程，在国际舞台上，既有对“中国道路”的肯定和“中国模式”的赞扬声，也有“中国军事威胁论”“中国经济威胁论”“中国人口威胁论”“中国粮食威胁论”“中国环境威胁论”“中国生态威胁论”“中国文明威胁论”等各种中国威胁论。在经济、政治、军事、外交等领域，“中国威胁论”在一定程度上恶化了中国的周边环境，损害了中国的国家形象，使我国在发展过程中面临更加复杂的国际环境，承受更多的外部压力，阻碍了中国的发展步伐。这对于树立和传播中国在世界上的新形象，提升正面的影响力，是一个很严峻的形势。而且这种外部舆论的压力也会以不同的形式反射到国内，引起人们对于我们内政外交政策的疑问。思想政治工作必须用全球战略眼光应对这个具有国际性质的挑战。

抓住机遇、迎接挑战的思想政治工作新思路

紧紧围绕“四个全面”战略布局开展工作。党中央提出的“四个全面”的战略布局思想，为当前和今后相当长一个时期党和国家的工作提供了基本的遵循。思想政治工作作为党和国家的一项重要工作，也必须紧紧围绕党在新形势下的这一新的战略布局开展工作，服从和服务于“四个全面”的战略要求。一方面，要发挥自身宣传思想工作的优势，大力宣传党中央关于“四个全面”战略布局思想的基本内容和重大意义，让全国人民家喻户晓；另一方面，要深入到“四个全面”各个实践领域中，为贯彻落实好每项工作而发挥作用。在全面建成小康社会的过程中，思想政治工作要结合新的形势和条件，为实现全面建成小康社会的目标而努力；在全面深化改革的过程中，思想政治工作要为更加广泛和深刻的改革呐喊，尽力化解深化改革过程中产生的各种矛盾；在全面依法治国的过程中，思想政治工作要努力促进这一治国方略全面实施，并与法治思维和法律手段相结合，更好地发挥自身的作用；在全面从严治党的过程中，思想政治工作要在加强党内思想政治教育，特别是纪律和规矩的教育，在人民群众面前树立起党员干部廉洁自律的新形象。

综合治理网络舆论，开展网上思想政治工作。要对网络舆论环境进行综合治理，疏堵结合，规范网络行为，从技术、管理、法律、道德、思想政治等方面，在网络空间弘扬人间正气。要充分利用互联网开展思想政治工作，弘扬网络道德，栽培科学、进步和友善利用互联网的社会公德。面对网络和新媒体发展变化的新形势，要增强创新意识，积极探索有利于破解工作难题的新举措新办法，充分运用新技术新应用创新媒体传播方式，占领信息传播制高点。要深刻解析思想政治工作在网络时代面临的新问题，探索创新思想政治工作内容与形式、方法与机制的途径，全面提高网络思想政治工作的主动性、针对性和实效性。

以习总书记为榜样，倡导宣传思想工作新文风。鲜明生动的语言文字风格，是思想政治工作增强吸引力感染力的重要方面。在这方面，党和国家历代领导人都为我们做出了榜样。特别是十八大以来，习近平总书记一系列重要讲话，都体现出一种崭新的风格，让人耳目一新，倍感振奋。习总书记不打官腔，不念稿子，以朴实、生动的话语，让人倍感亲切。特别是他具有深厚的中华优秀传统文化素养，将古人的名言警句信手拈来，给人以深刻的启迪和教育。现在，出自总书记之口的一些话语，比如“扣好人生第一粒扣子”“人人享有人生出彩的机会”等，早已不胫而走，成为人们的口头语。这些都给当前的思想政治工作以极为有益的启示。话语方式和话语风格并不是小事清，而是直接关系能否为受教育者所喜爱和接受的大问题。广大思想政治工作者，都应该学习习总书记的讲话，特别是学习他亲切感人的讲话风格，不断增强思想政治教育话语的吸引力和感染力，提高思想政治工作的实效性。

在全社会积聚和释放正能量。这些年来，由于我们社会生活的急剧变动，以及由此带来的复杂纠结，人们在工作和生活中都可能会有些不愉快的情绪。这都是正常的，但如果我们的舆论中都是充斥着这样的负面东西，那就会影响整个的社会心理，产生消极的社会影响。近几年来，日益意识到，积聚和释放正能量极端重要。其实，我们的社会并不缺少正能量，从经济的飞速发展和生活水平的迅速提高，到社会各领域的全面进步，再到各行各业中无数的好人好事，都体现着我们社会的正能量。但社会的正能量不是自发地形成和壮大的，而是需要人们有意识地去培育和弘扬。思想政治工作要自觉地担负起倡导社会正能量的职责，深入人们的工作和生活，去发现、汇聚和释放社会的正能量，让我们的社会充满着积极向上的氛围，让人们带着信心和喜悦去创造更加美好的生活。

（原载于《思想政治工作研究》2015 年第 11 期）

党的十八大以来我国社会主义意识形态理论的新发展研究*

党的十八大以来，围绕国际形势的新变化，针对国内改革开放和现代化建设的新情况，习近平同志发表了一系列重要讲话，对意识形态这一时代性课题进行了全面系统而精辟的阐述，对于意识形态斗争面临的新形势、意识形态工作的准确定位、社会主义意识形态的性质和内容、意识形态的工作方法和领导要求等一系列重大理论和实践问题，都做出了富有远见卓识的科学回答，在中国特色社会主义这篇大文章上继续谱写了新的华章，进一步丰富和发展了以马克思主义为指导的社会主义意识形态理论。

一、意识形态斗争形势的新论断

习近平同志指出："我们正在进行具有许多新的历史特点的伟大斗争，面临的挑战和困难前所未有，必须坚持巩固壮大主流思想舆论，弘扬主旋律，传播正能量，激发全社会团结奋进的强大力量。"① 习近平同志对我们党和国家面临的意识形态斗争新形势做出了一系列科学论

---

* 本文作者：石云霞，武汉大学马克思主义学院教授、博士生导师。

① 《习近平：胸怀大局把握大势着眼大事努力把宣传思想工作做得更好——在全国宣传思想工作会议上的讲话》，《光明日报》2014 年 08 月 20 日。

断。概括起来，主要有以下几点。

第一，从世情来看，世界范围内各种思想文化交流交融交锋更加频繁，国际思想文化领域斗争深刻复杂。西方国家把我国发展壮大视为对其价值观和制度模式的挑战，加紧对我国进行思想文化渗透；西方国家有些人刻意矮化、曲解、抹黑“中国梦”，竭尽挑拨离间、混淆视听之能事，与“国强必霸论”“中国威胁论”“中国崩溃论”等论调遥相呼应，极力“唱衰中国”。

第二，从国情来看，在我国深刻变革和对外开放不断扩大的条件下，各种矛盾和社会问题相互叠加、集中呈现，人们思想活动的独立性、选择性、多变性、差异性明显增强，思想道德领域出现了一些不容忽视的现象：一些人理想信念不坚定；一些腐朽落后思想文化沉渣泛起，拜金主义、享乐主义、极端个人主义有所滋长；一些错误观点时有出现，有的宣扬西方价值观，有的专拿党史国史说事，有的以“反思改革”为名否定改革开放，有的否定四项基本原则。在对待中国特色社会主义、中国发展道路、发展模式的问题上，或以偏概全，攻其一点、不及其余，把形势说得一片漆黑；或沽名钓誉，把谩骂作为出名的手段，以博得一些喝彩；或妄自菲薄，总觉得中国什么都不好，外国什么都好，幻想用西方制度改造中国；文艺领域中存在着不同程度的低俗、庸俗、媚俗的现象，等等，不一而足。

第三，从党情来看，在我们的党员干部中，信仰缺失的问题需要引起高度重视。在一些人那里，有的以批评和嘲讽马克思主义为“时尚”，为噱头；有的对党的政治纪律、宣传纪律置若罔闻，根本不当一回事；有的还专门挑那些党已经明确规定的政治原则拨弄是非，口无遮拦，毫无顾忌，受到敌对势力追捧，不以为耻，反以为荣；有的精神空虚，认为共产主义是虚无缥缈的幻想，“不问苍生问鬼神”，热衷于算命看相、求神拜佛，迷信“气功大师”；有的信念动摇，把配偶子女移民到国外，钱存到国外，给自己“留后路”，随时准备“跳船”；有的心为物役，信奉金钱至上、名利至上、享乐至上，心里没有任何敬畏，行为没有任何底线。在新的历史起点上坚持和发展中国特色社会主义，我们党面临的执政考验、改革开放考验、市场经济考验、外部环境考验是长期的、复杂的、严峻的，精神懈怠危险、能力不足危险、脱离群众危险、消极腐败危险更加尖锐地摆在全党面前。

第四，互联网已经成为意识形态、舆论斗争的主战场。网上斗争成为一种新的舆论斗争形态，成为我们面临的“最大变量”，搞不好会成为我们的“心头之患”。西方反华势力一直妄图利用互联网“扳倒中国”，有的西方政要声称“有了互联网，对付中国就有了办法”“社会主义国家投入西方怀抱，将从互联网开始”。从美国的“棱镜”“X—关键得分”等监控来看，他们的互联网活动能量和规模远远超出了世人想象。在互联网这个战场上，我们能否顶得住、打得赢，直接关系我国意识形态安全和政权安全。

综上可见，我们在意识形态领域面临的斗争和较量将是长期的、复杂的。高度重视意识形态斗争问题，深刻认识我国意识形态安全面临的严峻形势和任务，提出有针对性的积极防范战略策略，已经成为我们亟待解决的一个重大而又紧迫的时代性课题。

二、意识形态工作的新定位

习近平同志指出：“经济建设是党的中心工作，意识形态工作是党的一项极端重要的工作。”① 二者相辅相成，相得益彰，缺一不可。这一精辟概括，是对党的经济建设工作和意识形态工作相互关系的准确定位。如何在实践中正确把握这两项工作，存在着说起来清楚、做起来不清楚、实际上是不清楚的现象，因而必须要首先解决好对这一定位的认识问题。

---

① 《习近平：胸怀大局把握大势着眼大事努力把宣传思想工作做得更好——在全国宣传思想工作会议上的讲话》，《光明日报》2014 年 08 月 20 日。

第一，这一定位是基于对经济基础和上层建筑相互关系的科学认识。唯物史观认为，经济基础决定上层建筑，上层建筑又反作用于经济基础，这既是历史的唯物论，又是历史的辩证法。割裂二者的辩证关系，片面强调任何一个方面，要么陷入唯心主义，要么陷入形而上学，都是错误的。从这个观点出发，一个国家的综合国力，就要求既要有硬实力，又要有软实力，两种实力都搞上去，才能成为真正的强国。所以，我们必须切实做好经济建设这个中心工作，为意识形态工作提供坚实的物质基础，又要切实做好意识形态工作，为中心工作提供有力保障；既不能因为中心工作而忽视意识形态工作，也不能使意识形态工作游离于中心工作。意识形态工作一定要把围绕中心、服务大局作为基本职责，做到因势而谋、应势而动、顺势而为。

第二，这一定位是基于对加强党的执政能力和先进性建设的科学认识。历史和现实反复证明，能否做好意识形态工作，事关党的前途命运，事关国家长治久安，事关民族凝聚力和向心力①。夯实和巩固党执政的群众基础，包括物质和精神两个方面。坚持发展是硬道理的思想，集中精力把经济建设搞上去，使人民的生活不断得到改善，得到人民真心拥护，党的领导才能在物质上奠定坚实的群众基础；没有扎扎实实的物质发展成果，没有人民生活的不断改善，空谈理想信念，空谈党的领导，空谈社会主义制度优越性，空谈思想道德建设，最终意识形态工作也难以取得好的效果。但是，我们又必须同时抓好精神文明建设，否则，物欲横流，道德滑坡，丢了精神家园，精神上出了问题，也会丧失群众基础。只有两个文明的建设都搞好，国家的物质力量和精神力量都强大起来，全国人民的物质生活和精神生活都得到改善和提高，才会有坚实的群众基础，才能够使党的执政基础坚如磐石，始终保持旺盛的执政力和先进性，把中国特色社会主义事业顺利推向前进。

---

① 《习近平：胸怀大局把握大势着眼大事努力把宣传思想工作做得更好——在全国宣传思想工作会议上的讲话》，《光明日报》2014 年 08 月 20 日。

第三，这一定位是基于对历史经验教训的科学总结。1892 年恩格斯在讲到伦敦工人阶级从他们所犯的错误中觉醒，并称赞这“是本世纪末最伟大最有成果的事件”时指出：“伟大的阶级，正如伟大的民族一样，无论从哪方面学习，都不如从自己所犯错误的后果中学习来得快”①。这是一个伟大的科学真理。习近平同志指出，我们在集中精力进行经济建设的同时，一刻也不能放松和削弱意识形态工作②。在这方面，我们有过深刻教训。改革开放以后，在一段时间里，我们虽然在经济建设方面取得了显著的成绩，经济有了很大的发展。但是，由于“一手硬，一手软”，在思想政治方面放松了教育，所以在经济建设取得巨大成就的情况下，资产阶级自由化思潮不但没有被有效遏制住，反而变本加厉地泛滥起来，以至于酿成了 1989 年春夏之交的那一场惊心动魄的政治风波。1989 年6 月 9 日，邓小平在接见首都戒严部队军以上干部时的讲话中说：“四个坚持本身没有错，如果说有错误的话，就是坚持四项基本原则还不够一贯，没有把它作为基本思想教育人民，教育学生，教育全体干部和共产党员。……错在坚持得不够一贯，教育和思想政治工作太差。……我对外国人讲，十年最大的失误是教育，这里我主要是讲思想政治教育，不单纯是对学校、青年学生，是泛指对人民的教育。对于艰苦创业，对于中国是个什么样的国家，将要变成一个什么样的国家，这种教育都很少，这是我们很大的失误”③。所以，我们一定要牢记历史经验、历史教训、历史警示。在意识形态领域，我们绝不能容忍有些人那种吃着共产党的饭，却又要砸共产党的锅的行为。一个政权的瓦解往往是从思想领域开始的，政治动荡、政权更迭可能发生在一夜之间，但思想演化是个长期过程。思想防线突破了，其他防线就很

---

① 《马克思恩格斯选集》第 1 卷，人民出版社 2012 年版，第 79 页。

② 《习近平：胸怀大局把握大势着眼大事努力把宣传思想工作做得更好——在全国宣传思想工作会议上的讲话》，《光明日报》2014 年 08 月 20 日。

③ 《邓小平文选》第 3 卷，人民出版社 1993 年版，第 305 – 306 页。

难守住。所以，我们在推进国家治理体系和治理能力现代化的过程中，一定要把意识形态工作的领导权、管理权、话语权牢牢掌握在手中，任何时候都不能旁落，否则就要犯无可挽回的历史性错误。

三、意识形态性质的新概括

习近平同志在批评一种所谓“你是替党讲话，还是替老百姓讲话”“你是站在党的一边，还是站在群众的一边”的质疑时，深刻阐述了意识形态的党性和人民性及其二者辩证统一的关系问题。

意识形态具有鲜明的党性，即“表现着现代社会中敌对阶级的倾向”①，这是唯物史观的基本观点。马克思在讲到《资本论》研究时曾经说过：“政治经济学所研究的材料的特殊性质，把人们心中最激烈、最卑鄙、最恶劣的感情，把代表私人利益的复仇女神召唤到战场上来反对自由的科学研究。”② 这里所讲的就是马克思主义政治经济学的党性。马克思主义是科学真理，同时又具有意识形态的属性。因为它从根本上揭示了人类社会的基本规律和发展方向，同时又体现了工人阶级和广大人民群众的根本利益，是科学性和革命性的统一，阶级性和真理性的统一，阶级性和人民性的统一，所以它毫不隐瞒自己的党性。恩格斯在谈到马克思主义这一理论品格的时候说得好：“科学越是毫无顾忌和大公无私，它就越符合工人的利益和愿望。在劳动发展史中找到了理解全部社会史的锁钥的新派别，一开始就主要是面向工人阶级的，并且从工人阶级那里得到了同情，这种同情是它在官方科学那里既没有寻找也没有期望过的。”③

做好意识形态工作，必须讲党性。在当代中国，坚持意识形态的党性，核心是坚持中国特色社会主义的政治方向，站稳马克思主义的政治

---

① 《列宁选集》第2卷，人民出版社2012年版，第240页。
② 《马克思恩格斯选集》第2卷，人民出版社2012年版，第84页。
③ 《马克思恩格斯选集》第4卷，人民出版社2012年版，第265页。

立场，建设社会主义核心价值体系，培育和践行社会主义核心价值观，增强党的意识，遵守党的政治纪律，坚决维护中央权威，为实现伟大的“中国梦”而奋斗。宣传思想战线上的党员、干部要旗帜鲜明地坚持马克思主义的党性原则。西方国家标榜的所谓“新闻自由”是非常虚伪的，其实都有意识形态的底线，都有利益集团的规制和政党倾向，受资产阶级思想体系的支配，根本没有什么超党派、完全独立的媒体。

做好意识形态工作，必须讲人民性。坚持意识形态的人民性，就是把要把实现好、维护好、发展好最广大人民的根本利益作为出发点和落脚点，坚持以民为本、以人为本，解决好“为了谁、依靠谁、我是谁”这个根本问题。要树立以人民为中心的工作导向，把服务群众同教育引导群众结合起来，把满足需求同提高素养结合起来，要认真研究群众中不同层次的人们的思想文化需求，有针对性地开展工作；必须高度重视知识分子工作，特别要关注那些具有特殊性的知识分子群体，加强政治引领和政治吸纳，调动一切积极因素，给社会增添正能量。

意识形态的党性和人民性从来都是统一的。中国共产党是全心全意为人民服务、代表中国最广大人民根本利益、来自人民、为了人民的马克思主义政党。党除了工人阶级和最广大人民群众的利益，没有自己特殊的利益。党的最大政治优势是密切联系群众，最大危险就是脱离群众。所以从本质上说，坚持党性就是坚持人民性，坚持人民性就是坚持党性。党性寓于人民性之中，没有脱离人民性的党性，也没有脱离党性的人民性。党性和人民性都是整体性的政治概念，党性是从全党而言的，人民性是从全体人民而言的，只有站在党和人民的立场上，才能真正把握好党性和人民性。把党性和人民性割裂开来、对立起来，搞碎片化，在理论上是错误的，在实践上是有害的。坚持党性和人民性相统一，归根结底，就是要坚持讲政治，把握正确导向，把体现党的主张和反映人民心声统一起来。只有坚持党性、站在党的立场上，才能更好、更全面地反映人民愿望，体现人民性①。

意识形态的各项工作，都要把坚持正确导向摆在首位，始终绷紧导向这根弦，讲导向不含糊，抓导向不放松。文艺是意识形态的重要领域，最能代表一个时代的风貌，最能引领一个时代的风气，必须坚持以人民为中心的创作导向，把社会效益放在首位，用现实主义精神和浪漫主义情怀观照现实生活，用光明驱散黑暗，用美善战胜丑恶，彰显信仰之美、崇高之美，努力创作生产更多传播当代中国价值观念、体现中华文化精神、反映中国人审美追求，思想性、艺术性、观赏性有机统一的无愧于时代的优秀作品，引导人民树立和坚持正确的历史观、民族观、国家观、文化观，增强做中国人的骨气和底气，鼓舞全国各族人民朝气蓬勃迈向未来。

四、意识形态内容的新发展

党的十八大以来，习近平同志在针对国际国内重大的时代性课题的一系列重要讲话中，提出了一系列新思想新范畴，在中国特色社会主义这篇大文章上又谱写出了新的华章，是对马克思主义及其意识形态理论内容的创新和发展。

实现中华民族伟大复兴的中国梦，是这一理论的核心内容和根本目标。习近平同志指出："实现中华民族伟大复兴，就是中华民族近代以来最伟大的梦想"②。这个梦想，凝聚了几代中国人的夙愿，体现了中华民族和中国人民的整体利益，是每一个中华儿女的共同期盼。实现中华民族伟大复兴的中国梦，就是要全面建成小康社会、把我国建成富强民主文明和谐的社会主义现代化国家，实现国家富强、民族振兴、人民

---

① 《习近平：胸怀大局把握大势着眼大事努力把宣传思想工作做得更好——在全国宣传思想工作会议上的讲话》，《光明日报》2014 年 08 月 20 日。

② 《承前启后继往开来继续朝着中华民族伟大复兴目标奋勇前进》，《人民日报》2012 年 11 月 30 日。

幸福①。中国梦是历史的、现实的，也是未来的。中国梦是国家的、民族的，也是每一个中国人的。中国梦是我们的，更是青年一代的。中国梦归根到底是人民的梦，实现中国梦必须走中国道路，弘扬中国精神，凝聚中国力量②。

坚持共产主义远大理想和中国特色社会主义共同理想，是这一理论的根本前提和要求。习近平同志指出，理想信念是共产党人精神上的“钙”，没有理想信念，或者理想信念不坚定，精神上就会缺“钙”，就会得“软骨病”，就可能导致政治上变质、经济上贪婪、道德上堕落、生活上腐化③。我们党从诞生之日起就把马克思主义写在自己的旗帜上，把实现共产主义确立为最高理想。马克思主义、共产主义信仰是共产党人的命脉和灵魂，是共产党人经受住任何考验的精神支柱。坚定的信仰始终是共产党员和干部站稳政治立场、抵御各种诱惑的决定性因素，“革命理想高于天”。中国特色社会主义是党的最高纲领和基本纲领的统一。建立富强民主文明和谐的社会主义现代化国家，是中国特色社会主义的基本纲领，是现阶段的共同理想。我们应当把践行中国特色社会主义共同理想和坚定共产主义远大理想统一起来，坚决抵制抛弃社会主义的各种错误主张，自觉纠正各种错误观念和政策措施，毫不动摇坚持、与时俱进发展中国特色社会主义，不断丰富中国特色社会主义的实践特色、理论特色、民族特色、时代特色，坚定理论自信、制度自信、道路自信，捍卫以马克思主义为指导的社会主义意识形态④。

加强社会主义核心价值体系建设，自觉培育和践行社会主义核心价

---

① 习近平：《在第十二届全国人民代表大会第一次会议上的讲话》，《光明日报》2014年03月18日。

② 《习近平在同各界优秀青年代表座谈时的讲话》，《光明日报》2013年05月05日。

③ 习近平：《紧紧围绕坚持和发展中国特色社会主义学习宣传贯彻党的十八大精神》，《光明日报》2012年11月19日。

④ 习近平：《毫不动摇坚持和发展中国特色社会主义在实践中不断有所发现有所创造有所前进》，《人民日报》2013年01月06日。

值观，是这一理论最深刻的本质。习近平同志指出："人类社会发展的历史表明，对一个民族、一个国家来说，最持久、最深层的力量是全社会共同认可的核心价值观。核心价值观，承载着一个民族、一个国家的精神追求，体现着一个社会评判是非曲直的价值标准。"① 核心价值观，其实就是一种德，既是个人的德，也是一种大德，就是国家的德、社会的德。国无德不兴，人无德不立。如果一个民族、一个国家没有共同的核心价值观，莫衷一是，行无依归，那这个民族、这个国家就无法前进。在当代中国，我们的民族、我们的国家应该坚守什么样的核心价值观？这个问题，是一个理论问题，也是一个实践问题。富强、民主、文明、和谐是国家层面的价值要求，自由、平等、公正、法治是社会层面的价值要求，爱国、敬业、诚信、友善是公民层面的价值要求。这个概括，实际上回答了我们要建设什么样的国家、建设什么样的社会、培育什么样的公民的重大问题。我们提出的社会主义核心价值观，把涉及国家、社会、公民的价值要求融为一体，既体现了社会主义本质要求，继承了中华优秀传统文化，也吸收了世界文明有益成果，体现了时代精神②。坚持马克思主义为指导的社会主义意识形态，从根本上说，就是要坚持社会主义核心价值观。

"四个全面"的战略布局，是加强意识形态建设的根本途径。"党的十八大以来，以习近平同志为总书记的党中央从坚持和发展中国特色社会主义全局出发，提出并形成了全面建成小康社会、全面深化改革、全面依法治国、全面从严治党的战略布局。'四个全面'战略布局确立了新形势下党和国家各项工作的战略方向、重点领域、主攻目标，开辟了我们党治国理政的新境界，实现了马克思主义与中国实践相结合的新

---

① 习近平：《青年要自觉践行社会主义核心价值观——在北京大学师生座谈会上的讲话》，《光明日报》2014 年 05 月 05 日。

② 习近平：《青年要自觉践行社会主义核心价值观——在北京大学师生座谈会上的讲话》，《光明日报》2014 年 05 月 05 日。

飞跃，为实现‘两个一百年’奋斗目标和中华民族伟大复兴的中国梦提供了理论指导和实践指南。”① 四个全面”相辅相成，相得益彰，浑然一体，辩证统一。全面建成小康社会，是具有伟大战略意义的纲领性目标，是实现中华民族伟大复兴的中国梦的关键阶段。全面深化改革、全面依法治国、全面从严治党，是实现这一战略目标的重大战略举措。其中，全面深化改革是推动中国社会发展的内生动力，实现中华民族伟大复兴的中国梦的推进器；全面依法治国与“全面深化改革”相伴而生，依法治国是我们党领导人民治理国家的基本方略，是实现中华民族伟大复兴的中国梦的重要支撑；全面从严治党，是实现中华民族伟大复兴的中国梦的关键，一个机体健康、生机勃勃的伟大光荣正确的中国共产党，是我们的事业无往而不胜的根本保障。“四个全面”作为一个内在联系的有机整体，是一个立足中国特色社会主义当代实践而形成的伟大战略思想，是马克思主义中国化最新成果的集中体现，是对中国特色社会主义理论体系的丰富和发展。它既构成了中国特色社会主义意识形态的最重要的内容，又是建设中国特色社会主义意识形态的最根本的途径。

五、意识形态工作方法的新思路

对于如何卓有成效地开展意识形态工作，习近平同志针对新形势下的新情况、新问题，提出了一系列崭新的科学思路，概括起来，主要有以下几点。

第一，既要坚持正面宣传教育为主，又要开展积极的舆论斗争。

坚持正面宣传教育为主，是我们党意识形态工作一贯遵循的重要方针。党的十八大以来，围绕保持党的先进性和纯洁性，在全党深入开展的以为民务实清廉为主要内容的党的群众路线教育实践活动，就是一次

① 《张德江在参加浙江代表团审议时强调四个全面战略布局为实现中国梦提供理论指导实践指南》，《人民日报》2015 年 03 月 06 日。

新的实践。党的群众路线教育实践活动，从根本上说，就是一次以马克思主义为指导的社会主义意识形态教育活动。通过这次集中正面教育，广大党员、干部受到了马克思主义群众观点、群众路线的深刻教育，改进了作风，密切了党同人民群众的联系，在全党全社会弘扬了正气，为我们进行具有许多新的历史特点的伟大斗争开启了思想上组织上作风上的重要准备。

坚持正面宣传教育为主的方针，绝不意味着放弃舆论斗争。树欲静而风不止。敌对势力为了瓦解马克思主义，瓦解中国特色社会主义理论体系，极力宣扬西方的价值观和政治准则，宣扬和炒作各种反对马克思主义、反对中国特色社会主义理论体系的社会思潮。就所谓“普世价值”而言，这些人是真的要说什么“普世价值”吗？根本不是，他们是“挂羊头卖狗肉”，目的就是要同我们争夺阵地、争夺人心、争夺群众，最终推翻中国共产党领导和中国社会主义制度。如果听任这些言论大行其道，势必搞乱党心民心，危及党的领导和社会主义国家政权安全。在事关坚持还是否定四项基本原则的大是大非和政治原则问题上，我们必须增强主动性、掌握主动权、打好主动仗。马克思主义的本质是批判的、革命的，马克思主义就是在批判各种错误思潮、与各种错误思想的斗争中发展起来的，马克思主义者的历史重任就是在批判旧世界中建设新世界，过去是这样，今天仍然是这样，只是时代不同、条件不同、具体目标任务不同罢了。在意识形态战线上，用马克思主义真理揭露谎言，让科学战胜谬误，这是我们的根本任务。

习近平同志指出，根据形势发展的需要，要把网上舆论斗争作为宣传思想教育工作的重中之重来抓①。网上斗争，是一种新的舆论斗争形态。要树立阵地意识，坚决守好红色阵地，改造灰色阵地，夺取黑色阵地。要尽快掌握这个舆论战场上的主动权，不能被边缘化了。要解决

① 《习近平：胸怀大局把握大势着眼大事努力把宣传思想工作做得更好——在全国宣传思想工作会议上的讲话》，《光明日报》2014 年 08 月 20 日。

“本领恐慌”的问题，真正成为运用现代传媒新手段新方法的行家里手。要深入分析网上斗争的特点和规律，深入开展网上舆论斗争，严密防范和抑制网上攻击渗透行为，组织力量对错误思想进行批驳，使我们的网络空间晴朗起来。

第二，既要认真总结经验，又要与时俱进改革创新。

意识形态工作的本质就是思想政治工作，这是我们党和国家的重要政治优势，是教育、组织和动员广大群众为实现自身利益而奋斗的强大武器。我们党历来高度重视意识形态工作，善于运用它推动党的事业发展。新中国成立以来特别是改革开放30多年来，意识形态工作战线贯彻党中央要求，与时代同步伐、与人民共命运，走过了不平凡历程，积累了宝贵经验，在社会主义革命、建设和改革各个历史时期发挥了不可替代的重要作用。这些经验来之不易、弥足珍贵，是做好今后工作的重要遵循，一定要认真总结、长期坚持，并在实践中不断丰富和发展。

但是今天意识形态工作的社会条件毕竟大不一样了，而且在实际工作中出现了较为明显的轻视思想政治工作的倾向，以为定了制度、有了规章就万事大吉了，有的甚至已经不会或不大习惯于做认真细致的思想政治工作了，这种思想政治工作上的简单化和片面性，严重削弱了我们的意识形态工作。所以，现在比任何时候都更需要在总结已有经验的基础上，与时俱进，不断创新。意识形态工作创新，关键要抓好理念创新、手段创新、基层工作创新。意识形态工作理念创新，就是要保持思想的敏锐性和开放度，打破传统思维定式，努力以思想认识新飞跃打开工作新局面。意识形态工作手段创新，就是要积极探索有利于破解工作难题的新举措新办法，特别是要适应社会信息化持续推进的新情况，加快现代信息技术融合发展，综合利用，创新意识形态工作方式。意识形态的基层工作创新，就是要把创新的重心放在基层一线，扎实做好抓基层、打基础的工作。做好宣传思想教育工作，从根本上说，是为了用马克思主义和中国特色社会主义理论体系宣传群众、动员群众、服务群众、教育引导群众，调动群众的积极性和创造性。抓好总结经验和改革创新，意识形态工作才能在改进中加强、在创新中发展，形成新局面、开辟新境界。

第三，既要科学认识中国特色，又要善于进行国际比较。

中国特色社会主义，既有民族性，又有世界性，是民族性和世界性的统一。因此，对中国特色社会主义，既要认识其“中国特色”，又要善于进行国际比较，在比较中进一步增进对中国特色社会主义的科学认识。

对于当代中国，我们必须充分认识到，独特的文化传统，独特的历史命运，独特的基本国情，注定了我们必须要走适合自己特点的发展道路，即中国特色社会主义道路。近代以来，在苦难中觉醒的中国人，进行过很多的探索和尝试，各种别的制度都试过了，结果都行不通；各种主义都登台表演过，最终都失败了。只有中国共产党领导人民，把马克思主义基本原理同中国实际结合起来，找到了实现民族独立和人民解放、国家富强和人民幸福的中国特色社会主义道路。

所以，任何科学的理论和制度，必须本土化才能真正起到作用。马克思主义在中国能够取得胜利，关键就在于我们党不断推进其中国化，紧密结合中国实际加以运用。搞教条主义、本本主义，“言必称希腊”，都是不能成功的。我们的道路、理论、制度有着自己鲜明特色和显著优势，不能全盘照搬西方的洋办法，搬过来只会水土不服，注定要失败。

但是，对世界形势的发展变化，对世界上出现的新事物新情况，对各国出现的新思想新观点新知识，我们要认真加以研究，以利于积极借鉴人类文明创造的有益成果，不能闭上眼睛不看世界。这里只是需要明确，了解和参与世界的目的，是要为我们自己服务，是要更好发展我们自己，真正做到洋为中用。相反，如果在国际比较中丢失了自己，甚至否定了自己，这种比较就失去了意义。经济全球化不等于西方化，更不等于文化一元化，文明是多彩、平等、包容的，文明交流互鉴是推动人类文明进步和世界和平发展的重要动力。

所以，进行国际比较，必须坚持辩证分析方法。我们既要虚心学习借鉴人类社会创造的一切文明成果，但又不能数典忘祖，不能照抄照搬他国的发展模式，更不能接受任何国家颐指气使的说教。对国外负面的东西，也要有客观、正确的认识，不能让人产生一种“外国的月亮比中国圆”的感觉。西方国家总是戴着有色眼镜看中国，总是攻击我们的体制、经济形势、人权等问题，滋事造谣，借题发挥，小题大做，大造舆论。我们也绝不能对他们的弊端和虚伪的东西保持沉默，必须针锋相对。西方国家到处输出他们的价值观念和制度模式，试问在哪个国家获得了真正的成功呢？同他们受困于种种危机相比，同西亚北非一些国家政治动荡、社会混乱相比，中国的发展“风景这边独好”。

六、意识形态领导工作的新要求

意识形态工作是党的工作的重要组成部分，是中国特色社会主义的“齿轮和螺丝钉”。做好新形势下的意识形态工作，必须切实加强和改善党的领导，不懈努力，把意识形态领导工作提高到新水平。

习近平同志指出，我们中国共产党人能不能打仗，新中国的成立已经说明了；我们中国共产党人能不能搞建设搞发展，改革开放的推进也已经说明了；但是，我们中国共产党人能不能在日益复杂的国际国内环境下坚持住党的领导、坚持和发展中国特色社会主义，这个还需要我们一代一代共产党人继续做出回答①。他强调，做好意识形态工作，做好宣传思想工作，要放到这个大背景下来认识。全党同志特别是党的各级领导干部，必须按照中央要求扎扎实实做好意识形态工作。要与党中央在政治上思想上保持高度的一致，要敢于担当，不辱使命，做

① 《锻造更为坚强的领导核心——热烈庆祝中国共产党成立九十三周年》，《人民日报》2014年07月01日。

到守土有责、守土负责、守土尽责。在大是大非面前不能绕着走、态度暧昧、独善其身，要敢于亮剑，敢于站在风口浪尖上进行斗争。在宣传思想领域，不能搞无谓争论，但是牵涉重大的政治原则问题，绝不能含糊其词，更不能退避三舍。“千呼万唤始出来，犹抱琵琶半遮面”是不行的。不能搞“爱惜羽毛”那一套，不要怕被污名化。为了党和人民的事业，我们共产党人连流血牺牲都不怕，还怕损失一点蜗角虚名吗？

打铁还需自身硬，必须加强思想建党，把思想建党和制度治党紧密结合起来。做好意识形态工作，首先要做好党员、干部特别是领导干部自身的思想教育工作。对党员、干部来说，思想上的滑坡是最严重的病变。思想教育要突出重点，加强党性和道德教育，引导党员、干部坚定理想信念，坚守共产党人精神追求。所以，要使加强思想建党的过程成为加强制度治党的过程。最根本的是，党员、干部必须认真学习马克思列宁主义、毛泽东思想特别是中国特色社会主义理论体系，自觉用贯穿其中的立场、观点、方法武装头脑、指导实践、推动工作，始终不渝为中国特色社会主义共同理想而奋斗，这是在新形势下做到从严治党的根本保证。

做好意识形态工作，必须全党动手。习近平同志指出，现在存在着对意识形态工作不想抓、不会抓、不敢抓的问题。看一个领导干部是否成熟、能否担当重任，一个重要方面就是看他重不重视、善不善于抓意识形态工作①。各级党委要负起政治责任和领导责任，加强对宣传思想领域重大问题的分析研判和重大战略性任务的统筹指导，不断提高领导宣传思想工作的能力和水平。党委主要领导同志要带头抓意识形态工作，要确保意识形态工作的领导权牢牢掌握在忠诚于党和人民的人手里。

---

① 《习近平：胸怀大局把握大势着眼大事努力把宣传思想工作做得更好——在全国宣传思想工作会议上的讲话》，《光明日报》2014 年 08 月 20 日。

全党动手，必须树立大宣传的工作理念，动员各条战线各个部门一起来做，把意识形态工作同各个领域的工作更加紧密地结合起来，各个部门互相配合和支持，贯彻和执行党的群众路线，同心同德，群策群力，万众一心，共同做好意识形态工作，确保中国特色社会主义理论、制度、道路的安全。

（原载于《南京政治学院学报》2015 年第 8 期）

关于当前我国意识形态重大问题研究的进展与思考*

我国主流意识形态担负着价值引领和思想激励的重任，准确把握当前我国意识形态建设研究的新特点，认清意识形态领域的新挑战，探寻创新意识形态建设的新机制，对推进中国特色社会主义事业和实现中华民族伟大复兴的“中国梦”具有重要意义。

一、关于当前我国意识形态建设的新趋向及面临挑战研究

近年来，众多学者对我国意识形态建设的新形势进行了准确解读，并着眼于国际国内发展大势，系统分析了当前我国意识形态建设的总体态势。

1. 关于当前我国主流意识形态建设的新趋向

学术界认为我们党在意识形态理论的创新、主流文化思想的宣传与教育等领域中取得了一定成效。有学者从较为宏观的角度指出，伴随改

* 本文作者：王永贵（1964—），男，山东莒县人，南京师范大学社会主义意识形态研究中心负责人，马克思主义学院副院长，教授，博士生导师。
基金项目：国家社会科学基金重点项目“习近平总书记意识形态战略思想研究”（14AZD001）；江苏省社会科学基金重大项目“当前我国意识形态领域热点难点问题研究”（13ZD001）；江苏省“六大人才高峰”资助项目“社会主义核心价值观培育践行的江苏特色研究”（JY－016）；江苏省“青蓝工程”科技团队创新项目研究。

革发展的成果惠及全国人民，“全党的道路自信、理论自信、制度自信更加坚定，社会各界对中国特色社会主义道路的认同度不断提高，民族自信心和凝聚力大大增强，实现中华民族伟大复兴中国梦成为思想精神领域最强劲的主旋律”①。也有的学者认为在中国特色社会主义理论体系形成的进程中，“我们的意识形态和思想认识也不断从那些不合时宜的观念、做法和体制中解放出来，从对马克思主义的错误的和教条式的理解中解放出来，从主观主义和形而上学的桎梏中解放出来，既坚持了老祖宗，又谱写了新篇章”②。

与此同时，我国意识形态领域还面临着诸多新挑战，全党应提高对意识形态建设重要性与紧迫性的认识。从宏观角度，我们党指出了当前和今后一段时间内我国意识形态建设的主要任务，即“宣传思想工作一定要把围绕中心、服务大局作为基本职责，胸怀大局、把握大势、着眼大事，找准工作切入点和着力点，做到因势而谋、应势而动、顺势而为”③。另外，还有学者从努力抓好思想认识提高、努力抓好舆论导向把握、努力抓好宣传队伍建设以及努力抓好宣传力量协同四个微观方面指明了贯彻落实宣传思想工作的具体行动计划。④

2. 关于当前我国意识形态建设面临的新挑战

众多学者认为我国意识形态建设面临着来自国际国内的多重挑战，这就对我们党牢牢掌握意识形态建设的领导权、管理权和话语权提出了新要求。主要有以下观点。

第一，“双重因素说”。有学者指出，中国的意识形态建设是在改革开放与现代化建设的大背景下进行的，因此，开放与发展的背景对我国意识形态建设提出了双重挑战，即结构性挑战和发展性挑战。前者是

---

① 李宝善：充分认识意识形态工作的极端重要性》，《人民日报》2013 年 09 月 14 日。
② 肖巍：《作为国家发展之魂的意识形态建设》，《思想理论教育》2012 年第 10 期，第 30－36 页。
③ 习近平：《在全国宣传思想工作会议上的讲话》，《光明日报》2013 年 08 月 21 日。
④ 朱明国：《凝聚起推进宣传思想工作的强大合力》，《人民日报》2013 年 10 月 09 日。

来自外来意识形态的冲击，后者则是由于主流意识形态的时代适应性不足造成的。①

第二，“综合因素说”。有学者认为，当前我国社会阶层的分化、社会文化的多元化、网络化的新境遇、西方意识形态渗透和民族分裂主义等给我国意识形态建设带来了一定的冲击，影响了社会和谐，我们必须高度重视。② 此外，还有学者从新科技革命造成的社会变迁淡化了两大意识形态差异、社会主义市场经济的多元化价值取向以及国际社会主义运动的曲折发展对我国主流意识形态产生影响这三个方面进行了补充。③

第三，“文化因素说”。持这一观点的学者认为，我国意识形态建设与文化建设相互影响、相互关联、密不可分，并将目前我国推进文化建设与意识形态建设的紧迫性概括为成绩突出而问题不可忽视，前途光明而任重道远。具体而言，文化日益交流交融，但交锋更趋激烈；理论创新实现飞跃，但信任危机不可低估；核心价值体系“引领”任务艰巨繁重；“双百”方针和“二为”方向得到贯彻，但文化发展理念亟待变革；文化事业、文化产业大力推进，但文化发展很不平衡；中华文化国际影响力亟待进一步增强；国家文化软实力显著增强，但文化人才队伍质量亟待提高。④

第四，“国际因素说”。有学者指出，国际环境的变化对我国意识形态安全产生了消极的影响。他认为，中国国际地位的提升，使我国越来越受到西方等资本主义国家的重点关注，我国意识形态成为中西方争

---

① 朱光磊，于丹：《中国意识形态建设面临的双重挑战与政治稳定》，《马克思主义与现实》2010 年第 3 期，第 70 – 74 页。

② 肖应红：《当前我国意识形态建设面临的问题》，《人民论坛》2012 年第 1 期，第 42 – 43 页。

③ 王岩，杜锐：《我国意识形态建设面临的挑战》，《光明日报》2011 年 05 月 09 日。

④ 石云霞：《我国文化与意识形态安全新情况新特点研究》，《思想理论研究》2012 年第 11 期，第 28 – 32 页。

夺的“主战场”之一，而且，全球化趋势的加强与国际联系的紧密使得“和平演变”在中国迎来新的机会。①

二、关于坚持马克思主义指导地位和加强意识形态建设的核心问题研究

伴随当代政治、经济与社会的转型发展和我国全面深化改革的推进，意识形态领域面临着诸多新的挑战。有学者认为影响我国主流意识形态作用效能的因素有很多，比如当下人们的信仰归属和精神追求，意识形态表达的话语认同度和内涵的明确性，意识形态的真实感与倡导者的言行一致性等则是基本因素。② 如何认识意识形态建设面临的新挑战以及如何积极应对这些挑战，如何发挥社会主义主流意识形态的引领功能，巩固马克思主义在我国意识形态领域的主导地位是学术界研究的重要问题。

1. 关于当前我国主流意识形态的引领功能研究

近年来，众多学者不仅针对科学发展观、社会主义核心价值体系、社会主义核心价值观等理论创新在巩固我国主流意识形态的主导地位、适应现代化建设等方面展开了深入细致的研究。而且，就它们的科学内涵、目标导向、培育路径等问题也进行了全面系统的分析。

一方面，针对社会主义核心价值体系和社会主义核心价值观问题展开的研究。该问题的研究主要集中在探讨其内涵界定、话语凝练、引领机制以及践行方式等问题上。2013 年 12 月 23 日，中共中央办公厅下发的《关于培育和践行社会主义核心价值观的意见》指出，社会主义核心价值观是社会主义核心价值体系的高度凝练和集中表达，党的十八大

---

① 聂圣平：《国际环境的变化对我国意识形态安全的影响》，《求实》2012 年第 6 期，第 66－69 页。

② 曹泳鑫：《意识形态发挥效能的基本因素分析》，《马克思主义研究》2013 年第 8 期，第 40－43 页。

提出的24个字的“三个倡导”，是社会主义核心价值观的基本内容，为培育和践行社会主义核心价值观提供了基本遵循。对此，思想理论界进行深入阐释，形成了培育、弘扬和践行社会主义核心价值观的诸多共识。当然也有专家认为，尽管“三个倡导”是当前培育践行社会主义核心价值观的基本遵循，但关于社会主义核心价值观的内涵和基本内容还需要随着实践的发展而进一步研究凝练和丰富。可以说，学术界对该问题的研究经历了从分散到系统、从专业领域到社会普及、从学术研究到党的文献并付诸实践的过程，凸显了培育与践行社会主义核心价值体系和社会主义核心价值观在推进社会主义意识形态建设领域的重要性。

另一方面，针对中国特色社会主义理论体系建设展开的研究。主要包括以下观点。

第一，“和谐型意识形态论”。持该观点的学者将1992年至今我们党领导和团结全国各族人民为实现社会和谐发展而倡导的和谐理念与和谐哲学称为和谐型意识形态，并认为科学发展观和社会主义核心价值体系的提出，把广大人民群众团结在社会主义的旗帜下，真正体现了我国意识形态的吸引力。①

第二，“建设型意识形态论”。有学者认为社会主义核心价值观是当前我国意识形态的核心内容，这就要求我们从意识形态的战略高度、从社会管理制度创新、从公民道德建设深度这三个层面采取建设性的方法和途径，切实有效地培育和践行社会主义核心价值观。②

第三，“批判性意识形态论”。持此观点的学者认为新时期重构贯穿马克思主义立场观点方法的意识形态话语体系，要坚持在批判基础上吸收和借鉴，以体现马克思主义理论的“批判性”和意识形态的“辩护性”的统一，对体现不同价值观的核心话语进行综合，以此增强当

---

① 张梅：《论中国共产党创建以来意识形态的变迁》，《山西师大学报》社会科学版2012年第1期，第33－36页。

② 李建华：《分层次培育社会主义核心价值观》，《光明日报》2013年01月26日。

代中国主流意识形态话语体系的社会解释力。① 这些研究对充分发挥主流意识形态的引领功能具有重要意义。

2. 关于多样化社会思潮与我国意识形态安全问题的研究

第一，重视多样化思潮的危害。有学者认为当今社会思潮发展所呈现出的多元并存、关注现实、复杂多变和相互影响的特点，影响了人们对指导思想的正确选择、对价值观的正确选择，以及社会主义道德观的建设。如果缺乏必要的指引，则势必会影响社会风气，严重危及我国意识形态安全。②

第二，辩证看待多样化社会思潮。社会多元思想中，既包含正面的起积极推动作用的思想，也包括负面的起消极影响的思潮。例如，“中国梦”思想的提出既是我们党带领全体人民实现“两个一百年”奋斗目标的通俗化表达，也为调动广大人民群众的积极性、创造性和主动性发挥了巨大力量。对于具有负面影响的社会思潮，有的学者认为，诸多不同的思想文化对主流意识形态造成某种威胁和损害的同时也在一定程度上使主流意识形态不断得以补充和完善。因此，社会思潮与主流意识形态之间既斗争又合作，既相互排斥又相互吸引。③ 当然，关于社会思潮与主流意识形态之间“既斗争又合作”的观点并不准确，最重要的是要加强主流意识形态对各种社会思潮的有效引领。

第三，警惕西方多元文化的渗透和历史虚无主义。有的学者阐述了新时期西方文化渗透的手段与特征，即鼓吹“普世价值”、以经济交往为载体、利用现代媒介以及注重对精英群体的文化渗透，并指出这些新的文化渗透方式使我国社会思想意识呈现出多样性与冲突性，甚至加剧

① 陈锡喜：《马克思主义：意识形态和话语体系》，华东师范大学出版社 2011 年版，第 283 页。

② 孟雅超，李彦宏：《社会思潮对我国意识形态安全的影响》，《东南大学学报》哲学社会科学版 2012 年第 S1 期。

③ 孙晓晖：《当代社会思潮变动与我国意识形态安全问题的研究进路与思考》，《湖南师范大学社会科学学报》2012 年第 6 期，第 77 – 82 页。

了我国转型时期民众的信仰危机。① 有的学者是从社会生活、政治生活、经济、军事、互联网以及民族宗教问题角度详细论述了西方分化战略的主要表现，强调了维护我国意识形态安全的重要性和紧迫性。② 还有的学者则具体到不同社会思潮的内涵与本质，对其危害性进行了深刻揭示。诸如，近年来历史虚无主义以“学术反思”的名义企图否定历史、歪曲历史，歪曲中国革命和发展道路。对此，有学者强调我们必须清醒地认识到：“历史虚无主义虽然是一种非主流思潮，但其产生的负能量危害极大。任其蔓延，就会涣散和弱化主流意识形态，使人潜移默化地容忍和接受隐藏在这种思潮背后去史灭国、改旗易帜的图谋。”③ 对历史虚无主义等思潮我们要进行有效反击，坚定地走中国道路。

3. 关于网络信息发展与我国意识形态安全问题的研究

一方面，针对网络环境下推进意识形态建设的重要性和必要性，有的学者从现实意义角度指出，把网络舆论工作作为宣传思想工作的重点，是确保国家安全和意识形态安全的重大决策，是顺应我国媒体格局、舆论格局发展变化的战略抉择，是新形势下加强和创新社会管理的重要举措，是满足人民群众日益增长的精神文化需要和增强国家文化软实力的现实要求，更是净化社会环境、保护青少年健康成长的迫切需要。有的学者从认识和把握中国当下特定的传播环境这一角度指出，全球网络空间的高速发展要求人们对传播领域的革命保持清醒的认识，即传播领域的革命带来了全新的执政环境，主流意识形态亟须“再编码”，呼吁灵活反应与塑造“软实力”，以及在此基础上探索新的“解释框架”。④ 因此，新的历史时期，必须要充分认识到网络媒体的新特

---

① 臧传军，刘昕霞：《西方文化渗透对我国意识形态安全的影响研究》，《人民论坛》2013 年第 3 期，第 238－240 页。

② 申文杰，陈春琳：《西化分化战略对我国意识形态的新挑战及对策分析》，《河北师范大学学报》哲学社会科学版 2013 年第 2 期，第 13－17 页。

③ 田居俭：《旗帜鲜明反对历史虚无主义》，《求是》2013 年第 19 期，第 44－46 页。

④ 沈逸：《新媒体环境中的主流价值观塑造》，《文汇报》2013 年 09 月 02 日。

点和新要求。

另一方面，针对网络环境对我国意识形态安全带来的影响，有的学者从正反两方面进行了充分挖掘。其中，积极意义包括网络的发展为我们党的公信力建设提供了丰富的沟通资源、传播资源、甄别资源、拓展资源，搭建了增强党的凝聚力、创新党的组织运转机制和科学管理虚拟社会的舞台，并开辟了展示党的形象、密切党群关系和提高党的工作运行力的新途径。消极意义则体现在网络舆论引导缺位削弱民众理想信念、网络失实报道管理缺位诱发民众抵触情绪、非法网络公关管理缺位削弱党的群众基础、境外网络攻击应对缺位引发民众怀疑党的执政合法性以及网络报道失范情况应对缺位引发民众质疑党的“执政为民”理念。①

4. 关于维护意识形态安全和拓宽意识形态建设多重路径的研究

第一，处理好六对关系。有学者认为要贯彻落实意识形态建设的主要任务，必须正确处理好经济建设和意识形态工作的关系、党性和人民性的关系、正面宣传与舆论斗争的关系、总结经验和改革创新的关系、当代中国与外部世界的关系、全党动手和部分负责的关系。②

第二，把握好六个方面。有的学者从宏观角度对掌握舆论主动权进行了阐述，即坚持党性原则是首要前提，树立以人民为中心的工作导向是核心要求，占领新兴舆论阵地是重中之重，增强国际话语权是重要方面，坚持改革创新是迫切要求和关键所在，加强领导和管理是有力保证。③

第三，把握宣传思想工作的主动权。有学者认为在宣传思想文化工作内容、工作阵地、工作对象和工作技能上，要始终做到聚焦我国发展的鲜明主题，牢牢掌握互联网管理权，真正抓住主要群体，把握好时、

① 王绍平：《论网络环境下党的公信力建设面临的机遇、挑战与对策》，《湖南师范大学社会科学学报》2012 年第 4 期，第 59 - 64 页。

② 秦宣：《意识形态工作是党的一项极端重要的工作——学习习近平总书记 8 · 19 重要讲话体会之一》，《前线》2013 年第 9 期，第 6 - 10 页。

③ 李从军：《牢牢掌握舆论工作主动权》，《人民日报》2013 年 09 月 04 日。

度、效，牢固掌握话语主导权。只有增强危机意识、忧患意识、使命意识和创新意识，牢牢扭住关键和重点，充分发挥主动性、积极性和创造性，才能打好主动仗。①

第四，转变意识形态领导方式。有学者指出，网络文化传播彰显出多元性、自由性、平等性、互动性和高技术性等新特征，这就对意识形态领导方式的转型提出了新的要求。持该观点的学者认为党的意识形态领导方式、工作方法必须要致力于由独白式向对话式、由抽象式向形象式、由单一式向融合式的转型。②

第五，增强中国特色社会主义理论体系的认同感。有的学者认为，意识形态领域的斗争，就其实质而言，是社会主义和资本主义两种不同价值观念的较量。在这一过程中，只有中国特色社会主义与和谐世界理念真正被世界认同和接纳，中国才能更好地发挥世界性大国的作用；也只有用中国特色社会主义理论体系武装全党、教育人民、引领思潮、影响世界，才能筑牢意识形态安全的全球屏障。③

第六，开拓意识形态建设的全球性视野。持该观点的学者从全球化背景下社会主义意识形态发展的国际与国内形势出发，提出加强以各国共产党的联合为基础、以理论创新为核心、以社会主义国家为主导、以多边交流为手段的社会主义意识形态的研究与交流，强调在把握意识形态主导性与多样性、传统文化与现实生活、国内与国外的开放性相统一的基础上推进社会主义意识形态教育内容与方法的变革，并且要求在树立传播者的良好形象和构建全方位传播体系上拓展社会主义意识形态传

---

① 吴杰明：《新形势下做好宣传思想文化工作的科学指南》，《光明日报》2013 年 09 月 09 日。

② 梁刚：《论网络时代的意识形态领导权问题》，《当代世界与社会主义》2012 年第 3 期，第 184－187 页。

③ 何怀远：《用中国特色社会主义理论体系筑牢意识形态安全的全球屏障》，《中国社会科学报》2011 年 05 月 26 日。

播的途径与影响。①

三、关于加强当前我国意识形态建设研究几点思考

当前，应以党的十八大和习近平总书记系列重要讲话精神为指导，坚持问题导向和问题意识，着重思考以下几个方面的问题。

1. 深化新形势下的“两个巩固”和“中国梦”研究

习近平同志在全国宣传思想工作会议上指明了宣传思想工作的根本任务，即“巩固马克思主义在意识形态领域的指导地位，巩固全党全国人民团结奋斗的共同思想基础”②。一方面，马克思主义基本理论是我国社会主义意识形态理论的重要思想基础和理论渊源之一。尽管当今社会发展的形势与马克思、恩格斯当年的时代背景有很大的差别，但是马克思主义基本理论仍然是我们的“看家本领”和立党立国的根本指导思想，应“以马克思主义的精神去解读马克思主义的完整性，是我们新时期演进马克思主义、更好地推动马克思主义中国化进程的必然选择”③。另一方面，作为全体人民共同奋斗思想基础的中国特色社会主义和“中国梦”，不仅是我国社会主义意识形态建设的理论成果，而且是我们党和全体人民群众的行动指南。因此，新形势下必须深化对“两个巩固”和“中国梦”的研究，坚定地树立起对马克思主义的信仰以及对中国特色社会主义事业发展必胜的信念。

2. 推进培育和践行社会主义核心价值观研究

自党的十八大以来，社会主义核心价值观成为学术界广泛关注的重大理论和实践问题。“用‘三个倡导’积极培育和践行社会主义核心价

---

① 郭文亮，杨菲蓉：《当代国外社会主义意识形态发展导论》，人民出版社 2010 年版，第 284 – 299 页。

② 肖巍：《作为国家发展之魂的意识形态建设》，《思想理论教育》2012 年第 10 期，第 30 – 36 页。

③ 吴远，李秀娟：《论马克思主义理论内容整体性的逻辑推进》，《河海大学学报》哲学社会科学版 2013 年第 1 期，第 1 – 6 页。

值观，这既是党的十八大对社会主义核心价值体系建设的一个重大贡献，又是一个重大突破，也是一个重大部署。”① 而且，“倡导社会主义核心价值观，就是要使社会主义核心价值观成为整个社会的共同价值追求，成为人民群众的具体价值实践，成为聚合社会正能量、引导和推动社会发展的精神动力”②。中共中央办公厅下发的《关于培育和践行社会主义核心价值观的意见》要求把培育和践行社会主义核心价值观融入国民教育全过程，把培育和践行社会主义核心价值观落实到经济发展实践和社会治理中，积极开展涵养社会主义核心价值观的实践活动。这为加强社会主义核心价值观教育实践指明了努力方向，提供了重要遵循。因此，对该领域的研究既要注重理论层面，更要深入到社会实践层面，积极探索地方和区域特色，为形成全社会奋发向上的精神力量与团结协作的精神纽带提供具有针对性、有效性和前瞻性的举措。

3. 实现宣传思想和意识形态工作在全方位、多领域的引领研究

习近平总书记强调，“要树立大宣传的工作理念，动员各条战线各个部门一起来做，把宣传思想工作同各个领域的行政管理、行业管理、社会管理更加紧密地结合起来”③。这就需要树立世界眼光和全局观念的“大宣传理念”。一方面，学术界应深入展开有关我国社会主义意识形态建设的体系化、制度化和科学化研究，对社会主义意识形态的内涵、意义、特征、实践原则等一系列基本问题进行系统阐释。另一方面，意识形态工作从来就不是无源之水、无本之木，而是与经济社会的发展密不可分的。如果一个国家、一个民族没有科学的、统一的意识形态作指引，那么其经济建设和社会发展都将因缺乏动力和方向而杂乱无

① 戴木才，彭隆辉：《积极培育和践行社会主义核心价值观》，《光明日报》2012 年 12 月 08 日。

② 林培雄，王玉周：《社会主义核心价值观根在实践》，《求是》2013 年第 10 期，第 46－47 页。

③ 肖巍：《作为国家发展之魂的意识形态建设》，《思想理论教育》2012 年第 10 期，第 30－36 页。

序。因此，宣传思想和意识形态工作是凝聚改革发展的强大精神力量。我们应发挥意识形态工作在全方位、多领域的引领作用，使其真正成为人们行动的思想基础和科学指南。

4. 注重从国家治理体系现代化视角开展思想文化建设和治理的手段、方法创新研究

我国改革已经进入攻坚期和深水期，营造支持改革的舆论氛围至关重要，宣传思想工作比以往任何时候都更加需要开拓创新。习近平总书记强调指出，“宣传思想工作创新，重点要抓好理念创新、手段创新、基层工作创新”①。当今世界正处于大发展大变革大调整的时期，国际意识形态之争呈现出诸多新特点。应关注互联网和信息技术发展对意识形态管理工作带来的新挑战，特别是“应提高虚拟社会管理水平，尊重规律，强化职责，完善互联网舆论引导体系，促进网络虚拟社会和现实社会的和谐有序发展”②。总之，学术界应深入研究和把握新形势、新特征对意识形态建设提出的新要求、赋予的新任务、带来的新机遇，积极探索意识形态建设的新内容、新方法和新路径，努力形成理论阐述有所突破、宣传方法有所创新、宣传力量有所整合、基层工作有所拓展和管理水平不断提升等相互统一的意识形态建设新格局，积极占领思想宣传和舆论的制高点，真正掌握意识形态工作的领导权和主动权，使我国主流意识形态在推动中国特色社会主义事业和实现中国梦的进程中，切实发挥其有效思想引领、精神激励和文化支撑作用。

（原载于《思想政治教育研究》2014 年第 4 期）

---

① 肖巍：《作为国家发展之魂的意识形态建设》，《思想理论教育》2012 年第 10 期，第 30－36 页。

② 李志文，韩晓玲：《自媒体时代完善互联网舆论引导体系论析》，《理论学刊》2013 年第 8 期，第 79－82 页。

关于做好当前意识形态工作若干问题的思考*

——学习习近平总书记关于意识形态工作的重要讲话精神

党的十八大以来，习近平总书记围绕我国意识形态工作发表一系列讲话，特别是在2013年8月19日全国宣传思想工作会议上，围绕意识形态工作发表重要讲话。讲话站在世界潮流的高度，站在历史和理论的高度，特别是站在我们党和国家长远发展的战略高度，科学分析了我国意识形态工作面临的新形势和新问题，对未来意识形态工作的创新发展提出了新要求，其中包含一系列新思想、新观点、新论断。这是我们党和国家在全面建成小康社会新的历史条件下关于意识形态工作的一篇马克思主义纲领性文件，对我们今后五到十年乃至更长时期做好意识形态工作都具有十分重要的指导意义。

一、进一步认识意识形态工作的极端重要性

习近平总书记在讲话中强调，“经济建设是党的中心工作，意识形态工作是党的一项极端重要的工作。……只有物质文明建设和精神文明建设都搞好，国家物质力量和精神力量都增强，全国各族人民物质生活

---

* 本文作者：杨金海（1955－），男，河南林县人，中共中央编译局秘书长、马克思主义经典著作研究中心主任、研究员，享受国务院政府特殊津贴专家。

和精神生活都改善，中国特色社会主义事业才能顺利向前推进。"① 这是这次讲话的中心思想，也是总结历史经验得出的科学结论。

我们党历来十分重视意识形态工作。毛泽东同志在1962年9月党的八届十中全会上曾经讲过这样一段话，"凡是要推翻一个政权，总要先造成舆论，总要先做意识形态方面的工作。革命的阶级是这样，反革命的阶级也是这样。"② 革命是这样，建设、改革同样是这样。邓小平同志在20世纪80年代就讲"两个文明"，强调只有物质文明和精神文明都搞好，才是中国特色社会主义。他还讲要"两手抓"，经济建设要抓好，精神文明建设也要抓好。他针对曾经出现的社会动乱和不稳定现象深刻指出，这里面原因很多，但是一个重要的原因就是"一手硬，一手软"，即在一些地方，只抓经济建设，而不注重做人们的思想政治工作，特别是对广大人民群众的教育引导做得不好。江泽民同志提出"三个代表"重要思想，其中一个重要方面就是要代表先进文化的前进方向。胡锦涛同志进一步提出了文化安全的思想，他指出，当今世界，国家安全不仅是传统的军事安全，还有经济安全和文化安全。

习近平总书记进一步强调，意识形态工作是党的一项极端重要的工作。③④ 为什么要强调"极端"二字？我自己理解，就是因为意识形态建设和经济建设、军队建设一样，关乎我们的国家安全，关乎我们党和国家事业发展的前途和命运。大家知道，改革开放30多年来，我们在经济社会建设方面取得了巨大成就，但在思想文化建设方面的问题相当

---

① 《习近平：胸怀大局把握大势着眼大事努力把宣传思想工作做得更好》，《人民日报》2013年08月21日。

② 毛泽东：《建国以来毛泽东文稿》第10册，人民出版社1996年版，第194页。

③ 《习近平：胸怀大局把握大势着眼大事努力把宣传思想工作做得更好》，《人民日报》2013年08月21日。

④ 习近平在讲话中强调，经济建设是党的中心工作，意识形态工作是党的一项极端重要的工作。只有物质文明建设和精神文明建设都搞好，国家物质力量和精神力量都增强，全国各族人民物质生活和精神生活都改善，中国特色社会主义事业才能顺利向前推进。

突出，“思想懈怠”成为我们党和国家稳定发展的首要危险。从世界局势看，意识形态问题更值得重视。当今世界，随着经济全球化、政治多极化和信息网络技术的飞速发展，传统的国家安全概念正在悄然发生变化。继传统的军事安全、经济安全之后，文化安全，特别是作为其核心的意识形态安全上升为国家安全的主要内容。为什么近几十年来在许多国家发生政治剧变或发生所谓的“颜色革命”？原因固然很多，但是意识形态工作没有做好是十分重要的原因之一。过去的世界霸主要改变一个国家政权常常要靠军事或靠经济，现在靠意识形态战争就能够达到目的。以中东乱局为例，其中一个重要方面就是西方媒体摧毁了这些国家的意识形态防线。

实践证明，我们党领导中国人民搞革命是成功的，搞经济建设也是成功的，但意识形态工作能不能长期打胜仗，这个问题还考验着我们。在当今社会，特别是在互联网时代，意识形态问题已经成为关系国家安全的重要问题，能不能过互联网这一关，关乎我们党和国家的命运！总书记给全党提出的这个迫切问题振聋发聩，令人警醒。

总书记明确提出，意识形态工作的根本任务就是要做到“两个巩固”：一是“要巩固马克思主义在意识形态领域的主导地位”，二是“要巩固全党和全国各族人民团结奋斗的共同思想基础”。①② 这“两个巩固”做好了，我们的国家才能长治久安。

我们要认真学习领会总书记的讲话精神，增强做好意识形态工作和精神支柱建设的紧迫感。这些年我们经济社会发展很快，这是要肯定的。中国人自近代以来，还从来没有像今天这样衣食无忧，民富国强，

① 《习近平：胸怀大局把握大势着眼大事努力把宣传思想工作做得更好》，《人民日报》2013 年 08 月 21 日。

② 习近平指出：“宣传思想工作就是要巩固马克思主义在意识形态领域的指导地位，巩固全党全国人民团结奋斗的共同思想基础。党员、干部要坚定马克思主义、共产主义信仰，脚踏实地为实现党在现阶段的基本纲领而不懈努力，扎扎实实做好每一项工作，取得“接力赛”中我们这一棒的优异成绩。

但也存在一个严重的问题，就是精神懈怠、信仰缺失的问题，人们普遍感觉精神饥渴，价值迷茫。为此，人们饥不择食，追求各种价值，不少人的信仰因此动摇。这个问题十分严重。为什么？因为人和动物的根本区别，就在于人是精神动物，其生存的最后境界是精神生活的满足。如果这个问题长期得不到解决，加之国际意识形态斗争的复杂化，一遇风浪，就会出大问题。所以，我们决不能够对此问题漠不关心，麻木不仁，而要有一种紧迫感和使命感。

应当在三个层面进一步理解做好意识形态工作的重要意义。第一，从人类社会发展规律的层面看，意识形态工作十分重要。历史告诉我们，人类社会发展从来都是物质文明和精神文明两个轮子协同发展的过程。任何一个国家，任何一个民族，要取得进步，除了物质文明之外，还要有精神文明。光有物质文明，这个社会的进步是不完善的。第二，从社会主义建设规律的层面来看也是这样。与资本主义相比，社会主义的优越性归根结底要体现在两个方面，一个是物质方面，也就是经济建设要优越，要比资本主义发展快，成效要大；另一个是在精神文明建设方面，要比资本主义先进，文明程度要高。第三，从实现中华民族伟大复兴的中国梦的要求来看同样如此。中华民族要实现自己的伟大复兴的梦想，不光是物质文明程度要很高，要走在世界前列，精神文明程度也要很高，要走在世界前列，要能够贡献给人类新的精神文化产品，包括新的话语体系，新的价值理念，新的思想理论体系，新的生产方式，新的生活方式等。

从理论到实践都说明，习近平总书记关于意识形态工作的讲话意义十分重大，特别是“8·19”讲话，对意识形态工作的形势和任务做了全面系统的阐述，展示了党的中央领导集体关于意识形态工作的新理念、新思路、新部署、新举措，我们一定要认真学习领会，全面贯彻落实。

二、全面把握意识形态领域的形势

从总体上讲，我国意识形态工作的形势与经济社会发展的形势是一致的，用一句话概括就是，既是黄金发展期又是矛盾凸显期，这是一个总的判断。

为什么讲我们现在的意识形态工作处于黄金发展期？第一，我们的理论创新硕果累累。30 多年来我们的经济建设发展很快，思想理论创新很多，提出了邓小平理论、“三个代表”重要思想、科学发展观，最近又提出中华民族伟大复兴的“中国梦”。没有哪一个国家、哪一个政党像我们这样不断推进理论创新。我们国家之所以 30 年来发展这么快，就是因为思想在不断进步，理论在不断前进。第二，我们的理论武装工作效果卓著。从领导干部到一般群众，对我们党的基本理论是比较熟悉的，包括经济建设为中心，科学发展观等。特别是近十年来，党中央实施了马克思主义理论研究和建设工程，极大地推进了党的理论武装工作。第三，我们的宣传思想工作方式不断改进。除了对人们进行马克思主义教育，中国特色社会主义基本理论普及之外，我们还出版了很多书籍，制作了电视片，开办理论网站等，宣传工作的形式不断更新。第四，我们的文化体制改革初见成效。一方面大力加强文化事业的发展，另一方面大力推进文化产业的发展。总之，这些年我们的意识形态工作成果丰硕，影响也越来越大，包括国际影响越来越大。

同时也要看到，我们的意识形态领域处于矛盾凸显期，还存在很多新情况新问题。至少有十个方面的问题。

一是在对待马克思主义问题上存在着严重的思想较量。马克思主义是我们党的指导思想，但围绕究竟怎么看待马克思主义和社会主义，这些年争论还是很多的。有人认为马克思主义过时了；有人讲只有民主社会主义才能救中国；等等，不一而足。这些错误言论混淆了人们的视听。

二是在改革方向问题上存在着激烈的思想较量。这些年，每到关键时候特别是中央召开重大会议时，就会出现杂音、噪音。有的借反思改革为名，从“左”的或右的方面攻击改革开放。前者认为我们今天所出现的问题都是改革开放造成的，偏离了社会主义方向，所以必须迅速刹车，回到原来的社会主义方向上；后者则认为改革的方向应当是破除我们现有的体制、制度，汇入所谓世界发展的主流，其本质就是要否定党的领导，搞西方那一套。

三是理论和实践之间存在比较严重的脱节。我们整天讲马克思主义，但是在实际工作当中，一些党员干部阳奉阴违，存在双重人格，这严重败坏了马克思主义的形象。又如，意识形态工作中存在空转现象。有关部门每天都在写文件、发文件、发文章等，但是实际上这些文件、文章只是在少数人当中流传，甚至只是在意识形态工作者当中空转，没有落地生根，对社会影响不大。又如，我们的理论宣传品缺乏层次性，上下一般粗，左右一个样，这个情况很普遍。如对人民群众进行马克思主义教育，总的来讲是好的，但是对中学生、大学生、领导干部，都讲同样的话，这样就不会有好的效果。又如，没有把握好内宣与外宣的界限，很多对国内讲的话，原封不动地翻译出去，效果不好。

四是思想理论界争论的问题很多。比如关于指导思想一元化的问题。有的人认为，现在是市场经济了，经济都多元化了，利益都多元化了，人群也多元化了，思想为什么不能多元化，还要搞一元化？这样讲好像很有道理，实际上不对。这是因为这样讲的人没有搞清楚国家发展和个人发展的关系。一个国家、一个民族要发展，作为一个整体必须要有统一的指导思想，这种统一的指导思想并不影响每个利益群体和每个人思想的多样化。

五是思想政治教育与大学的专业教育之间存在矛盾。我们的政治理论课讲马克思主义，但是在专业教育方面大多讲西方的东西。比如经济学、社会学等，很多就是把西方的原版教材搬过来，甚至都不翻译，有的翻译过来了也不加评语，直接向学生灌输。结果就出现了很多专业不讲马克思主义，甚至对马克思主义很反感。

六是思想教育与人们特别是青年人群的生存状况之间存在矛盾。我们教育青年人要相信马克思主义、相信社会主义。从道理上讲，他们也觉得可以接受，但是一遇到实际生活，就觉得你讲的这些东西苍白无力，甚至毫无用处。他们的生活压力那么大，要住房、结婚、生子等，有一大堆问题，理论问题与他们的生活实际距离太远。所以，我们的思想政治教育怎么跟老百姓的实际生活特别是青年人的生活实际结合起来，在这方面我们做得还很不够。

七是体制外群众思想工作存在空白点。这些年我们国家出现了新的二元结构，即体制内人群和体制外人群。对体制内人群，党和政府可以组织学习教育，而体制外的人群就很难进行有组织的学习教育。这类人群很大，而且会越来越大，包括农民工、非公经济部门的从业人员、其他的闲散人员等。在社会主义市场经济条件下，对这些人群怎么样进行政治思想教育？这是我们面临的一个极其重大的问题。

八是宣传思想工作的方式方法比较陈旧。这些年我们的宣传思想工作虽然有很多成就，但是形式主义始终存在。我们的报纸刊物发表的文章不少空话套话连篇，不少领导讲话也是这样。这样的文章、宣传品老百姓不愿意看，不愿意听。即使其中有一些好的内容，也被形式主义的东西淹没了。所以，要提高宣传思想工作的水平，必须破除形式主义、官僚主义等。又如在一些重大事件上有时候出现失语现象。特别是在新兴的网络媒体上，这些年我们的宣传工作有时跟不上形势。现在是网络时代，大部分人特别是青年人获得信息主要靠网络和手机。在这种情况下我们还用传统的宣传办法肯定不行，必须进行大刀阔斧的改革。

九是民族宗教领域意识形态斗争严峻。我们国家民族地区比较多，“三股势力”有合流趋势，暴力冲突事件、极端宗教事件和民族分裂事件不断发生。这里可能有很多原因，但意识形态工作没有做好是重要原因之一。

十是国际意识形态斗争出现了新的情况。第一，一些西方大国开始把中国作为意识形态斗争的主要敌人。他们提出了各种各样的论调，包括中国威胁论、中国崩溃论和中国责任论等。第二，西方大国继续依托其经济力量强化其文化软实力，对我国进行思想文化渗透。例如美国每年要拨出上百亿美元来支持亚洲战略发展研究。2012 年美国的亚洲基金会“赠与亚洲”活动进入第十个年头，捐赠给亚洲的公益费超过了两亿美元，其目的就是要兜售其价值观。第三，西方大国凭借高科技推行自己的文化甚至搞“文化帝国主义”。现在网络平台已经成为意识形态斗争的主战场。美国人在这上面做了大量工作，美国前国务卿希拉里就非常用力地来宣传互联网自由。再一个就是在其他文化产品上推行“文化帝国主义”，比如美国的电影占据了世界总放映量时间的 50%；控制了世界 75% 的电视节目生产和制作；美国的几个大媒体公司，如哥伦比亚广播公司、有线电视新闻网、美国广播公司，它们发布的信息量是全世界其他国家发布信息量的 100 倍，是我们国家发布信息量的 1000 倍。第四，西方国家根据我国社会的变化及时调整其政策。当我们搞市场经济体制改革、国企改革时，它们就给你大讲新自由主义、私有化理论；当我们讲政治体制改革的时候，它们就大讲三权分立、多党制等。第五，打着学术研究的科学性、新闻报道的客观性和文艺作品的娱乐性的幌子推销其意识形态。这些年西方不再公开讲消灭共产主义、消灭社会主义了，而是大讲非政治化、非意识形态化、价值中立等，好像比较客观，不偏不倚，但实际上它们的理论仍然带有非常强的阶级意识、民族意识。比如，美国一些人常常以美国的价值标准对我国说三道四，他们的新闻报道常常歪曲报道中国事件。很多第一次来中国的西方人都常常为中国的发展感到吃惊，觉得他们的媒体对中国的报道误导了他们。第六，利用社会科学的某些前沿理论为其政治目的服务。这是西方特别是美国一些人经常使用的一个手段。他们经常讲一些新概念，什么新自由主义、民主社会主义、人权理论、全球化理论、全球治理理论、公民社会理论、生态文明理论等。这些理论看上去很好，很有学习价值，实际上这里面充满着美国的价值观。对这些新理论问题，我们一方面要积极研究，同时又要弄清它的本质，不要简单跟着西方走。

当前意识形态领域存在这么多的问题，原因在什么地方？我想至少有四点。

第一，经济社会的深刻转型是各种错误思潮发展的深层原因。大家知道，这些年我们经济社会发生了很大的变化。首先是体制上的变化，出现了体制内、体制外人群的分化，这是出现思想工作不适应形势的重要原因。二是不同利益集团及其代言人出现了。我们国家现在有很多问题，争来争去都是利益问题。比如说房产税要不要收，争论得很厉害，没有房子的人肯定说应该收，有房子的人就说不能收，各找各的理由。三是市场经济的功利原则影响着思想理论的选择和传播，冲击着我们的主流意识形态。在一些人那里，一切向钱看，传统的优秀道德规范被严重颠覆。四是人们的生存压力、思想压力大，使得我们的意识形态工作原有的方式难以奏效。

第二，意识形态战线的战斗力不强是存在杂音、噪音的重要原因。首先是一些地方和单位的领导不够重视意识形态工作。表面上大家都很重视，说意识形态工作如何重要，但是实际上支持不力。其次就是队伍不力，人员短缺，很多人不愿意干这件事。再次就是意识形态精神产品缺乏吸引力，尽管也提了很多新概念，但是怎么样变成老百姓愿意接受的东西还需要我们好好去思考。四是意识形态的资源整合不够，精神支柱没有很好地建设起来。此外，还有一个原因就是反应迟缓，特别对一些错误思想的反击不力。

第三，党风问题比较严重，影响意识形态工作效果。少数党员干部精神颓废，不问苍生问鬼神，有什么事不是跟同志们商议，而去算命、占卜；有的金钱至上；有的信念动摇；有的把钱存在国外，给自己留下后路。这些现象背后的原因很多，但说到底就是没有科学的理想信念。再则，少数干部的“四风”问题比较严重。还有一个现象就是这些年我们少数老党员、老干部中间出现了“反水现象”，个别本来很著名的、很好的同志退下来以后，一下子变了，说一些批评党和政府的话，而且有的说得很严重，造成很不好的影响。

第四，在国际意识形态斗争中缺乏与时俱进的方法。在对外交流当中我们维护意识形态安全的观念不强，对西方思潮的研究不够，对很多重大的理论问题、现实问题研究滞后，在国际学术界没有话语权。同时，在对外文化交流管理中存在薄弱环节。调查发现，国外特别是美国很多的文化机构在中国落地，也不申报，但是活动频繁，这对我们是个很大的潜在威胁。

三、新的历史条件下意识形态工作的主要任务

新的历史条件下，意识形态工作的主要任务是什么？我想至少有以下十二个方面。

第一，切实转变意识形态工作的理念

一是要树立意识形态安全的理念。传统的国家安全是军事安全、经济安全，那么现在是信息时代，网络发展很快，所以意识形态安全乃至文化安全就上升为国家安全的层面，我们一定要有这个意识。20 世纪 80 年代末 90 年代初，柏林墙倒塌、苏联垮台，当时在这些国家没有人出来说话，悄无声息。① 这些国家的人们后来很后悔，但是来不及了。为什么会这样？重要原因之一是意识形态安全防线出了问题。所以，在意识形态安全问题上，我们一定要警钟长鸣，绝不能重蹈苏东的覆辙！

---

① 当时，苏联解体，苏共解散，其财产被没收……令人震惊的是，查封者不仅没有遇到任何有组织的反抗，在有关的历史档案中，也没有发现当时何处有工人、职员、苏共党员们自发地集合起来，去保卫自己的区委、市委和州委，或举行大规模抗议活动的记载。

二是要树立大宣传的理念。[①②] 这是习总书记讲话提出来的一个新理念。所谓"大宣传"理念，我理解就是跟过去讲的"小宣传"的理念相对应的。过去经常认为宣传工作就是宣传部门的事情，跟其他人没有关系。这是不对的。宣传工作固然是宣传部门的事情，但也是全党乃至全国人民的事情。如果意识形态工作出了问题，那绝不只是宣传系统的问题，而是关乎整个国家、整个民族、整个党的问题。所以我们各级党委、政府一定要把意识形态工作摆在重要的位置，经常过问，经常来抓。

三是要树立以人民为中心的理念。[③④] 几千年来，在思想文化领域都是作者本位论占主导，就是作者是主体，是中心，读者跟着作者的思想转。现在不同了，是网络时代了，信息传播的方式发生了根本变化，即人人是读者，人人是作者。作者的文章、作品有没有生命力，不是作者说了算，而是广大读者特别是网民说了算。所以，我们的宣传思想工作一定要以人民群众为中心，要考虑老百姓需要什么，要把教育引导人民和为老百姓服务相结合，这样，我们的思想工作才能取得实效。

四是要树立正面宣传的理念。这是总书记提出的一个很重要的要求，要多宣传正面的情况，要鼓劲、团结，而不要整天报道一些负面的

① 《习近平：胸怀大局把握大势着眼大事努力把宣传思想工作做得更好》，《人民日报》2013年08月21日。

② 习近平强调，"做好宣传思想工作必须全党动手。各级党委要负起政治责任和领导责任，加强对宣传思想领域重大问题的分析研判和重大战略性任务的统筹指导，不断提高领导宣传思想工作能力和水平。要树立大宣传的工作理念，动员各条战线各个部门一起来做，把宣传思想工作同各个领域的行政管理、行业管理、社会管理更加紧密地结合起来。"

③ 《习近平：胸怀大局把握大势着眼大事努力把宣传思想工作做得更好》，《人民日报》2013年08月21日。

④ 习近平指出，"坚持人民性，就是要把实现好、维护好、发展好最广大人民根本利益作为出发点和落脚点，坚持以民为本、以人为本。要树立以人民为中心的工作导向，把服务群众同教育引导群众结合起来，把满足需求同提高素养结合起来，多宣传报道人民群众的伟大奋斗和火热生活，多宣传报道人民群众中涌现出来的先进典型和感人事迹，丰富人民精神世界，增强人民精神力量，满足人民精神需求。"

东西。[①][②] 西方一些媒体整天抹黑中国，我们很多新闻媒体也跟着国外媒体讲，表面上很客观，实际上很片面。其实，这么大的中国，发生坏事情的概率是很大的，关键看你怎么报道。总的讲，要全面报道，不要只讲坏处。究竟讲什么，讲到什么程度，要以收到好的效果为标准，以有利于促进社会和谐发展为目的。

五是要树立科学宣传的理念。宣传思想工作要尊重客观规律。有人可能会问，宣传思想工作有什么规律？规律还是有很多的。比如，对不同的受众要给他讲不同的道理，对小孩子要给他讲一些做人的道理，而不是一上来就讲马克思主义。又如精神支柱建设是有规律可循的。马克思主义作为我们今天中国人的精神支柱，要大众化，要传承千百年，也需要适当借鉴这些历史经验。比如，可以建设马克思主义展览馆、文化馆等，为人们提供学习科学理论的场所。

第二，宣传思想工作要在具体化、社会化、生活化、载体化方面下功夫。

所谓具体化就是对不同人要有不同的宣传教育办法。社会化就是要根据受众的变化而采取更宜于社会大众接受的措施来做思想工作。现在社会发展了，特别是体制外人群越来越多，宣传思想工作也要更多地考虑体制外人群，不能简单按照过去的体制内方法去做工作。生活化就是要与老百姓的生活联系起来，特别要在精神支柱的载体建设方面下大功夫。

---

① 《习近平：胸怀大局把握大势着眼大事努力把宣传思想工作做得更好》，《人民日报》2013 年 08 月 21 日。

② 习近平指出，“坚持团结稳定鼓劲、正面宣传为主，是宣传思想工作必须遵循的重要方针。我们正在进行具有许多新的历史特点的伟大斗争，面临的挑战和困难前所未有，必须坚持巩固壮大主流思想舆论，弘扬主旋律，传播正能量，激发全社会团结奋进的强大力量。关键是要提高质量和水平，把握好时、度、效，增强吸引力和感染力，让群众爱听爱看、产生共鸣，充分发挥正面宣传鼓舞人、激励人的作用。在事关大是大非和政治原则问题上，必须增强主动性、掌握主动权、打好主动仗，帮助干部群众划清是非界限、澄清模糊认识。”

第三，深入研究社会主义核心价值体系落实的措施和机制。社会主义核心价值体系包括四个方面：马克思主义指导地位，社会主义理想信念，民族精神和时代精神，社会主义荣辱观。党的十八大提出“三个提倡”，十二个价值概念，就是富强、民主、文明、和谐；自由、平等、公正、法治；爱国、敬业、诚心、友善。这更加凝练，更容易落实。这十二个价值观念又分三个层次。富强、民主、文明、和谐是国家层面的目标和原则；自由、平等、公正、法治是人们社会关系层面的目标和原则；爱国、敬业、诚心、友善是个人伦理道德方面的目标和原则。这些价值概念，特别是和谐、公正、法治、友善这几个价值概念最能够代表今天的时代潮流和社会主义本质，也最具有中国特点，所以，要大力弘扬，远播世界。这不仅对中华民族凝聚力量有重要意义，对构建和谐世界也有重大意义。

第四，做好新时期宣传思想工作需要讲好中国故事。总书记在讲话当中对讲好中国故事提出了明确要求，需要认真落实。①②

首先，要打造融通中外的新概念、新范畴、新表述。一方面，要批判西方的所谓“普世价值”，但另一方面，要去努力打造国内外老百姓都能够接受的真正的共同价值，特别是新概念、新范畴、新表述，找到最大的公约数。比如和谐、公正这些概念就是最具有号召力的话语，要大讲特讲，跟西方争话语权。

二是要在讲好社会发展道路的继承性以及中国特色社会主义道路的

① 《习近平：胸怀大局把握大势着眼大事努力把宣传思想工作做得更好》，《人民日报》2013 年 08 月 21 日。

② 习近平强调，“对世界形势发展变化，对世界上出现的新事物新情况，对各国出现的新思想新观点新知识，我们要加强宣传报道，以利于积极借鉴人类文明创造的有益成果。要精心做好对外宣传工作，创新对外宣传方式，着力打造融通中外的新概念新范畴新表述，讲好中国故事，传播好中国声音。”

历史、文化和现实基础方面下功夫。①② 比如，中国为什么要走社会主义道路？就是因为历史和现实都告诉我们资本主义道路走不通，同时，我国传统文化对大同世界历来讲得很多，是中国人一直在追求的梦想。又如，为什么我们要提倡协商民主？因为协商民主不仅是我国现代政治的基本形式，也是传统做法的延续。从中国古代到现在，从官方到民间，解决问题的通常办法是协商，而不是投票。

三是要在构建中国理论的学术概念和逻辑体系上下功夫。对中国道路的阐释，不仅要摆事实、讲道理，还要形成科学规范的学术概念和结构严谨的逻辑体系。这是衡量一种理论是否成熟的重要标志。比如应当形成有时代特征和中国特点的、可以逐步参与乃至引领世界学术潮流的哲学、经济学、政治学、法学、社会学、新闻学等。只有形成这些能够与国际学术界对话和交流的学科体系，中国理论才能最终进入世界各国的大学、研究机构等，成为人们深入研究的对象。在这方面，我们已经做了不少工作，但还不够。比如，在经济学领域，我们提出了“社会主义市场经济”概念，也逐步形成了这一理论，并且实践证明该理论是有效的，但在学术概念和逻辑体系构造上还缺乏科学性、规范性、严密性，这是我们的经济学理论在世界学术界影响不大的一个重要原因。其他学科的情况也大致如此。所以，在这方面还需要做长期的努力。

---

① 《习近平：胸怀大局把握大势着眼大事努力把宣传思想工作做得更好》，《人民日报》2013 年 08 月 21 日。

② 习近平指出，“在全面对外开放的条件下做宣传思想工作，一项重要任务是引导人们更加全面客观地认识当代中国、看待外部世界。宣传阐释中国特色，要讲清楚每个国家和民族的历史传统、文化积淀、基本国情不同，其发展道路必然有着自己的特色；讲清楚中华文化积淀着中华民族最深沉的精神追求，是中华民族生生不息、发展壮大的丰厚滋养；讲清楚中华优秀传统文化是中华民族的突出优势，是我们最深厚的文化软实力；讲清楚中国特色社会主义植根于中华文化沃土、反映中国人民意愿、适应中国和时代发展进步要求，有着深厚历史渊源和广泛现实基础。中华民族创造了源远流长的中华文化，中华民族也一定能够创造出中华文化新的辉煌。独特的文化传统，独特的历史命运，独特的基本国情，注定了我们必然要走适合自己特点的发展道路。”

四是要在总结中国道路的优势和经验上下功夫。中国道路有很多优势，我总结有这样四个优点：稳定、高效、和谐、和平。这些都是西方大国在现代化过程中没有办法跟我们比肩的，我们要把它讲清。再一个，我们还有四个方面的经验：包容发展，增量改革，中庸和谐，坚强领导。所谓包容发展就是“一元主导、多样并存”的发展模式，例如在经济上以公有制经济为主，同时允许私有制等多种经济发展。增量改革就是在改革过程当中不损害原来人们的合理利益，在这个基础上逐步改革，典型的做法是实行“老人老办法，新人新办法”，这样，改革就不会引起大的震动。中庸和谐就是凡事不走极端，而是找到两个方面的结合点，比如把政府和市场的作用结合起来，把一党领导和多党合作结合起来，这是中国人的智慧。冯友兰先生曾有一句座右铭，叫“极高明而道中庸”，这是对中国哲学的最好概括。我们今天的中国人很好地继承了这个传统。坚强领导，就是说中国政府的领导能力，包括组织、动员能力在当今世界上是最强的，无与伦比的。这些优势是中国 30 多年改革开放取得巨大成果的重要原因，应当进一步讲透。

第五，宣传思想工作要同建立健全社会服务体系相结合。随着社会发展进步，现代社会已日趋由传统的管理型社会向服务型社会转变，服务同人们的日常生活息息相关。宣传思想工作要适应新的形势，大力增强社会服务功能。譬如，要建立健全与现代生活相适应的信息服务体系，为人民群众提供各种法律法规、政策、就业、教育、医疗、住房、社会保障以及文化娱乐等方面的信息咨询。要建立健全心理咨询服务体系，加强对心理咨询的科学研究，通过多种方式为人们提供心理咨询服务。要建立健全信访服务体系，组织专人对信访上访人员进行法律法规教育，帮助他们解决实际问题，维护社会和谐稳定。要建立健全休闲文化服务引导体系，通过科学引导，帮助人们健康文明地休闲度假。要建立健全科学文化知识传播体系，通过科普宣传、文化讲座、艺术鉴赏等形式，传播科技知识，了解历史文化和历史人物，提高人们艺术鉴赏力，帮助人们陶冶情操，加强修养，提升素质。

第六，宣传思想工作要与民主政治建设相结合。要对人们特别是青少年进行科学的民主观教育，教育人们特别是青少年了解现代民主建设的一般含义、基本内容、社会主义民主建设的条件、中国的历史与国情等。要懂得现代民主概念与资产阶级的政治民主观是有区别的。现代民主概念不仅包括政治民主，而且包括经济民主、文化民主等。即使是政治民主，也包括协商民主、考试民主、参与民主等，绝不仅仅是投票民主。要谨防一些人对人们特别是对青少年对进行片面的民主思想灌输。同时，在社会主义民主建设过程中，要通过举办论坛、辩论会等形式，就一些热点问题公开展开辩论，请专家现场点评，加强对青年学生引导。对目前一些较有影响的思想政治观点，如民主社会主义、新自由主义思想观点等，一方面要从正面加强引导，另一方面，要以科学的态度旗帜鲜明地展开正常的学术批评。

第七，宣传思想工作要和现代话语体系建设相结合。一般话语体系包括三个层面，一是政治思想层面，二是学术文化层面，三是日常生活层面。长期以来，宣传思想工作主要采用政治思想层面的话语体系进行宣传教育，不够通俗，显得刻板。随着社会发展特别是信息化时代的到来，人们更多关注世俗生活。为此，我们应尽可能采用学术文化和人们日常生活的话语体系，利用现代人们喜闻乐见的表达方式宣传党的思想理论和路线方针政策，宣传先进事迹和先进典型。要认真落实“三贴近”的原则，树立良好文风，防止形式主义，力戒新“八股”文章。

第八，做好新时期的宣传思想工作要主动适应网络时代的新要求。当今世界，电脑网络发展突飞猛进，引领人类社会进入到新媒体时代。面对新媒体时代，我们需要用辩证的、发展的观点来看问题。首先要看到它是一个新时代，是加强宣传思想工作的新机遇，要热烈欢迎这个时代，而不是惧怕这个时代。其次，要看到这种新技术的两面性。新媒体一方面给我们的意识形态工作带来了机遇，同时又对我们的意识形态工作形成冲击。它冲破了我们原来的宣传思想工作方式，使得原来一些旧的做法、旧的理念不再适应形势发展的要求了。这就需要我们主动转变工作方式，去适应它。为此，一方面需要创新理论，用有科学性、有感染力、有说服力的理论引导大众；另一方面需要意识形态工作者主动做工作，积极接地气，把科学理论传播到千家万户。同时，还要对网络等新媒体加强管理。这样，我们的宣传思想工作才会赢得民心。

第九，宣传思想工作要把马克思主义教育同文化建设相结合。长期以来，我们对马克思主义的研究、宣传和教育主要局限于思想理论层面，缺乏从文化的层面研究思考问题。在新形势下，宣传思想工作要创新发展，就要善于从文化的角度考察认识马克思主义。要充分借助传统文化的力量，从马克思主义传播史、文化发展史、文化哲学、制度文化建设以及日常语言文化等层面开展对马克思主义的宣传教育。要充分认识马克思主义在文化建设中的地位和作用，努力把马克思主义文化宣传推进到一个新的境界。

第十，宣传思想工作要与社会组织建设相结合。随着社会主义市场经济体制的建立和完善，我国的社会力量将逐渐划分为三类：一是体制内的政府力量：二是市场中的各种经济力量；三是体制外的社会组织力量。在现代社会中，社会组织的作用将会不断增强，人员会不断增多，而且多是体制外人员。为此我们应充分发挥社会组织的作用，利用各类学会、协会、研究会等民间组织，宣传党的思想理论和路线方针政策，加强对他们的引导，积极推进社会主义文化多样性的发展。

第十一，要加强意识形态战线的对外交流工作。随着经济全球化的迅猛发展和我国对外开放的不断深入，中国融入世界的态势将日趋增强。目前汉语热正在全球兴起，我们应以此为契机，加强同国外的交流工作，通过多种渠道，借助各种手段和阵地，包括借助国外的媒体阵地，积极宣传我国改革开放以来所取得的伟大成绩，宣传党的创新理论成果和路线方针政策，在交流当中增进了解，增强互信，变被动为主动，努力为我国和平发展争取良好的国际舆论环境。为此，要制定中国理论国际化战略，做好顶层设计。要充分认识当今世界人类文明发展的时代特征和转型特征；充分认识我国今后若干年在世界文化舞台上角色的转变特点，即逐步从边缘到中心、从配角到主角、从无声到有声；充分认识由此带来的整个世界文化格局的变化，包括人们心理情绪的变化。据此，制定科学的理论对外传播战略规划，分阶段逐步实施。

第十二，要加强对意识形态工作战略的整体性研究和组织领导，切实做好“大宣传”工作。意识形态工作在党的整个事业中占有重要地位。在新的历史条件下，要实现中华民族伟大复兴的中国梦，宣传思想战线肩负着重要任务。为此，我们应加强对意识形态工作的整体战略研究，不断改进党的意识形态工作方式，提高党领导意识形态工作的能力。要加强对宣传思想工作同其他部门工作关系的研究，把宣传思想工作同国家教育文化建设结合起来，制定中长期发展战略规划，不断推动宣传思想工作科学发展。要加强对新形势下做好宣传思想工作新的体制和机制的探索研究，进一步创新制度、方法和手段，努力把宣传思想工作提高到一个新的水平。要深入研究推进宣传思想工作现代化的内容、条件、途径和方法，在人员培训、活动机制和工作方式等方面学习借鉴国外成功的经验。要加强对国家软实力的研究和开发，加强对国家形象的设计研究，努力在国内外把我国塑造成为富强民主、文明和谐、负责任的大国形象。

中国古代哲学家张载曾经立下宏愿：“为天地立心，为生民立命，为往圣继绝学，为万世开太平。”作为新时代的马克思主义理论工作者，我们更应当有做好意识形态工作的雄心壮志。为此，要认真学习领会中央精神，深入思考，扎实工作，争取为中国特色社会主义现代化建设事业奉献出更多的智慧和力量。

（原载于《中国浦东干部学院学报》2014 年第 2 期）

论意识形态建设理论的整体性*

意识形态工作是马克思主义政党治国理政的重要方面，习近平强调："意识形态工作是党的一项极端重要的工作。"① 基于这一认识定位，习近平就意识形态建设问题提出了一系列重要思想，在这些思想的指导下，我国意识形态领域发生了许多积极变化，意识形态工作某些方面的被动局面得到了有效改变。比如，网络意识形态歪风得到整治，新自由主义、历史虚无主义等错误思潮的实质和危害被系统揭示。可以说，我国意识形态生态发生了系统性变化，这种系统性变化同意识形态建设理论的整体性密不可分。党的十八大以来，习近平同志整体把握错误社会思潮的实质与危害，整体把握意识形态建设的基本内容和实践路径，构建了带有整体性特征的意识形态建设理论。深刻把握习近平意识形态建设理论的整体性特征，对加强我国意识形态建设，提高意识形态工作水平，增强主流意识形态的社会凝聚力，有着十分重要的现实意义。

---

* 本文作者：姜迎春，1967 年生，江苏省中国特色社会主义理论体系研究中心特聘研究员，南京大学哲学系教授、博士导师，中国历史唯物主义学会副会长。

基金项目：本文系江苏省社科基金重大项目"习近平总书记系列重要讲话整体性系统性研究"（项目号：14ZD001）的阶段性成果。

① 《习近平谈治国理政》，外文出版社 2014 年版，第 153 页。

整体把握错误社会思潮的实质与危害

不论在革命战争年代，还是在和平建设时期，中国共产党始终重视意识形态建设工作，这一工作发挥了独特的号召力、凝聚力和战斗力作用。改革开放以来，社会、经济、政治、文化结构发生了许多复杂变化，社会主义意识形态建设不断应对时代挑战，取得了许多理论和实践上的新成就。同时，我国社会主义意识形态建设也面临着十分严峻的挑战，主要表现为错误社会思潮的严重泛滥，对社会主义意识形态的建设和发展构成了带有根本性和整体性的挑战。党的十八大以来，习近平对这一挑战的危害性和批判错误社会思潮的重要性做了许多论述，对以否定改革的社会主义性质为重点的新自由主义思潮和以否定毛泽东为重点的历史虚无主义思潮，做了明确而深刻的批判，错误社会思潮的泛滥趋势受到有效遏阻。

自由主义改革观是新自由主义思潮的核心内容，它试图改变我国改革的正确方向，竭力主张中国的政治、经济、社会、文化等方面改革均应走全盘西化的道路。改革开放以来，我国之所以取得举世瞩目的成就，根本原因是中国共产党和中国人民始终立足中国国情，走中国特色社会主义道路，形成中国特色社会主义理论，确立了中国特色社会主义制度。离开这个根本点，中国不可能有实质的发展和进步。但是，自由主义改革论者从来不这么认为，他们认为，中国的改革取得成就是因为学习了西方的“普世价值”，现在还存在许多问题是因为学习西方不彻底。

针对新自由主义思潮在改革问题上的错误主张，习近平强调，我们的改革是有方向、有立场、有原则的，搞否定社会主义方向的“改革”是死路一条，“在方向问题上，我们头脑必须十分清醒。我们的方向就是不断推动社会主义制度自我完善和发展，而不是社会主义制度改弦易张”①。针对新自由主义强调的所谓市场经济的宪政前提，习近平深刻论述了这一论调的实质和危害。“社会上很多意见和建议值得我们深入思考，但也有些意见和建议偏于极端。一些敌对势力和别有用心的人也在那里摇旗呐喊、制造舆论、混淆视听，把改革定义为往西方政治制度的方向改，否则就是不改革。他们是醉翁之意不在酒，‘项庄舞剑，意在沛公’。对此，我们要洞若观火，保持政治坚定性，明确政治定位。”② 针对新自由主义思潮总是用西方理论或西方价值标准来判断我国改革的成败，习近平强调，“我们不断推进改革，是为了推动党和人民事业更好发展，而不是为了迎合某些人的‘掌声’，不能将西方的理论、观点生搬硬套在自己身上”③。这些重要思想是对新自由主义思潮的系统而深刻的批判，彻底否定了自由主义改革观，是社会主义意识形态建设在理论方面的重要进展。

近年来，以否定毛泽东为重点的历史虚无主义思潮甚嚣尘上，这一思潮试图通过否定毛泽东，进而否定新民主主义革命史和社会主义建设史，从根本上否定社会主义发展和中国共产党执政的历史合理性。一些人对毛泽东的否定、对中国社会主义革命的怀疑，“表现了他们对于结合中国革命的长期实践，研究马克思主义基本原理在中国的胜利和发展，研究毛泽东思想的科学理论，几乎毫无兴趣。他们由于毛泽东同志晚年犯了错误（对于这个错误他们也做了错误的非历史的解释），就对经过了历史考验的整个毛泽东思想的科学理论表示怀疑。事实上，他们所怀疑的不仅是毛泽东思想，而且是中国共产党和中国人民几十年间的伟大革命实践，而且是马克思主义的基本原理和它在实际生活中的发

① 《习近平关于全面深化改革论述摘编》，中央文献出版社 2014 年版，第 15 页。
② 《习近平关于全面深化改革论述摘编》，中央文献出版社 2014 年版，第 19 页。
③ 《习近平关于全面深化改革论述摘编》，中央文献出版社 2014 年版，第 20 页。

展”①。针对历史虚无主义思潮的错误观点，习近平强调，对历史人物的评价，应该放在其所处时代和社会的历史条件下去分析，不能离开对历史条件、历史过程的全面认识和对历史规律的科学把握，不能忽略历史必然性和历史偶然性的关系，“不能把历史顺境中的成功简单归功于个人，也不能把历史逆境中的挫折简单归咎于个人。不能用今天的时代条件、发展水平、认识水平去衡量和要求前人，不能苛求前人干出只有后人才能干出的业绩来。革命领袖是人不是神。尽管他们拥有很高的理论水平、丰富的斗争经验、卓越的领导才能，但这并不意味着他们的认识和行动可以不受时代条件限制。不能因为他们伟大就把他们像神那样顶礼膜拜，不容许提出并纠正他们的失误和错误；也不能因为他们有失误和错误就全盘否定，抹杀他们的历史功绩，陷入虚无主义的泥潭”②。在这里，习近平从方法论的高度批判了历史虚无主义的荒谬性，这一批判具有十分重要的理论价值和现实意义。

习近平对错误社会思潮的认识和批判，从整体上促进了当代中国主流意识形态的健康发展，维护了社会主义意识形态的基础性和统治性地位。习近平强调，能否做好意识形态工作，事关党的前途命运，事关国家长治久安，事关民族凝聚力和向心力。这就是一种整体性思维，这种整体性思维强调意识形态工作具有全局性和根本性，意识形态工作不是局部的、阶段性的工作，意识形态工作的失误可能导致整个社会主义事业遭受重大挫折甚至失败。“为什么自然科学进行一次失败的实验，经济工作犯一次重要错误，都可以原谅，而思想工作一犯错误就要这样兴师动众呢？……实验错了，除非发生了严重的爆炸，扩散了有毒物质，究竟损失有限，只是少数人的事。经济政策和经济工作犯了严重错误，甚至走上破坏社会主义经济的犯罪道路，对国家和人民要造成严重的损失和灾难，必须雷厉风行地坚决纠正，严肃处理，决不允许‘原谅’。

① 《胡乔木文集》第2卷，人民出版社2012年版，第495~496页。

② 《十八大以来重要文献选编》上，中央文献出版社2014年版，第693页。

但是一般说来，经济工作中确实由于缺乏经验而产生的非自觉的和非原则性的错误，当然也要坚决纠正，还不致影响到社会政治制度的性质和发展方向。一种发生广泛社会影响的错误思潮，不同于个别性质、枝节性质的错误，如果不加批评控制，却可能像某种传染病一样，危害整个社会的精神健康和安定团结。"① 错误社会思潮这一"传染病"危害的是整个社会，"预防"和"治疗"工作都很重要，如果不能做到对症下药，或放任这种"传染病"蔓延，其造成的损失往往是无法挽回的，因为它损害的是人们的思想，破坏的是整个社会的精神系统。

整体把握马克思主义的历史发展

马克思列宁主义、毛泽东思想和中国特色社会主义理论体系是当代中国意识形态建设的核心内容，这个内容是一个完整的思想体系，也就是说它是一个整体。割裂马克思列宁主义同毛泽东思想、中国特色社会主义理论体系的关系，割裂毛泽东思想和中国特色社会主义理论体系的关系，都是错误的；就意识形态建设的内容而言，"厚古薄今"和"厚今薄古"都是十分有害的。习近平善于从整体上把握马克思列宁主义、毛泽东思想和中国特色社会主义理论体系这三者的有机统一，并将这一完整的思想体系运用于中国特色社会主义实践，强调"要根据时代变化和实践发展，不断深化认识，不断总结经验，不断实现理论创新和实践创新良性互动，在这种统一和互动中发展21世纪中国的马克思主义"②。

我国改革开放成功实践的基本经验之一就是既坚持科学社会主义基本原则，又根据时代条件赋予其鲜明的中国特色。习近平强调，中国特色社会主义是社会主义而不是其他什么主义，科学社会主义基本原则不

---

① 《胡乔木文集》第2卷，人民出版社2012年版，第503～504页。

② 《习近平：坚持运用辩证唯物主义世界观方法论提高解决我国改革发展基本问题本领》，《人民日报》2015年1月25日。

能丢，丢了就不是社会主义。“一个国家实行什么样的主义，关键要看这个主义能否解决这个国家面临的历史性课题。在中华民族积贫积弱、任人宰割的时期，各种主义和思潮都进行过尝试，资本主义道路没有走通，改良主义、自由主义、社会达尔文主义、无政府主义、实用主义、民粹主义、工团主义等也都‘你方唱罢我登场’，但都没有能够解决中国的前途和命运问题。是马克思主义、毛泽东思想引导中国人民走出了漫漫长夜、建立了新中国，是中国特色社会主义使中国快速发展起来了。”① 在这里，习近平一方面强调了马克思列宁主义即科学社会主义是能够解决中国历史性课题的主义，过去如此，现在也是这样，马克思列宁主义永远都不能丢，丢了就是丢了根本；另一方面强调了马克思列宁主义、毛泽东思想和中国特色社会主义理论体系的整体性，毛泽东思想和中国特色社会主义理论体系是马克思列宁主义在中国的逻辑展开和实践发展。

近年来，一些人故意制造改革开放前后两个历史时期的对立，强调这两个历史时期是相互否定的，从理论和实践上否定中国社会主义发展的历史继承性即整体性，割裂毛泽东思想和中国特色社会主义理论体系的有机统一。习近平强调，不能用改革开放前的历史时期否定改革开放后的历史时期，也不能用改革开放后的历史时期否定改革开放前的历史时期。“我之所以强调这个问题，是因为这个重大政治问题处理不好，就会产生严重政治后果。……国内外敌对势力往往就是拿中国革命史、新中国历史来做文章，竭尽攻击、丑化、污蔑之能事，根本目的就是要搞乱人心，煽动推翻中国共产党的领导和我国社会主义制度。”② 整体把握当代中国意识形态建设问题，就是要坚持用联系和发展的观点看待马克思主义、社会主义的历史发展。坚持联系的观点，就是强调不能割断马克思主义一脉相承的理论发展史，就是强调历史与现实、理论与实

---

① 《十八大以来重要文献选编》上，中央文献出版社 2014 年版，第 109 页。
② 《十八大以来重要文献选编》上，中央文献出版社 2014 年版，第 113 页。

践的辩证统一性。坚持发展的观点，就是强调坚持马克思主义，坚持社会主义。“一定要以我国改革开放和现代化建设的实际问题、以我们正在做的事情为中心，着眼于马克思主义理论的运用，着眼于对实际问题的理论思考，着眼于新的实践和新的发展。”①

习近平善于从方法论上把握马克思列宁主义、毛泽东思想和中国特色社会主义理论体系的整体性。习近平强调，在革命、建设、改革各个历史时期，我们党运用历史唯物主义，系统、具体、历史地分析中国社会运动及其发展规律，在认识世界和改造世界过程中不断把握规律、积极运用规律，推动党和人民事业取得了一个又一个胜利；历史和现实都表明，只有坚持历史唯物主义，我们才能不断把对中国特色社会主义规律的认识提高到新的水平，不断开辟当代中国马克思主义发展新境界。习近平还强调，辩证唯物主义是中国共产党人的世界观和方法论，我们党要团结带领人民协调推进全面建成小康社会、全面深化改革、全面依法治国、全面从严治党，实现“两个一百年”奋斗目标、实现中华民族伟大复兴的中国梦，必须不断接受马克思主义哲学智慧的滋养，更加自觉地坚持和运用辩证唯物主义世界观和方法论，增强辩证思维、战略思维能力，努力提高解决我国改革发展基本问题的本领。

习近平系统总结了马克思主义中国化的历史经验，从方法论上整体把握马克思主义中国化理论发展的内在统一性。他强调指出，道路决定命运，找到一条正确道路是多么不容易，中国特色社会主义不是从天上掉下来的，是党和人民历尽千辛万苦、付出各种代价取得的根本成就。改革开放前的社会主义实践探索，是党和人民在历史新时期把握现实、创造未来的出发阵地，没有它提供的正反两方面的历史经验，没有它积累的思想成果、物质成果、制度成果，改革开放也难以顺利推进；一切向前走，都不能忘记走过的路；走得再远、走到再光辉的未来，也不能

① 《十八大以来重要文献选编》上，中央文献出版社2014年版，第114页。

忘记走过的过去。“毛泽东思想活的灵魂是贯穿其中的立场、观点、方法，它们有三个基本方面，这就是实事求是、群众路线、独立自主。新形势下，我们要坚持和运用好毛泽东思想活的灵魂，把我们党建设好，把中国特色社会主义伟大事业继续推向前进。”①

整体把握当代中国意识形态建设的实践路径

社会主义意识形态建设是中国特色社会主义事业发展的重要组成部分，社会主义意识形态需要在实践中不断巩固和发展。党的十八大以来，我国社会主义意识形态建设同整个中国特色社会主义实践推进是密不可分的，通过协调推进全面建成小康社会、全面深化改革、全面依法治国、全面从严治党，中国特色社会主义实践得到了整体推进，社会主义意识形态建设也得到了整体推进，开创了社会主义意识形态建设的新局面。

全面建成小康社会是中国特色社会主义事业发展进程中的一个重要目标，这一目标包括经济、政治、社会、文化、生态等各个方面，对全面建成小康社会不能作单纯经济主义的理解。社会主义核心价值体系深入人心、社会主义文化强国建设基础更加坚实是全面建成小康社会的重要目标。这些目标也是当代中国意识形态建设的目标，加强社会主义意识形态建设是推进全面建成小康社会的重要内容。习近平指出，在推进全面建成小康社会和社会主义现代化进程中，我们要大力培育和弘扬社会主义核心价值体系和社会主义核心价值观，加强构建充分反映中国特色、民族特性、时代特征的价值体系，努力抢占价值体系的制高点。“如果我们的人民不能坚持在我国大地上形成和发展起来的道德价值，而不加区分、盲目地成为西方道德价值的应声虫，那就真正要提出我们的国家和民族会不会失去自己的精神独立性的问题了。如果没有自己的

① 《十八大以来重要文献选编》上，中央文献出版社2014年版，第695页。

精神独立性，那政治、思想、文化、制度等方面的独立性就会被釜底抽薪。”①

在当代中国，社会主义意识形态建设离不开改革开放的伟大实践，改革开放的实践是社会主义意识形态建设的活水源头。习近平强调，改革开放是党在新的历史条件下领导人民进行的新的伟大革命，是决定当代中国命运的关键抉择，中国特色社会主义之所以具有蓬勃生机，就在于是实行改革开放的社会主义，只有改革开放才能发展中国、发展社会主义、发展马克思主义。由此可见，改革开放的实践为社会主义意识提供了丰富内容和前进动力。习近平强调，全面深化改革，不是因为中国特色社会主义制度不好，而是要使它更好；我们说坚定制度自信，不是要故步自封，而是要不断革除体制机制弊端。针对完全私有化的改革主张，习近平强调，必须毫不动摇巩固和发展公有制经济，坚持公有制主体地位，发挥国有经济主导作用，不断增强国有经济活力、控制力、影响力。在政治体制改革问题上，习近平强调必须坚持正确政治方向，坚定不移走中国特色社会主义政治发展道路。在文化体制改革问题上，习近平强调，要始终坚持社会主义先进文化前进方向，始终把社会效益放在首位，无论改什么、怎么改，导向不能改，阵地不能丢。这些重要论述，充分强调了社会主义意识形态的制度基础必须不断巩固，这对于当代中国意识形态建设的发展具有根本性和整体性意义。

当代中国意识形态建设同全面推进依法治国也有着极其紧密的联系，习近平强调指出：“全面推进依法治国是关系我们党执政兴国、关系人民幸福安康、关系党和国家长治久安的重大战略问题，是完善和发展中国特色社会主义制度、推进国家治理体系和治理能力现代化的重要方面。”② 由此可见，全面推进依法治国对当代中国各项事业的发展也

---

① 《习近平关于全面深化改革论述摘编》，中央文献出版社 2014 年版，第 88 页。

② 《中国共产党第十八届中央委员会第四次会议文件汇编》，人民出版社 2014 年版，第 71 页。

具有根本性和整体性意义。全面推进依法治国是巩固社会主义意识形态制度基础的重要方面。习近平强调："国家的根本制度和根本任务，国家的领导核心和指导思想，工人阶级领导的、以工农联盟为基础的人民民主专政的国体，人民代表大会制度的政体，中国共产党领导的多党合作和政治协商制度、民族区域自治制度以及基层群众自治制度，爱国统一战线，社会主义法制原则，民主集中制原则，尊重和保障人权原则，等等，这些宪法确立的制度和原则，必须长期坚持、全面贯彻、不断发展。"① 这些重要论述有力驳斥了在法治问题上的错误主张，为当代中国意识形态建设确立了宪法原则和法治基础。

全面推进从严治党对当代中国意识形态建设具有极其重要的意义，能否有效推进全面从严治党，关系到党自身和社会主义事业的前途和命运，关系到人民群众对社会主义的感情和态度。如果不能有效推进全面从严治党，党的领导就会受到削弱和动摇，人民群众对社会主义事业就会产生怀疑和动摇，在这种情况下，就失去了社会主义意识形态建设的群众基础。习近平强调，与国内外形势发展变化相比，与党所承担的历史任务相比，党的领导水平和执政水平、党组织建设状况和党员干部素质、能力、作风都还有不小差距；特别是新形势下加强和改进党的建设面临"四大考验""四种危险"，落实党要管党、从严治党的任务比以往任何时候都更为繁重、更为紧迫。"全党要增强紧迫感和责任感，牢牢把握党的建设总要求，不断提高党的领导水平和执政水平、提高拒腐防变和抵御风险能力，使我们党在世界形势深刻变化的历史进程中始终走在时代前列，在应对国内外各种风险和考验的历史进程中始终成为全国人民的主心骨，在坚持和发展中国特色社会主义的历史进程中始终成为坚强领导核心。"② 党的领导、社会主义基本制度和社会主义意识形态是三位一体的命运共同体，这三个方面任何一方都不能被削弱和动

---

① 《习近平关于全面深化改革论述摘编》，中央文献出版社 2014 年版，第 68 页。

② 《十八大以来重要文献选编》上，中央文献出版社 2014 年版，第 80 页。

摇，任何一方的削弱和动摇都将威胁到其他两个方面的存在和发展。由此可见，全面推进从严治党对于当代中国意识形态建设同样具有根本性和整体性意义。党的十八大以来，习近平多次强调要加强全党的思想建设、组织建设、制度建设、作风建设和党风廉政建设，提出了全面从严治党的指导思想、主要内容和实践路径，这将有效提高党的执政能力和领导水平，有效提高广大人民群众对党的信任和对社会主义的信仰，从而不断巩固社会主义意识形态建设的群众基础。

（原载于《江海学刊》2015 年第 4 期）

论思想政治工作在治国理政中的作用*

——学习习近平总书记关于思想政治工作的重要论述

在中国共产党的各项工作中，思想政治工作具有非常重要的地位，一向被认为是党的一切工作的“生命线”，在中国革命、建设和改革的各个历史时期都发挥了重要的作用。党的十八大以来，以习近平同志为核心的党中央高度重视思想政治工作，提出了一系列新思想新观点，深刻阐述了新形势下思想政治工作在治国理政中的重要地位和作用。本文拟结合学习习近平总书记系列重要讲话精神，就思想政治工作在中国共产党治国理政中的地位和作用做初步探讨。

一、重视思想政治工作是中国共产党的传统和优势

“高度重视思想政治工作，是我们党的优良传统和政治优势。我们党领导革命和建设的全部历史证明，掌握思想教育，是团结全党进行伟大政治斗争的中心环节。”① 卓有成效的思想政治工作是中国共产党团结和带领中国人民在中国革命、建设和改革的伟大实践中不断取得胜利

---

* 本文作者：宋俭，武汉大学马克思主义学院教授、博士生导师，马克思主义与中国实践创新中心研究员。

基金项目：教育部重大委托项目“学习习近平总书记关于思想政治教育的重要论述。”

① 《十五大以来重要文献选编》中，人民出版社2001年版，第1036页。

的一大法宝。

中国共产党自成立伊始，就高度重视思想政治工作。一方面，强调思想建党、政治建党，注重对全党的马克思主义理论教育，把思想建设放在党的建设的首位，要求“建设一个全国范围的、广大群众性的、思想上政治上组织上完全巩固的布尔什维克化的中国共产党”。① 另一方面，注重通过思想政治工作领导军队、掌握群众。建党之初就成立了专门从事思想政治工作的中央局宣传部，要求“党应当作群众中的鼓动和宣传”。② 通过办刊物、办工人夜校、办农民运动讲习所等，向广大群众宣传马克思主义，宣传党的纲领和政策，提高广大工农群众的阶级觉悟，为党的发展壮大、扩大党在群众中的影响奠定了坚实的基础。在新型人民军队建设中，中国共产党从一开始就强调党对军队的领导，重视政治建军，把做好军队政治工作作为军队建设的根本，确立了党代表制度和军队政治工作制度，使红军的政治素质和战斗能力不断提高。1934年召开的红军第一次全军政治工作会议明确提出“政治工作是我们红军的生命线”的方针。毛泽东更是高度重视思想政治工作对于加强党的领导的极端重要性，强调“掌握思想领导是掌握一切领导的第一位”。③ 在整个新民主主义革命时期，中国共产党都将思想政治工作放在突出的地位，通过卓有成效的思想政治工作，使全党全军达到了空前团结，并动员和组织起了千百万群众加入中国共产党领导的革命统一战线，为最终夺取全国胜利做出了重大的贡献。

新中国成立后，中国共产党高度重视思想政治工作对于巩固党的执政地位和动员广大人民为建立和建设社会主义而奋斗的重要作用。新中国成立伊始，中国共产党就对广大干部群众开展思想理论教育，用马克思主义来统一全党和全国人民的思想。毛泽东在第一届全国人民代表大

---

① 《毛泽东选集》第2卷，人民出版社1991年版，第602页。
② 《中国共产党宣传工作文献选编》(1915－1937)，学习出版社1996年版，第656页。
③ 《毛泽东文集》第2卷，人民出版社1993年版，第435页。

会上明确提出，“领导我们事业的核心力量是中国共产党。指导我们思想的理论基础是马克思列宁主义”，① 将马克思列宁主义确立为党领导人民治国理政的指导思想。随着社会主义改造的完成，经济工作成为党的中心工作。为了更好发挥思想政治工作服务于党的中心工作的优势，毛泽东提出了“政治工作是一切经济工作的生命线”② 的著名论断，并要求“全党都要注意思想理论工作”。③ 中共中央发出通知强调：“加强党的理论工作对于改进党的工作和国家工作具有决定性的意义，对理论工作的忽视是不能容许的。”要求“进一步认真地加强党的思想工作。各级党委必须真正做到把思想领导当作自己领导的首要职责”。④ 这实际上已将思想政治工作明确为党领导人民治国理政的重要手段。在探索中国社会主义建设的实践中，一度在指导思想上出现了严重失误，甚至出现了“文化大革命”的全面内乱，但正是由于发挥了思想政治工作这个法宝的作用，中国共产党的领导地位和执政根基没有动摇，广大人民群众对社会主义的信仰也没有发生根本动摇，这就为十一届三中全会全面拨乱反正，实现历史性的转折奠定了思想基础和政治基础。

十一届三中全会以后，中国共产党确立了“一个中心，两个基本点”的政治路线。在坚持以经济建设为中心的同时，强调在思想政治上坚持四项基本原则。邓小平指出，思想政治工作“无论过去、现在和将来，这都是我们的真正优势”。⑤ 他要求：“一定要把思想政治工作放在非常重要的地位，切实认真做好，不能放松。”⑥“全党要研究如何适应新的条件，加强党的思想工作，防止埋头经济工作、忽视思想工作的倾向。各级党委，首先是党委主要负责同志，要密切注视和深入研究

① 《毛泽东文集》第6卷，人民出版社1999年版，第350页。
② 《毛泽东文集》第6卷，人民出版社1999年版，第449页。
③ 《毛泽东文集》第7卷，人民出版社1999年版，第200－201页。
④ 《建国以来重要文献选编》第6册，中央文献出版社1993年版，第54页。
⑤ 《邓小平文选》第3卷，人民出版社1993年版，第144页。
⑥ 《邓小平文选》第2卷，人民出版社1994年版，第342页。

思想战线的形势和问题，采取切实有效的办法改进这条战线的工作。”① 邓小平还将加强思想政治工作放到了党和国家领导制度改革的高度。他指出：“我们说改善党的领导，其中最主要的，就是加强思想政治工作。”“必须把思想政治工作放在重要地位上，否则党的领导既不可能改善，也不可能加强。”②“为了做好思想政治工作，也要求改善党的领导，改善党的领导制度。”③

20 世纪 90 年代以后，随着改革开放的深化，中国社会发生了复杂而深刻的变化，经济成分和经济利益多样化、社会生活方式多样化、社会组织形式多样化，国际形势复杂多变，使思想政治工作面临更加复杂的局面。1999 年下发的《中共中央关于加强和改进思想政治工作的若干意见》指出：“思想政治工作，是经济工作和其他一切工作的生命线。在改革开放和发展社会主义市场经济的进程中，紧密结合新的历史条件，充分发挥党的这一政治优势，具有重要的现实意义和长远意义。”要求“思想政治工作必须紧紧围绕经济建设这个中心，紧密结合各项业务工作进行，为改革开放和社会主义现代化建设提供强有力的精神动力和思想保证。”同时，鉴于“思想政治工作涉及经济和社会生活的各个方面”，因此，“不仅党的组织、宣传部门要做，党的其他部门、政府部门以及工会、共青团、妇联等人民团体和其他社会组织都要做。……要在党委统一领导下，充分调动社会各方面的积极性，形成职责明确、齐抓共管、覆盖全社会的工作机制”。④ 2000 年 6 月，中共中央召开思想政治工作会议，强调思想政治工作“是团结全党全国各族人民实现党和国家各项任务的中心环节，是我们党和社会主义国家的重要政治优势”。⑤“只有充分发挥党的思想政治工作这一政治优势，才能

① 《邓小平文选》第 3 卷，人民出版社 1993 年版，第 48 页。
② 《邓小平文选》第 2 卷，人民出版社 1994 年版，第 365 页。
③ 《邓小平文选》第 2 卷，人民出版社 1994 年版，第 342 页。
④ 《十五大以来重要文献选编》中，人民出版社 2001 年版，第 1036 – 1040 页。
⑤ 《江泽民文选》第 3 卷，人民出版社 2006 年版，第 74 页。

保证经济工作和其他一切工作的正确发展方向，才能保证党的路线方针政策落实到各项工作和群众中去，才能及时排除和战胜各种错误东西的干扰，才能巩固和发展全国各族人民共同奋斗的思想政治基础，从而为经济工作和其他一切工作提供强大的动力和保证。"① 会议要求进一步加强党对思想政治工作的领导，并提出了新形势下加强和改进党的思想政治工作的具体措施。2006 年 10 月，党的十六届六中全会分析了我国社会价值观念日趋多样、意识形态领域斗争日趋复杂的形势，指出：如果不能通过思想政治工作有效引导社会思潮和社会舆论，"就会削弱党执政的思想基础，甚至会危及党的执政地位"，要求"从提高党的执政能力、巩固党的执政地位、完成党的执政使命的战略高度来谋划意识形态工作，加强和改进对意识形态工作的领导，提高做好新形势下意识形态工作的能力，牢牢掌握意识形态工作的领导权和主动权"。②

改革开放以来，中国共产党在坚持、发展中国特色社会主义事业的伟大实践中，始终重视发挥思想政治工作的优良传统和政治优势，为促进改革发展稳定，夺取社会主义现代化建设的胜利，提供了强大精神动力和重要政治保证。习近平总书记指出，中国共产党执政以来，特别是改革开放以来，"我国政治稳定、经济发展、社会和谐、民族团结，同世界上一些地区和国家不断出现乱局形成了鲜明对照。这说明，我们的国家治理体系和治理能力总体上是好的，是适应我国国情和发展要求的"。③ 重视发挥思想政治工作在党领导人民治国理政中的重要地位和作用就是其中一条极为重要的经验。

① 《江泽民文选》第 3 卷，人民出版社 2006 年版，第 74 页。
② 《十六大以来重要文献选编》下，中央文献出版社 2008 年版，第 684 页。
③ 《习近平谈治国理政》，外文出版社 2014 年版，第 91 页。

二、新形势下思想政治工作在中国共产党治国理政中的重要地位和作用

党的十八大以来，以习近平同志为核心的党中央更加重视思想政治工作在治国理政中的重要地位和作用，丰富和发展了中国共产党关于思想政治工作理论和治国理政的理论。习近平总书记关于思想政治工作在中国共产党治国理政中的重要地位和作用的论述主要包括以下几个方面。

1. 对巩固马克思主义在意识形态领域的指导地位的作用

马克思主义是中国共产党领导人民治国理政的根本指导思想，而思想政治工作则是巩固马克思主义在意识形态领域指导地位的基础性工作。习近平总书记指出："中国共产党之所以能够完成近代以来各种政治力量不可能完成的艰巨任务，就在于始终把马克思主义这一科学理论作为自己的行动指南，并坚持在实践中不断丰富和发展马克思主义。……在坚持马克思主义指导地位这一根本问题上，我们必须坚定不移，任何时候任何情况下都不能有丝毫动摇。"① "坚持和发展马克思主义"是习近平总书记治国理政思想的理论灵魂，为此要加强思想理论建设，坚持马克思主义在意识形态领域的指导地位。"经济建设是党的中心工作，意识形态工作是党的一项极端重要的工作。……要巩固马克思主义在意识形态领域的指导地位，巩固全党全国人民团结奋斗的共同思想基础。"② 这就明确了意识形态工作在以经济建设为中心的党的全局工作中的"极端重要"的地位，并要求全党深刻认识和把握党的中心工作与意识形态工作的关系。一方面，"只要国内外大势没有发生根本变化，坚持以经济建设为中心就不能也不应该改变。这是坚持党的基本路

① 《习近平在庆祝中国共产党成立95周年大会上的讲话》，《人民日报》2016年07月02日。

② 《习近平谈治国理政》，外文出版社2014年版，第153页。

线一百年不动摇的根本要求，也是解决当代中国一切问题的根本要求”。① 另一方面，要把意识形态工作放在事关党和国家事业兴衰成败的战略高度来抓。巩固马克思主义在意识形态领域的指导地位，关系到党治国理政的全局。“一个国家、一个政权的瓦解往往是从思想领域开始的，政治动荡、政权更迭可能在一夜之间发生，但思想演化是个长期过程。思想防线被攻破了，其他防线就很难守住。”② 在党的十八届三中全会第一次全体会议的讲话中，他进一步强调：“面对改革发展稳定复杂局面和社会思想意识多元多样、媒体格局深刻变化，在集中精力进行经济建设的同时，一刻也不能放松和削弱意识形态工作，必须把意识形态工作的领导权、管理权、话语权牢牢掌握在手中，任何时候都不能旁落，否则就要犯无可挽回的历史性错误。”③ 思想政治工作对巩固马克思主义在意识形态领域的指导地位发挥着重要作用，保证了马克思主义对党、对人民、对各项工作的指导。

2. 对凝聚最广大人民的共识和力量的作用

多元文化背景之下，各种思想文化的交流交融交锋更加频繁，各种社会矛盾和问题相互叠加、集中呈现。加强团结，增进认同，是新形势下党在治国理政中必须妥善解决的现实课题。中国共产党历来重视通过思想政治工作凝聚人心、增进共识、维护团结、汇聚力量。邓小平说：“我们这么大一个国家，怎样才能团结起来、组织起来呢？一靠理想，二靠纪律。组织起来就有力量。”④ 习近平总书记强调：“一个国家，一个民族，要同心同德迈向前进，必须有共同的理想信念作支撑。”⑤ 有

---

① 《习近平在全国宣传思想工作会议上强调：胸怀大局把握大势着眼大事努力把宣传思想工作做得更好》，《人民日报》2013 年 08 月 21 日。

② 秋石：《巩固党和人民团结奋斗的共同思想基础》，《求是》2013 年第 20 期。

③ 《习近平关于全面深化改革论述摘编》，中央文献出版社 2014 年版，第 86 页。

④ 《邓小平文选》第 3 卷，人民出版社 1993 年版，第 111 页。

⑤ 《习近平在会见第四届全国文明城市、文明村镇、文明单位和未成年人思想道德建设工作先进代表时强调：人民有信仰民族有希望国家有力量锲而不舍抓好社会主义精神文明建设》，《人民日报》2015 年 03 月 01 日。

了共识基础，矛盾与冲突才可能得到化解，合作与发展才可能实现，集体行动也才能产生。这样的社会既是一个有序的社会，也是一个充满活力、富有效率的社会。

改革开放近40年来，不同阶层、不同群体间的利益关系更趋复杂，人与人、人与社会之间的矛盾也更加突出。这就需要发挥思想政治工作的重要作用。习近平总书记从执政党的前途和命运的角度，提出“人心就是力量”“最大公约数”“同心圆”等重要观点，其要义在于说明执政党应该适应新形势的需要，学会从思想、价值、行动、利益等多方面寻求社会共同点，扩大社会共识重叠面，以此凝聚各党派、各阶层、各民族的力量，把社会的多样性、差异性转化为发展的活力和动力，为汇聚改革正能量找到新的动力源和支撑点。面对全面深化改革的历史任务，习近平总书记强调：“越是处于改革攻坚期，越需要汇集众智、增强合力；越是处于发展关键期，越需要凝聚人心、众志成城。”① “思想是行动的先导，要高度重视做好思想政治工作，改革推进到哪一步，思想政治工作就要跟进到哪一步，有的放矢开展思想政治工作，引导大家争当改革促进派。”② 通过思想政治工作，增进共识基础，统一思想和行动，凝聚智慧和力量，使人民群众积极参与中国特色社会主义伟大实践，调动一切积极因素，促进经济发展，保障和谐稳定的治理环境。

3. 对弘扬和培育社会主义核心价值观的作用

国家治理必须解决价值引领问题，思想政治工作要努力抢占价值制高点，保障中国特色社会主义的发展方向，筑牢国家治理现代化的价值根基。当前，我国在价值观领域也面临诸多问题，传统价值体系面临解构，新的价值体系还没能完全建立起来。价值观领域存在大量是非、善

---

① 《习近平同党外人士共迎新春》，《人民日报》2014 年 01 月 24 日。

② 《习近平主持召开中央全面深化改革领导小组第十二次会议强调：把握改革大局自觉服从服务改革大局共同把全面深化改革这篇大文章做好》，《人民日报》2015 年 05 月 06 日。

恶、美丑混淆的现象，一些人信奉金钱至上、名利至上、享乐至上，内心缺乏敬畏，行为丧失底线，加之西方国家加紧对我国进行价值观渗透，极力宣扬所谓的“普世价值”，对我国的价值观安全带来了很大挑战。习近平总书记从国家治理的战略高度明确指出：“培育和弘扬核心价值观，有效整合社会意识，是社会系统得以正常运转、社会秩序得以有效维护的重要途径，也是国家治理体系和治理能力的重要方面。”①“推进国家治理体系和治理能力现代化，要大力培育和弘扬社会主义核心价值体系和核心价值观，加快构建充分反映中国特色、民族特性、时代特征的价值体系。”② 这深刻阐明了核心价值观对于国家治理的极端重要性，强调要用社会主义核心价值观来构筑当代中国的精神支柱，不断巩固治国理政的价值基础。

4. 对推进国家治理现代化的作用

党的十八届三中全会将推进国家治理体系和治理能力现代化作为全面深化改革的总目标，这是第一次将国家治理现代化确立为党和国家的一项重大发展战略。当代中国的国家治理体系包括依规治党和依法治国，这为思想政治工作提供了更宽广的舞台。

中国共产党是国家治理的领导和核心，既是领导党，又是执政党。党要履行长期执政的重大历史使命，必须紧紧抓住思想建党和政治建党这根生命线，不断加强和改善党的领导。习近平总书记强调：“治理国家，制度是起根本性、全局性、长远性作用的。然而，没有有效的治理能力，再好的制度也难以发挥作用。”③ 从根本上说，党的建设决定着国家治理的成败，坚持依规治党、从严治党，要用好思想政治工作这个传家宝。党的十八届六中全会通过的《关于新形势下党内政治生活的若干准则》提出，必须高度重视思想政治建设，把坚定理想信念作为

---

① 《习近平谈治国理政》，外文出版社2014年版，第163页。
② 《习近平谈治国理政》，外文出版社2014年版，第106页。
③ 《习近平关于全面深化改革论述摘编》，中央文献出版社2014年版，第28页。

开展党内政治生活的首要任务。

思想政治工作有利于实现法治和德治相统一的国家治理现代化。党的十八届三中全会明确提出“推进法治中国建设”，“坚持依法治国、依法执政、依法行政共同推进，坚持法治国家、法治政府、法治社会一体建设”，从而确保了国家治理现代化进程的合法性和科学性。同时，在推进国家治理体系现代化的进程中，不能忽视德治手段。法治凸显的是其刚性的一面，而社会是复杂的，巩固党的执政基础关键在于人心，而思想政治工作可以发挥其善于抓住人心的“软实力”优势。习近平总书记指出，中国古代的礼法合治、德主刑辅、为政以德、正己修身等主张可以为今天的国家治理能力现代化提供有益借鉴。为此，《中共中央关于全面推进依法治国若干重大问题的决定》把“坚持依法治国和以德治国相结合”作为全面推进依法治国必须坚持的基本原则之一，强调国家和社会治理需要法律和道德共同发挥作用。必须坚持一手抓法治、一手抓德治，以法治体现道德理念，强化法律对道德建设的促进作用，以道德滋养法治精神，强化道德对法治文化的支撑作用，实现法律和道德相辅相成、法治和德治相得益彰。①

三、充分发挥思想政治工作在治国理政中的作用

习近平总书记关于思想政治工作的论述是新时期思想政治工作的纲领，为新形势下开展思想政治工作提供了基本遵循。思想政治工作应主动适应党的中心工作，及时调整思想政治工作内容、手段、方式和方法，增强主动性、针对性、实效性，更好地发挥思想政治工作在治国理政中的作用。

1. 充分发挥思想政治工作的导向作用

国家治理是一项宏大的工程，必须高度重视方向和道路。新形势

---

① 《中共中央关于全面推进依法治国若干重大问题的决定》，《人民日报》2014 年 10 月 29 日。

下，人们思想更加活跃，各种思潮大量涌现，正确的和错误的、进步的和落后的思想观念相互交织影响，西方价值观至上、历史虚无主义、否定改革开放、否定四项基本原则等的错误观念时有出现。思想政治工作要直面新形势下出现的新问题，充分发挥思想政治工作的导向作用，毫不动摇地坚持中国特色社会主义的根本方向。

要发挥目标导向作用。思想政治工作要引导人们确立正确的奋斗目标，选择正确的发展道路。习近平总书记用中国梦这个形象的表达为全党和全国人民确定了共同的奋斗目标，成为当前的“最大公约数”，也成为思想政治工作的重要内容。只有扎实做好中国梦教育，并且真正使群众意识到中国梦的实现必须走中国特色社会主义道路，思想政治工作就能事半功倍，从而更好地服务于中心工作。

要发挥价值导向作用。面对社会利益和社会结构的深刻变化，人们的价值取向呈现多元化的趋势，如果缺乏核心价值观的引领，必然会导致价值生态的碎片化，出现社会价值冲突和个体精神缺失及价值迷茫的现象，继而给整个国家治理带来挑战。社会主义核心价值观在国家治理中的重要作用决定了其应当成为当前思想政治工作的重要内容。要通过广泛宣传、文化熏陶、实践养成、制度保障等多种途径，引导群众树立正确的世界观、人生观、价值观，明辨是非、善恶、美丑。

要发挥舆论导向作用。舆论工作关系到人心稳定的大局。各部门要牢牢把握舆情方向，态度坚定，立场鲜明，在思想上政治上行动上始终同党中央保持高度一致。新闻舆论、文化艺术、网络信息等行业不仅要方向正确，还要增强吸引力和感染力，提高传播力、引导力、影响力，积极主动打赢这场“没有硝烟的战争”。

2. 充分发挥思想政治工作的育人作用

在我国社会深刻变革和对外开放不断扩大的条件下，思想领域出现了一些不容忽视的现象。有些人个人欲望过度膨胀，滋生了拜金主义和极端利己主义；有些人理想信念动摇，迷失方向，攀比逆反、仇官仇富等不良社会心态有所滋长。思想政治工作根本上就是做人的工作，从国家治理的角度而言，思想政治工作的育人作用体现在培养社会主义的建设者、接班人。

要发挥网络育人作用。“网络治理”已经成为国家治理的新领域。互联网既是思想政治工作的新战场，又是思想政治工作的新渠道，在这个战场上能否顶得住、打得赢直接关系到中国共产党治国理政的全局。思想政治工作者要知网、用网、管网，充分利用网络宣传党的理论和路线、方针、政策，坚定中国特色社会主义的道路自信、理论自信、制度自信、文化自信。牢牢抓住事关党的领导和社会主义道路的大是大非和原则性问题，靠深入细致的思想政治工作，用真理揭露谎言，让科学战胜谬误。要发展积极向上的网络文化，输送正确健康的营养，培育人民的精神世界。

要发挥传统文化育人作用。历史是最好的老师，中华传统文化中蕴含着历朝历代对治国理政的探索与实践，既有成功经验，也不乏深刻教训。我们要牢记历史经验教训、牢记历史警示，为推进当代国家治理现代化提供有益借鉴，从中找到破解改革发展难题的钥匙，更好更稳地推进国家治理现代化。

要发挥专题活动育人作用。积极开展专题教育活动，坚定党员干部的理想信念，提高党员干部的党性修养，增强党员干部的责任担当，提高党的领导能力和执政能力。通过全面动员广大党员群众积极参与，发动各级领导干部相互监督与批评，内外联动，集中解决社会主义建设事业面临的各种问题，并且在各种专题活动的基础上积累经验，形成长效机制和制度法规，使治理能力得到大幅提升。

3. 充分发挥思想政治工作的激励作用

以习近平同志为核心的党中央结合当前中国特色社会主义发展阶段的新特点，紧紧抓住新时期治国理政的主要问题，提出了“四个全面”战略布局，构成了当前治国理政的总体目标，要通过思想政治工作，激励、动员群众积极参与中心工作。

要发挥理想激励作用。中国特色社会主义是科学社会主义的理论逻辑和我国社会发展的历史逻辑的辩证统一，也是党和人民长期实践取得的根本成就。要充分发挥思想政治工作在治国理政中的激励作用，必须加强理想信念教育，深入开展中国特色社会主义宣传教育，用中国特色社会主义共同理想团结和凝聚全国各族人民。

要发挥榜样激励作用。崇高的事业需要榜样激励，通过大力宣传各行各业的榜样人物、先进事迹、行业精神，让全体人民都能够焕发劳动热情、释放创造潜能，努力通过劳动创造美好未来。要创新形式、注重实效，把榜样的力量转化为全国各族人民的生动实践，为中国特色社会主义事业提供源源不断的精神动力。

要发挥人本激励作用。改革开放以来我国社会结构发生了深刻变化，由此带来的社会阶层分化在思想政治工作领域的影响日渐凸显。不同利益主体必然有不同的利益诉求，各阶层成员既有新需求，又有新迷惑，思想政治工作要同解决实际问题相结合，让人民有获得感，才能发挥其激励作用。“要树立以人民为中心的工作导向，把服务群众同教育引导群众结合起来，把满足需求同提高素养结合起来。”① 要把思想政治问题和人民切身利益相结合，既讲政治，又办实事，让每一个社会成员都共享发展成果。要研究不同群众的利益诉求和思想状况，有的放矢地开展工作，提高思想政治工作的针对性和实效性。

4. 充分发挥思想政治工作的保障作用

思想政治工作是经济工作和其他一切工作的生命线。邓小平指出：“经济调整是一个很艰巨、很复杂的任务。现在我们已经看到存在不少问题，我们还会遇到许多现在预料不到的问题。为了完成这个任务，为了保证全党思想上行动上的一致，必须有效地加强和改善我们党的思想政

① 《习近平谈治国理政》，外文出版社 2014 年版，第 154 页。

治工作。”① 新形势下，我们要积极探索有利于破解当前思想政治工作难题的新办法，不断开展思想政治工作新局面，为社会主义建设保驾护航。

要发挥格局保障作用。当前，社会思潮多元多样多变，互联网等新的传播渠道的迅速发展，在有力促进社会发展进步的同时，也给思想政治工作带来了复杂影响。思想政治工作是一项系统工程，要树立“同心圆”式大宣传、大思政工作格局，打破各部门的藩篱，摆脱条线分隔的束缚，各条战线、各个部门一起做，形成合力。国内已有高校通过大思政改革，有效提高了思想政治工作的实效性，我们要不断总结经验，不断推进思想政治工作创新发展。

要发挥制度保障作用。制度是思想政治工作顺利开展的重要保障，要根据中国特色社会主义的要求，健全行业规章制度、乡规民约，充分发挥法律、制度、政策的保障作用。经济、政治、文化、社会、生态等方面政策制度的制定要有利于保证社会主义方向，有利于弘扬真善美、传播正能量。

要发挥心理保障作用。经济社会的飞速发展，在给中国发展进步带来巨大活力的同时，也使各种社会矛盾愈发凸显，对个体人格、心理、心态的影响，无论是从深度还是从广度来讲，都是空前的。个体心理问题的多发、频发已引起广泛关注，亟待发挥思想政治工作的心理保障功能。要“培育理性平和的健康心态，加强人文关怀和心理疏导”，为新形势下的社会治理提供“减震器”“防火墙”。在思想政治工作中，要始终贯穿人文关怀和心理疏导，育德和育心相结合，将人文关怀转化为奋斗动力，将心理疏导转化为情感支撑，在人们心里筑起一座能够经得起各种考验的承重墙，培育积极健康的社会心态，为国家治理提供强大的心理保障。

（原载于《思想理论教育》2017 年第 6 期）

① 《邓小平文选》第 2 卷，人民出版社 1994 年版，第 364 页。

十八大以来关于共产党人坚定理想信念的重要论述研究*

党的十八大以来，在全面从严治党的重大战略部署下，坚定共产党人的理想信念是党的建设的鲜明特色。办好中国的事情，关键在党，重点在从严治党，根本在坚定共产党人的理想信念。习近平总书记围绕共产党人坚定理想信念问题进行了全方位多角度的系统阐述。深入学习领会习近平总书记关于共产党人坚定理想信念论述的基本观点、精神实质和实践要求，有利于我们在新的历史条件下，更好进行具有许多新的历史特点的伟大斗争、推进中国特色社会主义伟大事业，坚定不移推进全面从严治党向纵深发展，筑牢理想信念这个共产党人的灵魂，保持党的先进性和纯洁性，提高党的领导水平和执政水平，确保我们党始终成为中国特色社会主义事业的坚强领导核心。

一、高度重视共产党人坚定理想信念

坚定理想信念是我们党的优良传统和政治优势，党的十八大以来，习近平总书记从全局和战略高度以非常贴近群众的语言深刻揭示了共产

---

* 本文作者：吴林龙，中国人民大学马克思主义学院。
基金项目：本文系中国博士后科学基金资助项目“个体信仰形成过程研究”（项目批准号：2015M580164）的阶段性成果。

党人坚定理想信念的极端重要性。

1. "理想信念是共产党人的精神之'钙'"

习近平总书记在十八届中共中央政治局第一次集体学习时指出："坚定理想信念，坚守共产党人精神追求，始终是共产党人安身立命的根本。""形象地说，理想信念就是共产党人精神上的'钙'，没有理想信念，理想信念不坚定，精神上就会'缺钙'，就会得'软骨病'。"① 习近平总书记把人的生命核心元素"钙"引入共产党人的理想信念领域，形象地说明了理想信念对人的精神世界的决定性作用，形象地说明了信仰缺失的现实危险。人的生命需要钙元素的支撑，在人的精神世界中也有应该有一种"钙"来支撑，而起到这种支撑作用的精神之"钙"就是理想信念。在随后的多次讲话中，习近平总书记对精神之"钙"进行了更具体丰富的阐释，列举了精神"缺钙"的四种表现：政治上变质、经济上贪婪、道德上堕落、生活上腐化。可以说，习近平总书记用理想信念是共产党人精神之"钙"这样一个生动形象、富有地气的比喻，把理想信念这样一个抽象概念形象化，揭示了共产党人树立坚定的理想信念的极端必要性。

2. "炼就金刚不坏之身"

新形势下我们党必须经受住执政考验、改革开放考验、市场经济考验、外部环境考验，更好地战胜精神懈怠危险、能力不足危险、脱离群众危险、消极腐败危险。为了强调坚定理想信念的重要性，习近平总书记提出了坚定理想信念能够"炼就金刚不坏之身"的论断。"只有理想信念坚定，用坚定理想信念炼就了'金刚不坏之身'，干部才能在大是大非面前旗帜鲜明，在风浪考验面前无所畏惧，在各种诱惑面前立场坚定，在关键时刻靠得住、信得过、能放心。"② 针对一些党员干部形成的形式主义、官僚主义、享乐主义和奢靡之风，严重败坏了党的作风建

① 《十八大以来重要文献选编》上，中央文献出版社 2014 年版，第 80 页。

② 《十八大以来重要文献选编》上，中央文献出版社 2014 年版，第 338 页。

设，大大损害了党的形象，习近平总书记一针见血地指出：“‘四风’问题归根到底是理想信念出现动摇所致。”① 在党的十八届六中全会第二次全体会议上的讲话中进一步指出：“党内政治生活出现这样那样的问题，根子还是一些党员、干部理想信念这个‘压舱石’发生了动摇”。② 坚定性是理想信念的根本特性，有了坚定的理想信念，就能够站稳立场、经受考验、抵御风险，因而习近平总书记关于理想信念能够“炼就金刚不坏之身”的论断，进一步揭示了坚定理想信念对共产党人拒腐防变和抵御风险的重要性。

3. “革命理想高于天”

党的十八大以来，习近平总书记多次强调：“革命理想高于天”。如果说，习近平总书记提出的“理想信念是共产党人的精神之‘钙’”是从理想信念的本质和安身立命的角度强调理想信念，“炼就金刚不坏之身”是从理想信念的特性和拒腐防变的角度强调理想信念，而“革命理想高于天”则是从理想信念的价值和干事创业的角度强调理想信念。“革命理想高于天”的论断生动反映了崇高信仰对共产党人的巨大激励和鞭策作用。心中有信仰，脚下有力量，习近平总书记指出：“在革命、建设、改革各个历史时期，有无数共产党员为了党和人民事业英勇牺牲了，支撑他们的就是‘革命理想高于天’的精神力量。”③ 在纪念红军长征胜利80周年大会上的讲话中，习近平总书记指出：“长征是一次理想信念的伟大远征”“长征的胜利，是中国共产党人理想的胜利，是中国共产党人信念的胜利。‘风雨浸衣骨更硬，野菜充饥志越

---

① 《习近平在调研指导兰考县党的群众路线教育实践活动时的讲话》，《人民日报》2014年03月19日。

② 《习近平在党的十八届六中全会第二次全体会议上的讲话（节选）》，《求是》2017年第1期。

③ 《十八大以来重要文献选编》上，中央文献出版社2014年版，第338－339页。

坚；官兵一致同甘苦，革命理想高于天。'"① 在庆祝中国共产党成立95周年大会上的讲话中，习近平总书记进一步强调："我们党之所以能够经受一次次挫折而又一次次奋起，归根到底是因为我们党有远大理想和崇高追求。"② 理想信念是人的奋斗的目标，是人的精神支柱，具有强大的力量。坚定的理想信念能够克服艰难险阻，能够表现出英雄气概和革命精神，在顺境时就会从胜利走向胜利，在逆境时就会从挫折走向胜利。习近平总书记关于"革命理想高于天"的论断深刻揭示了理想信念的价值以及共产党人坚定理想信念的重要性。

二、深刻阐明共产党人应有的理想信念

党的十八大以来，习近平总书记不仅高度强调共产党人坚定理想信念的极端重要性，还多次在不同的场合深入阐发了共产党人应有的理想信念。

共产主义远大理想和中国特色社会主义共同理想是共产党人应有的理想信念。习近平总书记在十八届中共中央政治局第一次集体学习时指出："对马克思主义的信仰，对社会主义和共产主义的信念，是共产党人的政治灵魂，是共产党人经受住任何考验的精神支柱。"③ 在这里他把共产党人的理想信念概括为对马克思主义的信仰，对社会主义和共产主义的信念。2015年6月12日，在纪念陈云同志诞辰110周年座谈会上，习近平总书记进一步指出："对马克思主义、共产主义的信仰，对社会主义的信念，是共产党人精神上的'钙'。"④ 在这里习近平总书记看到了马克思主义信仰与共产主义信念的一致性，因而他进一步把共

① 《习近平在纪念红军长征胜利80周年大会上的讲话》，《人民日报》2016年10月22日。

② 《习近平在庆祝中国共产党成立95周年大会上的讲话》，《人民日报》2016年07月02日。

③ 《十八大以来重要文献选编》上，中央文献出版社2014年版，第80页。

④ 《纪念陈云同志诞辰110周年座谈会》，《人民日报海外版》2016年10月11日。

产党人理想信念概括为对马克思主义、共产主义的信仰；对社会主义的信念。在庆祝建党95周年大会上的讲话中他进一步指出："要牢记我们党从成立起就把为共产主义、社会主义而奋斗确定为自己的纲领，坚定共产主义远大理想和中国特色社会主义共同理想，不断把为崇高理想奋斗的伟大实践推向前进。"① 这里就进一步明确了共产党人应有的理想信念，即共产主义远大理想和中国特色社会主义共同理想。

习近平总书记不仅在不同的场合多次强调共产党人应有的理想信念，同时还深刻阐述共产党人为什么应有共产主义远大理想和中国特色社会主义共同理想以及远大理想与共同理想的关系。习近平总书记指出："中国共产党之所以叫共产党，就是因为从成立之日起我们党就把共产主义确立为远大理想。我们党之所以能够经受一次次挫折而又一次次奋起，归根到底是因为我们党有远大理想和崇高追求。"② 同时，共产党人应有中国特色社会主义共同理想，是因为"中国特色社会主义，承载着几代中国共产党人的理想和探索，寄托着无数仁人志士的夙愿和期盼，凝聚着亿万人民的奋斗和牺牲，是近代以来中国社会发展的必然选择"。③ 习近平总书记在阐述共产党人的远大理想与共同理想的关系时指出："我们既要坚定走中国特色社会主义道路的信念，也要胸怀共产主义的崇高理想，矢志不移贯彻执行党在社会主义初级阶段的基本路线和基本纲领，做好当前每一项工作。"④ 他在这里指出共产党人在坚定和处理好远大理想与共同理想同时，间接提出了必须在全面建成小康社会、实现中华民族伟大复兴中国梦的历史进程中充分发挥先锋模范作用，特别是在庆祝建党95周年大会上的讲话中指出："坚持中国特色社

---

① 《习近平在庆祝中国共产党成立95周年大会上的讲话》，《人民日报》2016年07月02日。

② 《习近平在庆祝中国共产党成立95周年大会上的讲话》，《人民日报》2016年07月02日。

③ 《十八大以来重要文献选编》上，中央文献出版社2014年版，第74页。

④ 《十八大以来重要文献选编》上，中央文献出版社2014年版，第116页。

会主义道路自信、理论自信、制度自信、文化自信，坚持党的基本路线不动摇，不断把中国特色社会主义伟大事业推向前进。”① 这里实际上是指出了共产党人在坚持远大理想与共同理想统一的同时，还应该坚持“四个自信”和中国梦，因而进一步充实完善了共产党人应有的理想信念。习近平总书记对共产党人应有理想信念的深入阐明，对于加强共产党人的理想信念建设具有直接的指导意义。

三、共产党人坚定理想信念的主体视角

共产党人坚定理想信念彰显的是我们党的政治方向和政治要求，同时也包含着对每一名党员干部所提出的内在要求。党的十八大以来，习近平总书记在强调共产党人坚定理想信念时蕴含着共产党人作为个人（党员）和政党（全党）的两个主体视角。

从全党视角阐述共产党人坚定理想信念。习近平总书记多次站在加强党的自身建设的角度论述和强调理想信念。在十八届一中全会上的讲话中他指出：“崇高信仰始终是我们党的强大精神支柱，人民群众始终是我们党的坚实执政基础。只要我们永不动摇信仰、永不脱离群众，我们就能无往而不胜。”② 在建党 95 年的讲话中他指出：“理想信念动摇是最危险的动摇，理想信念滑坡是最危险的滑坡。一个政党的衰落，往往从理想信念的丧失或缺失开始。”③ 习近平总书记不仅强调理想信念对我们党生存发展的意义，还多次站在全党视角重申理想信念。他强调：“党章明确确定，党的最高理想和最终目标是实现共产主义。”④“我们党以马克思主义为立党之本，以实现共产主义为最高理想，以全

① 《习近平在庆祝中国共产党成立 95 周年大会上的讲话》，《人民日报》2016 年 07 月 02 日。

② 《习近平在党的十八届一中全会上的讲话》，《人民日报》2012 年 11 月 15 日。

③ 《习近平在庆祝中国共产党成立 95 周年大会上的讲话》，《人民日报》2016 年 07 月 02 日。

④ 《十八大以来重要文献选编》上，中央文献出版社 2014 年版，第 115 页。

心全意为人民服务为根本宗旨。这就是共产党人的本。”① 同时，他多次强调，我们党从成立起就把为共产主义、社会主义而奋斗确定为自己的纲领，我们党必须坚定共产主义远大理想和中国特色社会主义共同理想。理想信念是政党的核心要素，是政党凝聚民众的旗帜，是政党区分的根本标志，是政党建设的着力点。中国共产党从诞生时只有 50 多人的小党，成长为拥有 8000 多万名党员的世界第一大执政党，带领中华民族完成了翻天覆地的历史性转变，根本的一条就是靠理想信念的力量。习近平总书记从全党视角强调和重申坚定共产党人的理想信念，无疑抓住了党的建设的基本规律，丰富创新了思想上建党的优良传统，也为加强党的理想信念建设提供基本遵循。

从党员视角阐述共产党人坚定理想信念。党的十八大以来，习近平总书记始终高度重视党员干部的理想信念。他指出：“我们党是否坚强有力，既要看全党在理想信念上是否坚定不移，更要看每一位党员在理想信念上是否坚定不移。”② 他在提出理想信念是共产党人精神之“钙”时就指出：“现实生活中，一些党员、干部出这样那样的问题，说到底是信仰迷茫、精神缺失。”③ 对此，他指出“要教育引导广大党员、干部把践行中国特色社会主义共同理想和坚定共产主义远大理想统一起来，做到虔诚而执着、至信而深厚。”④ “共产党员特别是党员领导干部要做共产主义远大理想和中国特色社会主义共同理想的坚定信仰者和忠实践行者。”⑤ “理想信念坚定，是好干部第一位的标准，是不是好干部首先看这一条。”⑥ 党章中明确中国共产党党员是中国工人阶级的

---

① 《习近平在参加河南省兰考县委常委班子专题民主生活会时的讲话》，《人民日报》2014 年 05 月 09 日。

② 《习近平在庆祝中国共产党成立 95 周年大会上的讲话》，《人民日报》2016 年 07 月 02 日。

③ 《十八大以来重要文献选编》上，中央文献出版社 2014 年版，第 8 页。

④ 《十八大以来重要文献选编》上，中央文献出版社 2014 年版，第 116 – 117 页。

⑤ 《十八大以来重要文献选编》上，中央文献出版社 2014 年版，第 115 页。

⑥ 《十八大以来重要文献选编》上，中央文献出版社 2014 年版，第 338 页。

有共产主义觉悟的先锋战士。这是对共产党员的基本要求，也是做合格的共产党员的首要条件。习近平总书记始终高度重视广大党员特别是党员中的领导干部和年轻干部的理想信念，无疑抓住了党员的本质要求，同时也抓住了共产党人坚定理想信念的根本，因为“党内政治生活出现这样那样的问题，根子还是一些党员、干部理想信念这个‘压舱石’发生了动摇，世界观、人生观、价值观这个‘总开关’出现了松动。”① 因此，习近平总书记从党员主体视角论述共产党人坚定理想信念对加强党员、干部的理想信念教育具有重要的指导意义，揭示了共产党人坚定理想信念的根本性诉求。

四、明确提出共产党人坚定理想信念的标准

党的十八大以来，习近平总书记关于共产党人坚定理想信念的论述中，提出了共产党人坚定理想信念的检验标准。

党性标准。习近平总书记多次强调，全党同志要增强政治意识、大局意识、核心意识、看齐意识，切实做到对党忠诚、为党分忧、为党担责、为党尽责。“党性说到底就是立场问题。我们共产党人特别是领导干部都应该心胸开阔、志存高远，始终心系党、心系人民、心系国家，自觉坚持党性原则。”② “只有理想信念坚定，心中有党、对党忠诚，才能有牢固的思想基础；理想信念动摇了，那不可能心中有党的。”③ 一个政党的理想信念是由政党的性质决定的，共产党人的理想信念是由党的性质及对党员的要求决定的，因而衡量共产党人是否坚定理想信念就要看是否自觉坚持党性原则。习近平总书记在论述共产党人坚定理想信念时强调党性原则，无疑深刻揭示了理想信念与党性的本质性联系，为

---

① 《习近平在党的十八届六中全会第二次全体会议上的讲话（节选）》，《求是》2017年第1期。

② 《十八大以来重要文献选编》上，中央文献出版社2014年版，第776页。

③ 《十八大以来重要文献选编》中，中央文献出版社2016年版，第321页。

检验共产党人的理想信念提供了核心性标准。

人民标准。习近平总书记指出："我们党来自人民、植根人民、服务人民，党的根基在人民、血脉在人民、力量在人民。失去了人民拥护和支持，党的事业和工作就无从谈起。"① "全党必须牢记，为什么人、靠什么人的问题，是检验一个政党、一个政权性质的试金石。"② 人民是党的理想信念和奋斗目标的评判者，因为"我们党的宏伟奋斗目标，离开了人民支持就绝对无法实现。我们党的执政水平和执政成效都不是由自己说了算，必须而且只能由人民来评判。人民是我们党的工作的最高裁决者和最终评判者。"③ 对此，习近平总书记指出："全体共产党员特别是党的领导干部，坚定理想信念，要始终把人民放在心中最高的位置，弘扬党的光荣传统和优良作风。"④ 共产党人坚定理想信念坚持人民标准，是因为中国共产党是中国工人阶级的先锋队，同时是中国人民和中华民族的先锋队，我们党要代表最广大人民的根本利益，全心全意为人民服务是党的根本宗旨，人民立场是党的根本政治立场，我们坚持立党为公、执政为民。因而，习近平是在党性和人民性的统一性上揭示了共产党人坚定理想信念的人民评判标准。

具体标准。如果说，共产党人坚定理想信念的党性标准是内向的核心性标准，人民性标准是外向的根本性标准，那么还应该结合实际工作在党性和人民性标准统一中提出一些具体标准。2013 年 1 月，习近平总书记在讲话中从四个"能否"和四个"一切"正反两方面提出了共产党员理想信念的客观标准，他指出："今天，衡量一名共产党员、一名领导干部是否具有共产主义远大理想，是有客观标准的，那就要看他能否坚持全心全意为人民服务的根本宗旨，能否吃苦在前、享受在后，

① 《十八大以来重要文献选编》上，中央文献出版社 2014 年版，第 309 页。
② 《习近平在纪念红军长征胜利 80 周年大会上的讲话》，《人民日报》2016 年 10 月 22 日。
③ 《十八大以来重要文献选编》上，中央文献出版社 2014 年版，第 698 页。
④ 《十八大以来重要文献选编》上，中央文献出版社 2014 年版，第 237 页。

能否勤奋工作、廉洁奉公，能否为理想而奋不顾身去拼搏、去奋斗、去献出自己的全部精力乃至生命。一切迷茫迟疑的观点，一切及时行乐的思想，一切贪图私利的行为，一切无所作为的作风，都是与此格格不入的。"① 2013 年 6 月，习近平总书记在讲话中提出了六个"能否"的标准。习近平总书记认为，与革命战争年代相比，和平建设时期检验干部理想信念是否坚定确实比较难，"当然，也不是不能检验。那就主要看干部是否能在重大政治考验面前有政治定力，是否能树立牢固的宗旨意识，是否能对工作极端负责，是否能做到吃苦在前、享受在后，是否能在急难险重任务面前勇挑重担，是否能经得起权力、金钱、美色的诱惑。"② 同时，进一步指出："这样的检验需要一个过程，不是一下子、经历一两件事、听几句口号就能解决的，要看长期表现，甚至看一辈子。"③ 可见，六个"能否"的标准以及检验过程的揭示进一步丰富完善了四个"能否"和四个"一切"的标准，构成了具体标准体系，具体化了共产党人坚定理想信念在思想、行动、作风、精神、生活等方面应该具备的态度和立场，为共产党人坚定理想信念树立了实践标尺，提供了具有可参照的标准。

五、深刻指出共产党人坚定理想信念的路径

党的十八大以来，习近平总书记对共产党人如何坚定理想信念进行了深刻论述。从这些论述看，可以分为战略性路径和具体性路径。

共产党人坚定理想信念的战略性举措。党的十八大以来，从党的群众路线教育实践活动，到"三严三实"专题教育，再到"两学一做"学习教育；从中央八项规定，到依法严惩腐败，再到制定政治生活准则，习近平总书记在讲话中都要求共产党人坚定理想信念。关于"三

① 《十八大以来重要文献选编》上，中央文献出版社 2014 年版，第 116 页。
② 《十八大以来重要文献选编》上，中央文献出版社 2014 年版，第 340 页。
③ 《十八大以来重要文献选编》上，中央文献出版社 2014 年版，第 340 页。

严三实”专题教育，习近平总书记评价说，是思想、作风、党性上的又一次集中“补钙”和“加油”，使全面从严治党的氛围更浓厚了、领导干部的标杆作用更明显了。关于党的群众路线教育实践活动，习近平总书记总结说，通过活动，广大党员、干部精神上补了“钙”，进一步认识到人民是历史的创造者，我们党来自人民、植根人民。关于“两学一做”学习教育，习近平总书记在部署时强调，坚定广大党员的马克思主义立场，保证全党始终在思想上政治上行动上同党中央保持高度一致，使我们党始终成为有理想、有信念的马克思主义政党。关于中央八项规定，习近平总书记认为落实中央八项规定精神要同反对形式主义、官僚主义、享乐主义和奢靡之风这“四风”紧密结合起来，深刻剖析产生“四风”的思想根源，加强理想信念和宗旨意识教育，打牢转变作风的思想基础。关于依纪依法严惩腐败，习近平总书记提出要加强反腐倡廉教育和廉政文化建设，督促领导干部坚定理想信念，保持共产党人的高尚品格和廉洁操守，提高拒腐防变能力，使清风正气得到弘扬。关于制定政治生活准则的说明中，他指出，这是解决在一些党员、干部包括高级干部中，理想信念不坚定、对党不忠诚等突出矛盾和问题的需要。理想信念不能抽象地坚定，必须放到新形势下全面从严治党的整体格局中进行坚定，党的十八大以来，党中央推进新形势下党的建设新的伟大工程的主线就是坚定共产党人的理想信念，以保持党的先进性和纯洁性，提高执政能力和领导水平，增强抵御风险和拒腐防变能力。习近平总书记把坚定理想信念与党的建设一些战略举措联系起来，无疑为新形势下共产党人坚定理想信念找到了战略抓手。

共产党人坚定理想信念的具体性路径。一是从理论学习中坚定理想信念。习近平总书记多次强调，中国共产党人依靠学习走到今天，也必然要依靠学习走向未来。理想信念的坚定，来自思想理论的坚定。坚定的理想信念，必须建立在对马克思主义的深刻理解之上，建立在对历史规律的深刻把握之上。二是从革命传统中坚定理想信念。习近平总书记先后到河北西柏坡、山东临沂、福建古田、陕西延安、贵州遵义、江西井冈山等革命老区考察并发表重要讲话，强调坚定理想信念要从优良传统和精神中汲取养分。三是从过去走过的路中坚定理想信念。2013 年 9 月，习近平总书记在参加河北省委常委班子专题民主生活会时指出，坚定理想信念，应该从我们走过的道路上去体会它、认识它。四是从党性修养中坚定理想信念。习近平总书记多次强调，坚定理想信念就必须加强党性修养，必须牢记自己的第一身份是共产党员，增强党的意识、宗旨意识、执政意识、大局意识、责任意识，对党忠诚、为党分忧、为党担责、为党尽责，竭尽全力完成党交给的职责和任务。五是要依靠文化自信坚定理想信念。2017 年 1 月 6 日，习近平总书记在十八届中央纪委七次全会上的讲话中强调："领导干部要不忘初心、坚守正道，必须坚定文化自信。没有中华优秀传统文化、革命文化、社会主义先进文化的底蕴和滋养，信仰信念就难以深沉而执着。党员、干部要不断提升人文素养和精神境界，去庸俗、远低俗、不媚俗，做到修身慎行、怀德自重、清廉自守，永葆共产党人政治本色。"① 坚定理想信念必须遵循理想信念形成的规律，习近平总书记关于共产党人坚定理想信念的实现路径的论述，揭示了理想信念形成的规律性要求，为共产党人如何坚定理想信念提供了方法论。

（原载于《思想理论教育导刊》2017 年第 4 期）

① 《习近平在十八届中央纪委七次全会上的讲话》，《人民日报》2017 年 01 月 07 日。

论 8 · 19 重要讲话的理论创新*

——深化对意识形态工作“极端重要性”的认识

我们现在所说的“意识形态工作”，是泛指一切与意识形态相关的工作，包括对意识形态的理论研究和对意识形态的宣传工作。邓小平曾将意识形态工作的范围概括为宣传工作、文艺工作、教育工作、新闻工作、理论工作等工作。① 按此理解，从事意识形态工作的人，应包括政治家、社会活动家、新闻记者、文艺工作者、理论工作者、宣传工作者、社会科学领域的研究人员及宣传工作的领导者。② 我们党在不同的历史时期对于与意识形态工作相关的工作，曾使用过“宣传工作”“政治宣传”“教育宣传”“鼓动工作”“宣传鼓动工作”等称谓。这些称谓都是同一系列的概念，具有基本相同的含义。高度重视、善于做好宣传思想工作或意识形态工作，是我们党的政治优势和优良传统，是我们党凝聚力量、战胜艰难险阻、夺取一个又一个胜利的重大法宝。党从成立之日起，就把这一工作放在了党的全部工作的重要位置上，在广泛的

---

* 本文作者：李春华（1961—），女，黑龙江哈尔滨人，中国社会科学院马克思主义研究院研究员，博士研究生。

基金项目：中国社会科学院马克思主义研究院创新项目“贯彻落实习近平总书记 8 · 19 重要讲话精神的对策研究”。

① 《邓小平文选》第 2 卷，人民出版社 1994 年版，第 255 页。

② 刘建明：《宣传舆论学大辞典》，经济日报出版社 1992 年版，第 1 – 1524 页。

领域开展了形式多样、卓有成效的宣传鼓动工作，在唤起民众、鼓舞士气、瓦解敌军等方面发挥了极其重要的作用，成为中国革命取得最后胜利的“第二大武器”。我们党对宣传思想工作或意识形态工作的重要地位和作用一直用“生命线”一词来概括和表述，这是一种形象的比喻和凝练性表达，其含义是强调宣传思想工作对经济工作和其他一切工作起保障作用，包含政治支持、思想引导、服务保证、精神动力等含义。

习近平总书记在继承我党的优良传统和宝贵经验的基础上，对意识形态工作的重要地位和作用进行了新的阐述。2013 年 8 月 19 日，习近平总书记在全国宣传思想工作会议上的重要讲话中强调：“经济建设是党的中心工作，意识形态工作是党的一项极端重要的工作。”这一论述深刻阐明了党的中心工作与意识形态工作的定位和关系。一方面，再次明确指出了经济工作在各项工作中的中心地位。在新的历史时期，集中精力把经济工作搞上去，这是全党工作的中心、重心，是摆在第一位的、首要的工作。其他一切工作，包括宣传思想工作，都必须紧紧围绕经济建设这个中心来展开工作，既不能脱离这个中心，也不能代替这个中心。另一方面，深刻阐明了意识形态工作的极其重要性。在坚持以经济建设为中心的同时，必须高度重视意识形态工作的极端重要性，切实改变当前一些地方忽视宣传思想工作的倾向，努力防止和克服工作中存在的“一手硬一手软”的情况。

所谓“极端重要”，即进一步增强“重要”的程度。也可以理解为：党的意识形态工作或宣传思想工作，是党的整个事业中带有根本性、战略性、全局性、关键性的工作。这项工作事关党和国家的前途命运，事关中国特色社会主义的成功，事关广大人民的幸福安康。它所具有的正确引导、鼓舞动员、舆论保证、力量凝聚作用，是党的任何工作取得成功的关键所在。把意识形态工作或宣传思想工作强调到“极端重要”的程度，这在党的历史上还是第一次。从“生命线”到“极端重要”是对意识形态工作或宣传思想工作重要地位和作用的新表达、新概括、新论断，表明了我们党对这项工作认识上的升华和理论上的创新。只有深刻认识意识形态工作的极端重要性，才能在实践中正确处理党的中心工作与意识形态工作的关系，从而切实发挥意识形态工作的极端重要作用。

一、意识形态工作的“极端重要性”：维护最广大人民群众的根本利益

马克思唯物史观认为，意识形态是指由政治思想、法律思想、道德、艺术、哲学和宗教等意识形式组成的思想观念体系。意识形态具有鲜明的阶级性，它总是与一定的处在某种经济基础之上的阶级思想相一致，总是产生和存在于一定的阶级社会之中。因此，意识形态是对一定社会经济形态和政治制度的反映，从而也是对一定阶级、阶层或社会集团利益与要求的反映。社会意识形态的功能在于，为一定社会阶级或集团的行为提供合法性论证，为其政治纲领、思想观念、价值取向、行为规范和目标理想提供理论依据，解决其举什么旗帜、走什么道路、以什么样的精神面貌朝着什么样的目标前进的问题。作为与一定社会的经济和政治直接相联系的观念、观点、概念总和的意识形态，对社会经济结构以及政治结构具有巨大的能动反作用。所以，从维护阶级统治的一般规律来说，如果一个统治阶级要想维护自己的统治，它就必须加强自己的意识形态工作，牢固地占领思想阵地，这是一切阶级执政掌权以后的基本规律。无产阶级要维护自己的阶级统治当然也不例外。正因为如此，马克思和恩格斯指出“：统治阶级的思想，在每一个时代都是占统治地位的思想，这就是说，一个阶级是社会上占统治地位的物质力量，同时也是社会中占统治地位的精神力量。支配着物质生产资料的阶级，同时也支配着精神生产的资料。因此，那些没有精神生产资料的人

的思想，一般地是受统治阶级支配的。”① 毛泽东也指出：“掌握思想领导是掌握一切领导的第一位”，并认为意识形态这个领域存在着长期的较量和斗争，无产阶级不去占领，资产阶级必然会乘虚而入。因而，毛泽东主张要彻底肃清党内的各种非无产阶级思想，注重意识形态领域的阵地建设，要“教育党员用马克思列宁主义的方法去做政治形势的分析和阶级势力的估量”。② 邓小平也指出：“我们一定要把思想政治工作放在非常重要的地位，切实认真做好，不能放松”③，“在意识形态领域中，同各种妨害四个现代化的思想习惯进行长期的、有效的斗争。”④ 胡锦涛曾经明确指出，必须“高度重视和切实做好意识形态工作。意识形态领域历来是敌对势力同我们激烈争夺的重要阵地，如果这个阵地出了问题，就可能导致社会动乱甚至丧失政权。敌对势力要搞乱一个社会、颠覆一个政权，往往总是先从意识形态领域打开突破口，先从搞乱人们的思想入手”⑤。

意识形态之所以被统治阶级所重视，从根上说，在于意识形态反映并服务于特定的利益。从马克思唯物史观来看，社会存在决定社会意识，社会根本利益对于意识形态具有决定性作用。意识形态是通过社会或阶级利益的棱镜对社会关系的反映。意识形态就是以某种特定利益为基础的需要、愿望、目标等等的观念、思想和理论体系。一个社会占统治地位的意识形态，“往往以阶级利益为基础、以政治信仰为核心、以社会关系为对象、以思想文化为内容、以深入人心为原则、以实践精神为特征、以引领社会为目的的集体性社会观念体系”⑥。在这一体系中，社会利益是一定阶级意识形态的基础和根本。任何意识形态无非都是一

① 《马克思恩格斯选集》第 1 卷，人民出版社 1995 年版，第 9 页。

② 《毛泽东著作选读》上，人民出版社 1986 年版，第 33 页。

③ 《邓小平文选》第 2 卷，人民出版社 1994 年版，第 342 页。

④ 《邓小平文选》第 2 卷，人民出版社 1994 年版，第 209 页。

⑤ 《十六大以来重要文献选编》，中央文献出版社 2006 年版，第 318 页。

⑥ 陈淑雅：《意识形态和意识形态控制理论》，河南大学学位论文 2012 年。

定阶级或社会集团自身利益的反映和表达方式。意识形态的实质，是特定阶级或集团出于本阶级根本利益考虑形成的系统化的思想观念体系。因此，可以说，意识形态最本质的功能就在于利益阐释、利益综合、利益维护、利益协调、利益表达等，从而为维护特定社会集团的利益服务，最终实现其特定的社会宗旨和目的，即一定的利益目标。当然，作为意识形态基础的利益，并不是个别人的个人利益，而是一个社会或一个集团的整体利益、根本性的全局性的利益，不是简单的、直接的某种具体物质、文化需要，而是通过一定政治、经济关系所表现出的根本社会要求。这种性质的社会利益，不是单独存在的，必然与特定的社会经济政治关系相联系，并体现在特定的社会经济、政治制度之中。因此，在现代社会中，任何一种重要的意识形态都要以巩固现存社会制度或推翻现存社会制度为宗旨，这也就决定了一定的社会制度必然要保护自己意识形态的统治地位，而排斥各种异己的意识形态。因为一个社会或一个集团维护自己的意识形态也就是维护与之相应的制度，就是维护自己的统治地位，从而最终维护自己的利益。

既然任何意识形态都与某种特定社会利益联系在一起，都有一定的利益指向，那么，社会主义意识形态也不例外。社会主义意识形态，是与社会主义的基本经济制度和政治制度相适应的、以马克思主义为根本指导、体现着社会主义制度的本质要求的思想意识观念体系。共产党是广大无产阶级和人民群众利益的代表，作为社会主义意识形态指导思想的马克思主义是无产阶级和广大人民群众根本利益的理论概括。因而，社会主义意识形态，是以马克思主义为指导、以实现最广大人民群众根本利益为根本目标的思想观念体系。社会主义意识形态之所以成为“科学的意识形态”，就在于其代表的利益关系符合科学的标准，并通过促进利益总量的增加、促进利益关系的合理化、排除利益实现过程中的干扰来实现社会主义意识形态的利益目标。

社会主义意识形态是无产阶级和最广大人民群众的利益和要求的反

映和体现，因而社会主义意识形态工作的开展，必须从人民群众的根本利益出发，为社会主义的经济、政治、文化和社会发展服务，充分体现习近平总书记在讲话中所强调的“党性和人民性的一致”。一方面，毫不动摇地坚持党性原则，坚定政治立场，坚持正确的政治方向，坚定宣传党的理论和路线方针政策；另一方面，坚持要把实现好维护好发展好最广大人民根本利益作为出发点和落脚点，坚持以民为本、以人为本，丰富人民精神世界，满足人民精神需求。不仅如此，宣传思想工作也要关注人民群众的物质需求，为人民群众排忧解难。

社会主义意识形态工作是社会主义建设事业的重要组成部分，在社会主义建设总体布局中占有重要地位。在当前我国改革发展的关键阶段，利益格局和阶层结构的日益分化，不同阶层、不同利益群体的利益性矛盾日益增多，甚至还有一些价值性矛盾出现。① 在国家通过经济发展和政策调整来解决这些问题的同时，我们的意识形态工作，就是要大力宣传改革发展与最广大人民群众根本利益之间的关系，重点加强对收入分配差距问题、先富与后富问题、公平与正义问题的教育，引导人们树立正确的利益观、公正观和共富观。既要正视而不回避当前存在的问题，又要使人们认识产生问题的原因；既要看到我们在解决这些问题上的努力和成绩，又要看到问题依然存在，甚至有些还很严重；既要看到由于各种因素而导致解决问题的任重道远，又要看到社会主义制度在解决这些问题上的优越性，使广大干部群众对党和国家充满信心，从而为实现中华民族伟大复兴的中国梦凝聚强大的精神力量。

二、意识形态工作的“极端重要性”：巩固我们党执政的“精神基础”

做好意识形态工作，有利于巩固我们党执政的“精神基础”，即从

---

① 李培林等：《社会冲突与阶级意识》，社会科学文献出版社 2005 年版，第 266 页。

精神文化层面巩固党的执政地位。党的执政基础，是一个包含物质基础、思想理论、精神文化基础和群众基础等诸多方面的系统工程。坚实的精神文化基础，具有凝心聚气、强基固本的作用，可以增强人民群众对执政党的价值认同感，可以为中国特色社会主义建设提供精神动力和智力支持。因此，巩固党的群众基础和执政基础，包括物质和精神两方面。在当前，党执政的“精神基础”，就是社会具有高度的精神文明，社会主义核心价值体系深入人心并得到普遍践行，人们普遍具有正确的价值追求、坚定的理想信念、积极向上的道德风尚、健康的精神生活、自信与自强的激情与活力，以及由此产生的强大精神力量。社会精神文化具有凝聚人心、积聚力量的作用，激励和鼓舞人们为求得民族独立和国家富强而共同奋斗。因此，在现阶段，以社会主义核心价值体系为基本内容的意识形态，是我们党长期执政的思想源泉和价值认同，为党长期执政提供强大的思想源泉、精神动力和智力支持，构成了党执政的“精神基础”。

习近平在讲话中强调：“只有物质文明建设和精神文明建设都搞好，国家物质力量和精神力量都增强，全国各族人民物质生活和精神生活都改善，中国特色社会主义事业才能顺利向前推进。”邓小平早就指出，物质贫困不是社会主义，精神贫困更不是社会主义。物质文明建设和精神文明建设要两手抓、两手都要硬。江泽民曾指出，一个民族、一个国家，如果没有自己的精神支柱，就等于没有灵魂，就会失去凝聚力和生命力。有没有高尚的民族精神，是衡量一个国家综合国力强弱的一个重要尺度。社会发展需要强大的物质力量和社会制度的保障，也需要思想文化等精神力量的支持。

改革开放以来，我们在经济建设上取得了巨大的成就，巩固了党执政的物质基础。中国改革开放 30 多年来，经济社会飞速发展，人民生活水平大幅度提高，整个社会走向进步文明，这一切举世瞩目、有目共睹，广大人民群众为之骄傲与自豪，世界为之震撼与敬仰。然而，与物质文明建设巨大成就形成反差的是一些人的精神困惑、思想迷茫和道德失范。随着改革开放的日益深化，经济体制、社会结构、利益格局的大调整大变革，“经济成分、分配方式、组织方式、就业方式和生活方式日益多元化”的“四个多样化”，极大地增强了人们思想活动的独立性、差异性、多变性和选择性，人们的思想意识呈现出多元、多样、多变的复杂局面。普世价值、历史虚无主义等各种非马克思主义、反马克思主义思潮不时发出杂音、噪音；享乐主义、拜金主义、极端个人主义等非社会主义思想意识大量存在，部分社会成员信仰缺失，思想道德失范，有些人世界观、人生观、价值观发生扭曲，是非混淆、善恶颠倒、荣辱不分等现象还时有发生，精神生活低俗等现象还相当普遍，极端偏激的不良社会情绪也日益滋生。许多在新中国建立以来早已绝迹的封建迷信丑恶现象又沉渣泛起，腐败现象已经发展到引起一部分群众对党和政府不信任的程度。由此可见，不是物质生活好了就一切都能水到渠成，物质文明强大了，精神文明并不一定自然而然地提高。因此，在坚持以经济建设为中心、大力加强社会物质文明建设的同时，切不可放松和削弱社会主义精神文明建设。只有物质文明建设和精神文明建设都搞好，国家物质力量和精神力量都增强，全国各族人民物质生活和精神生活都改善，中国特色社会主义事业才能顺利向前推进。

意识形态的基础是社会利益，意识形态的实质在于为维护特定社会集团的利益服务。但意识形态并非直接作用于社会利益，而是通过作用于人的思想而实现这一目的。意识形态工作本身是构筑人的精神支柱、塑造人的灵魂工作，是凝聚力量提高文化“软实力”的工作。社会意识是关于社会精神生活、现象及其过程的总概括，是人们对一切社会生活的过程和条件在观念上的反映，它包括社会精神生活的一切意识要素和观念形态，是一个复杂的精神文化体系。社会意识形态是从社会生活中概括提炼出来的比较系统的、自觉的、抽象化的、高水平的社会意识，是具有相对稳定的意识形态，如艺术、道德、政治法律思想、宗教、哲学和科学等。精神文化的现实形态不是游离于社会主体之外的某种精神实体，而是体现在一定社会主体的精神生活内容、精神面貌和精神文化素质上，通过主体的生活方式、思维方式和实践行为方式表现出来，并通过主体的社会实践对象化在社会物质生活和生产过程中。可见，社会意识作为社会精神文化的现实形态，既是一个复杂的精神文化体系，又集中地体现在社会主体的精神生活内容、精神面貌和精神素质上。因此，当前党的意识形态工作要密切结合人们的思想实际来开展工作。主流意识形态的世界观、人生观和价值观能为社会提供价值导向，使全体社会成员自觉遵循主流意识形态的价值规范，最后使民众具有统一的意志、统一的目标和统一的行动。主流意识形态“为世人确定意义”，社会主义意识形态工作有助于培养共同的政治观念，树立共同的政治理想，使广大人民支持社会主义政治建设的目标，使社会主义的政治发展得到人们的普遍认可和赞同，从而达到维护政治稳定，促进政治发展的根本目标。

加强和改进意识形态工作，首先要大力加强精神文明建设中的政治思想建设，坚定不移地坚持以马克思主义理论为指导，确保马克思主义在意识形态领域中的主导地位，用马克思主义和社会主义思想去指导理论、宣传、教育、新闻、出版、文艺等部门的工作，去占领思想文化阵地。要紧紧抓住社会主义核心价值体系这个根本，将其贯彻到哲学、道德、宗教、艺术以及经济、政治思想等社会主义意识形态的各个领域当中。哲学社会科学的创造和发展，离不开马克思主义的指导，不能没有社会主义方向的指引。要积极抵制各种错误思潮和腐朽思想的影响，坚决反对普世价值、历史虚无主义等错误思潮，坚持改革的社会主义方向。其次，要以马克思主义为指导，大力进行树立正确精神支柱的工作。从当前实际出发，结合人们的思想状况，针对当前存在的个人主义、享乐至上、挥霍浪费等不良社会风气，坚持不懈地向全国人民特别是青少年进行爱国主义、集体主义、社会主义和自力更生的思想教育以及革命传统教育，对共产党员、共青团员和先进分子还要经常进行共产主义的思想教育。通过宣传工作和思想教育，使人们树立正确的世界观、人生观和价值观，培养有理想、有道德、有文化、有纪律的社会主义新人，提高全民族的思想道德素质和科学文化素质。最后，要繁荣社会主义的科学文化事业，丰富积极健康的精神文化产品，满足人们不断增长的多样化多层次的精神文化需求。各类文化知识传播体系和单位，要把德育放在首位，确立正确的政治方向，既要坚持百花齐放、百家争鸣的方针，更要坚持为人民服务和为社会主义服务的方向，坚守文化创作和文化生产的社会责任和道德原则，坚决抵制一切丑恶腐朽的东西和精神垃圾。

高度的精神文明，不仅可以保障经济上持续稳定的发展，推动物质文明建设和整个社会的全面进步，而且为我们党的执政奠定“精神基础”。只有巩固马克思主义在意识形态领域的指导地位，巩固全党全国人民团结奋斗的共同思想基础，以马克思主义基本理论和共产主义信念统一全党、全国各族人民的思想，才能实现社会安定团结、和谐有序、良好的风尚道德；只有注重物质文明建设和精神文明建设，发挥精神力量引领社会、动员大众、凝聚人心、推动发展的强大支撑作用，才能在精神文化层面巩固党执政的群众基础，巩固党的执政地位。

三、意识形态工作的“极端重要性”：引导复杂多变的舆论生态良性发展

舆论“是社会中相当数量的人对于一个特定话题所表达的个人观点、态度和信念的集合体”①。由于社会客观存在着不同的甚至是对立的社会群体，他们的利益诉求、价值观、信念、情感等是不同的，因而也就必然出现不同的舆论。客观上来看，一个利益多元性的社会，必然

---

① 徐慰增，何得乐等：《不列颠百科全书》（国际中文版）第十四卷，中国大百科全书出版社 2007 年版，第 5 – 9 页。

存在着代表不同利益群体的各种舆论，也就必然形成了一个结构多元复杂的“舆论生态系统”。这个系统正如“自然生态系统”一样，也需要保持平衡，实现良性发展。中国社会转型期传统利益格局的打破，是我国当下多元舆论生态产生的社会现实基础。但是，社会舆论生态的失衡，与新媒体的信息传播有直接关系。新媒体的出现，打破了原有的媒体舆论格局，使舆论生态的结构发生了纷繁复杂的变化。如何培育健康的舆论生态环境，建设积极向上的新媒体文化？作为引领社会、动员大众、凝聚人心的意识形态工作更加凸显了自身的“极端重要性”。

一般认为，新媒体是相对于原有的报刊、广播、电视等传统媒体之后发展起来的新兴媒体形态。中国是新兴媒体相对发达的国家，拥有全世界最大的用户群体。目前，我国互联网网民已近6亿人，手机网民有4.6亿人，其中，微博用户达3亿人。从网络普及以来，特别是微博出现以后，一个有别于传统的新的舆论生态正在形成。中国进入了一个“人人都有麦克风”“人人都是记者”“人人都是新闻发布者”“人人都是评论员”的“自媒体”时代。网络、微博、微信等新媒体对舆论生态的影响越来越大，“众声喧哗”成为舆论生态的常态。新媒体具有传播快捷、沟通便畅、公开透明、表达自由等优势。网络、微博、微信等新媒体提供了一个强大的传播信息、表达声音的平台，成为不同利益群体进行利益表达的方式，给每个社会成员提供了表达机会，特别是弱势群体维护基本权益的平台。政府通过微博和民众进行交流沟通、信息发布，便于接受群众的监督和批评。全民“织围脖”“刷微信”，或发布“新闻”，或传播信息，或表明态度和倾向。新媒体提供了表达诉求的新的渠道，提供了公民参与公共事务的接口，带动了社会进步，因而成为社会舆论生态中正常、合理的组成部分。

然而，本来给人们带来诸多好处的新媒体，却成了一些人肆无忌惮、胡作非为的场所。新媒体的即时性、自主性、开放性和互动性为人们提供了一定程度的话语自由，但这种自由同时也带来了很多负面的东西。一些人进行不负责任的评论、非理性的宣泄情绪、发布不实的消息，夸大甚至肆意捏造事实造谣惑众。“网络推手”“网络水军”等队伍起到了推波助澜的作用，他们利用一些事件不时掀起舆论风暴。新媒体成为许多公共话语和公民行动的策源地，甚至成为“无组织的组织力量”。尤其是微博的兴起，使舆论场更加充满变数和不可控性。微博作为一种“点对面”的即时通信工具，通过社会传播，成为一种“生活化媒体”，一些鸡毛蒜皮的事都可能被“围观”放大成极具轰动效应的重大舆论事件，引发和此事毫无关系的人群关注，制造巨大的舆论场。2014 年 2 月份，东莞扫黄行动，本来是一场揭丑黜恶的正义之举，一个是非明确的事件，竟也在网上搅起了不小舆论风波。这些片面、虚假甚至捏造的信息，不仅混淆视听、误导民意，损害国家的整体形象，降低政府的公信力。更值得注意的是，一些势力操纵网络舆论，编造政治谣言，恶意抹黑党和政府形象，削弱社会主义主流价值观的认同度，腐蚀和瓦解我们党的执政根基。

习近平总书记在讲话中强调，根据形势发展需要，要把网上舆论工作作为宣传思想工作的重中之重来抓。这充分体现了党中央的与时俱进和对互联网发展趋势的准确把握。从根本上说，当前我国舆论生态的良性发展，一是要社会解决那些如利益、公平等引发社会情绪的问题，二是要建立健全法律法规，运用法律武器管好舆论，固然是保障正确舆论引导的根本手段。但是，要引导作为精神属性的社会舆论，最直接的途径还是要发挥意识形态特别是主流意识形态在舆论导向中的重要作用。可以说，意识形态工作的重要功能，就是做好社会舆论的引导工作，营造良好的社会舆论环境。舆论可以诱导社会思潮、影响意识形态。舆论工作十分重要，事关大是大非，事关人心向背，事关安定团结和社会进步。面对新媒体引发的复杂多变的舆论生态，绝不能听之任之，放任自流。因此，以掌握舆论和引导舆论为中心议题的意识形态工作，显得“极端重要”。

舆论引导或舆论导向，是一定的引导者针对具体的社会舆情，运用一定的舆论载体，依据一定的社会意识形态要求，使被引导者按照引导者的意图、方向、规章从事社会活动的传播行为。舆论引导一般通过对当前社会舆论的评价、对当前社会舆论及舆论行为的引导、就某一社会事实制造舆论等来实现对舆论的引导。舆论引导对社会的作用有正向和负向的区别：正向舆论引导能够对社会发展起到推动和促进作用，而负向舆论引导则对社会发展起到破坏和阻滞作用。因而，舆论导向正确与否，对于一个政党和国家的稳定和发展具有不同的意义。舆论引导活动普遍存在于各个历史时期的民族国家之中，不必说我国处于社会转型和新媒体冲击的情况下需要舆论引导，就是一向标榜新闻自由和舆论自由的美国，垄断资产阶级有意识运用一定的社会意识形态引导公众思想观念也是不争的事实。“托马斯·戴伊在《谁掌管美国》一书中指出：‘在美国那些控制消息流通的人，属于美国最有权力的人’，而‘文艺节目、新闻报道和新闻特写是计划用来向群众传送固定的自由主义观点的’。”①

掌握舆论和引导舆论，是意识形态工作的重要内容。意识形态作为一定阶级或社会集团政治制度、经济形态和根本利益的自觉反映，是理论化、系统化的思想观念体系，其重要功能就是引导整个社会和全体社会成员形成符合自身的思想观念、理想信念、道德信仰、价值取向和行为方式。坚持正确的舆论导向，是我们党对意识形态或思想宣传工作的根本要求。思想宣传工作部门与各类媒体在反映舆论、评介舆论的过程中有选择地进行宣传报道，对社会舆论起到正确的引导作用，从而体现着党的执政能力在意识形态领域的控制力和影响力。

在新媒体时代舆论生态的复杂态势下，正确的舆论引导尤显重要。新媒体作为一种载体，它本身是中性的东西，正如西方学者埃瑟

① 刘春波：《舆论引导论》，武汉大学学位论文 2013 年。

·戴森所言“：数字化的世界是一片新的疆土，可以释放难以形容的生产能量，但它也可能成为恐怖主义和江湖巨骗的工具，或是弥天大谎和恶意中伤的大本营。”这正说明了它需要正确的引导。当前，由网络、博客、微博等自媒体构成的新兴媒体，已成为意识形态舆论引导的重要领域，成为舆论斗争的主战场。因此，针对当前我国的意识形态工作，要增强政治意识、大局意识、责任意识、危机意识，解放思想、实事求是、改革创新，全面提升网上舆论工作水平，培育健康的新媒体舆论生态环境，引导复杂多变的舆论生态良性发展。

首先就要掌握舆论工作的领导权和主动权，加强和改进党对新媒体舆论工作的领导。各级党委和政府要从全局高度、战略高度，切实把网上舆论工作摆上重要位置，列入重要议事日程。主要负责同志要亲自抓，把全党动手和部门负责相结合，形成全党全社会共同做网上舆论工作的良好格局。面对新媒体复杂的舆论环境，领导干部要自觉培养舆论意识，提高舆论引导水平和运用舆论力量推进工作的能力，善于通过新媒体来了解社情民意、了解群众关心的热点问题和群众的倾向性意见。“‘在舆论宣传中，把握好话语时机既要抢占话语先机，又要抓准时间节点’，‘抓准了时间节点，才能做到抓关键抓重点，适应民众的关注点，有效化解公众的思想疑虑’。”① 要及时发布正确的舆论信息，引导公众扫除疑惑、清除不良信息、清理掉垃圾信息。其次，要切实加强人才队伍建设，要加强网络编辑从业人员管理，开展大规模培训，形成一支政治素质高、业务能力强的网络人才队伍。再次，要加强阵地建设，有效地应对复杂的新媒体舆论场。

要坚持以正面宣传为主，深入开展中国特色社会主义和中国梦的宣传教育，大力弘扬主旋律、积极传播正能量。加强和改进舆论引导，以

---

① 刘春波：《舆论引导论》，武汉大学学位论文 2013 年。

马克思主义为指导，对新媒体中的各种思潮、模糊认识和社会情绪以及普遍关注的社会热点问题进行有效的阐释、引导和疏导，使其成为党的舆论宣传的重要载体和阵地。要积极培育健康向上的新媒体文化，构建和谐有序的舆论生态环境，引导复杂多变的舆论生态良性发展。

（原载于《思想政治教育研究》2014 年第 2 期）

振奋起全民族的“精气神”*

——十八大以来中央关于思想文化建设的新思想

党的十八大开启了全党全国各族人民为全面建成小康社会、实现中华民族伟大复兴的中国梦而团结奋斗的新征程。一个没有精神力量的民族难以自立自强，一项没有文化支撑的事业难以持续长久。面对复杂多变的国际形势和艰巨繁重的国内改革发展稳定任务，习近平指出，要在“具有许多新的历史特点的伟大斗争”中不断取得新胜利，就必须巩固马克思主义在意识形态领域的指导地位，巩固全党全国人民团结奋斗的共同思想基础，“振奋起全民族的‘精气神’”。①

一、紧紧扭住中华民族伟大复兴这个主题，激活和传递正能量

宣传思想文化工作的基本职责，就是围绕中心，服务大局。现阶段的“中心”，就是社会主义经济建设；“大局”，就国内而言，就是“两个一百年”奋斗目标，实现中华民族伟大复兴的中国梦。习近平指出，实现中国梦必须弘扬中国精神，必须围绕经济建设这个中心，紧紧扭住中华民族伟大复兴这个主题，坚持巩固壮大主流思想舆论，弘扬主旋

---

* 本文作者：中共中央文献研究室《中国特色社会主义文化发展道路》课题组，执笔人郭如才。

① 《人民日报》2013 年 6 月 1 日。

律，传播正能量，激发全社会团结奋进的强大力量。这就把思想文化建设与中国梦紧紧联系起来，为文化建设找到了更高的支点，赋予了文化建设新的使命，为现阶段的宣传思想文化工作提供了基本遵循。

（一）培育和弘扬社会主义核心价值观，夯实中国梦的价值支撑

习近平指出，核心价值观是推动一个民族、一个国家发展进步的最深沉的力量，是一个国家的重要稳定器，是文化软实力的灵魂；社会主义核心价值观是中国特色社会主义道路、理论、制度自信的重要支撑。从弘扬中国精神、提升民族和人民的精神境界看，核心价值观具有基础性、决定性作用。

首先，社会主义核心价值观是中国梦最深厚的价值基础。习近平指出，中国梦是一种形象的表达，是一种为群众易于接受的表述，意味着中国人民和中华民族的价值体认和价值追求。核心价值观，承载着一个民族、一个国家的精神追求，体现着一个社会评判是非曲直的价值标准。近现代以来，一代又一代仁人志士为了实现中华民族伟大复兴的中国梦，不惜流血牺牲，靠的就是理想信念，也就是对于中国梦所体现的价值追求的深刻认同。

社会主义核心价值观“寄托着近代以来中国人民上下求索、历经千辛万苦确立的理想和信念”①，“反映全国各族人民共同认同的价值观‘最大公约数’”②。以“富强、民主、文明、和谐，自由、平等、公正、法治，爱国、敬业、诚信、友善”为基本内容的社会主义核心价值观，包含了国家层面的价值目标、社会层面的价值取向、公民个人层面的价值准则，标明了中国梦应有的价值维度，“体现了古圣先贤的思想，体现了仁人志士的夙愿，体现了革命先烈的理想，也寄托着各族人民对美好生活的向往”。③

---

① 《人民日报》2014 年 5 月 5 日。

② 《人民日报》2014 年 5 月 5 日。

③ 《人民日报》2014 年 5 月 31 日。

社会主义核心价值观契合了我们民族、国家的历史文化，结合了我们正在进行的奋斗，适应了我们需要解决的时代问题。从一定意义上说，我们现在为之不懈奋斗的中国梦，实际上也就是要建设一个富强民主文明和谐的现代化国家，培育一个自由平等公正法治的和谐社会，培养爱国敬业诚信友善的合格公民。

其次，社会主义核心价值观为中国梦提供了持久的动力源泉。实现“两个一百年”的奋斗目标，实现中华民族伟大复兴的中国梦，必须有广泛的价值共识和共同的价值追求。习近平指出，一个民族的文明进步，一个国家的发展壮大，需要一代又一代人接力努力，需要很多力量来推动，核心价值观是其中最持久最深沉的力量。如果一个民族、一个国家没有共同的核心价值观，莫衷一是，行无依归，那这个民族、这个国家就无法前进。①

当前，我国正处在大发展大变革大调整时期，要把13亿中国人的力量凝聚起来，同心同德地为中国梦的实现而接续奋斗，必须增强道路自信、理论自信、制度自信。习近平强调，要加快构建充分反映中国特色、民族特性、时代特征、具有强大感召力的价值体系，努力抢占价值体系的制高点，掌握价值观念领域的主动权、主导权、话语权，以此整合社会思想文化和价值观念。②

核心价值观的养成绝非一日之功。习近平指出，要切实把社会主义核心价值观贯穿于社会生活方方面面。要通过教育引导、舆论宣传、文化熏陶、实践养成、制度保障等，使社会主义核心价值观内化为人们的精神追求，外化为人们的自觉行动。

（二）加强社会主义思想道德建设，为中国梦凝聚起坚实的道德基础

在核心价值体系和核心价值观中，道德价值具有十分重要的作用。

---

① 《人民日报》2014年5月5日。

② 《习近平关于全面深化改革论述摘编》，中央文献出版社2014年版，第88页。

一个民族、一个人能不能保持自己的精神独立，很大程度上取决于道德价值。习近平指出，“核心价值观，其实就是一种德，既是个人的德，也是一种大德，就是国家的德、社会的德”。① “如果我们的人民不能坚持在我国大地上形成和发展起来的道德价值，而不加区分、盲目地成为西方道德价值的应声虫，那就真正要提出我们的国家和民族会不会失去自己的精神独立性的问题了。如果没有自己的精神独立性，那政治、思想、文化、制度等方面的独立性就会被釜底抽薪。”②

习近平指出，我们要坚持马克思主义道德观、坚持社会主义道德观，“引导人们向往和追求讲道德、尊道德、守道德的生活，形成向上的力量、向善的力量。只要中华民族一代接着一代追求美好崇高的道德境界，我们的民族就永远充满希望”③；“要深入开展学习宣传道德模范活动，弘扬真善美，传播正能量，激励人民群众崇德向善、见贤思齐，鼓励全社会积善成德、明德惟馨，为实现中华民族伟大复兴的中国梦凝聚起强大的精神力量和有力的道德支撑”④；“要重视家庭建设，注重家庭、注重家教、注重家风，紧密结合培育和弘扬社会主义核心价值观，发扬光大中华民族传统家庭美德”，“使千千万万个家庭成为国家发展、民族进步、社会和谐的重要基点”。⑤

（三）努力创作更多无愧于时代的优秀作品，“用富有时代气息的中国精神凝聚中国力量”⑥

举精神之旗、立精神支柱、建精神家园，都离不开文艺。无论是弘扬中国精神、培育社会主义核心价值观，还是加强思想道德建设，优秀的文艺作品都是重要的载体。改革开放以来，我国产生了大量脍炙人口

① 《人民日报》2013 年 5 月 5 日。
② 《习近平关于全面深化改革论述摘编》，第 88 页。
③ 《人民日报》2013 年 11 月 29 日。
④ 《人民日报》2013 年 9 月 27 日。
⑤ 《人民日报》2015 年 2 月 18 日。
⑥ 《人民日报》2015 年 1 月 25 日。

的优秀作品。同时，也不能否认，在文艺创作方面，也存在着有数量缺质量、有“高原”缺“高峰”的现象，存在着抄袭模仿、千篇一律的问题，存在着机械化生产、快餐式消费的问题。

在文艺工作座谈会上，习近平针对当前我国文艺工作中的一些不良倾向指出，“低俗不是通俗，欲望不代表希望，单纯感官娱乐不等于精神快乐”，文艺不能在市场经济大潮中迷失方向。文艺工作者要静下心来，把创作生产优秀作品作为文艺工作的中心环节，努力创作生产更多传播当代中国价值观念、体现中华文化精神、反映中国人审美追求，思想性、艺术性、观赏性有机统一的优秀作品；要坚持以人民为中心的创作导向，弘扬中国精神、凝聚中国力量，用现实主义精神和浪漫主义情怀观照现实生活，用光明驱散黑暗，用美善战胜丑恶；要把社会主义核心价值观生动活泼、活灵活现地体现在文艺创作之中，用栩栩如生的作品形象告诉人们什么是应该肯定和赞扬的，什么是必须反对和否定的，做到春风化雨、润物无声；要通过文艺作品传递真善美，传递向上向善的价值观，让人动心，让人们的灵魂经受洗礼，让人们发现自然的美、生活的美、心灵的美，引导人们增强道德判断力和道德荣誉感。① 这些论述把文艺创作与中国精神、社会主义核心价值观建设结合起来，进一步明确了当前文艺工作的历史使命。

回顾我国革命、建设、改革的各个历史时期，每到紧要关头，精神的力量都是我们战胜困难、推动事业不断前进的重要因素。当前，中华民族的复兴正处在一个爬坡过坎的关键时刻，习近平把中国精神比作凝心聚力的“兴国之魂”“强国之魂”，强调必须用它“振奋起全民族的‘精气神’”②，“不断增强团结一心的精神纽带、自强不息的精神动力，永远朝气蓬勃迈向未来”③。

---

① 《人民日报》2014 年 10 月 16 日。

② 《人民日报》2013 年 6 月 1 日。

③ 《十八大以来重要文献选编》上，中央文献出版社 2014 年版，第 235 页。

二、有理有利有节开展舆论斗争，帮助干部群众划清是非界限、澄清模糊认识

坚持正面宣传为主，绝不意味着放弃舆论斗争。要在弘扬主旋律、传播正能量的同时，增强阵地意识，有理有利有节开展舆论引导。在全国宣传思想工作会议上，习近平对二者的关系作了深刻阐释，强调“在事关大是大非和政治原则问题上，必须增强主动性、掌握主动权、打好主动仗”。①

（一）增强阵地意识，做到守土有责、守土负责、守土尽责

宣传思想阵地，我们不去占领，人家就会去占领。思想、文化、舆论领域，历来是敌对势力与我们激烈争夺的重要阵地。历史已经多次证明，一个政权的瓦解往往是从思想领域开始的，政治动荡、政权更迭可能在一夜之间发生，但思想演化是个长期过程。敌对势力要搞乱一个社会、颠覆一个政权，也往往是先从意识形态领域打开突破口，先从搞乱人们的思想入手。一旦思想防线被攻破了，其他防线就很难守住。

增强阵地意识，核心是坚持和加强马克思主义的指导地位。我们党从诞生之日起就把马克思主义写在自己的旗帜上，把实现共产主义确立为最高理想。马克思主义、共产主义信仰是共产党人的命脉和灵魂。当前，西方敌对势力正在加紧对我国实施西化、分化的政治图谋。它们在意识形态领域的主攻目标，就是企图通过各种手段对我国进行思想渗透，动摇马克思主义的指导地位，搞乱人们的思想。

习近平指出，宣传思想工作的环境、对象、范围、方式发生了很大变化，但宣传思想工作的根本任务没有变，也不能变。“宣传思想工作就是要巩固马克思主义在意识形态领域的指导地位，巩固全党全国人民团结奋斗的共同思想基础”②，要坚持用中国特色社会主义理论体系武

---

① 《人民日报》2013 年 8 月 21 日。
② 《人民日报》2013 年 8 月 21 日。

装全党、教育人民、指导工作，引导广大干部深刻领会党的理论创新成果，坚定理想信念。

增强阵地意识，要一刻不停地增强本领。习近平指出，担任宣传思想部门领导工作的，除政治上可靠之外，总是需要在理论上、笔头上、口才上或其他专长上有“几把刷子”。一个道理能深入浅出阐释清楚，走到哪里能很快同群众打成一片，讲的话群众喜欢听，写的文章群众喜欢看，这样才主动，才能得心应手。各级宣传思想部门领导要加强学习、加强实践，真正成为让人信服的行家里手。要增强政治定力、大局观念和责任担当，在重大原则问题上敢于发声，确保坚守的“城池”万无一失。

（二）要区分不同性质的问题，采取不同的方法

在宣传思想领域，不搞无谓争论，但牵涉到大是大非问题，牵涉到政治原则问题，也决不能含糊其词，更不能退避三舍。这就要正确区分不同形式的问题，采取不同的措施。

在对待中国特色社会主义这个问题上，在对待中国发展道路和发展模式上，社会上还存在一些模糊认识甚至错误观点。这些人里面，有的是认识模糊，有的是思想方法问题，有的是政治立场问题，情况是不一样的。如何区分？很重要的就是要找到一个合适的标尺，这就是马克思主义、就是中国特色社会主义。

习近平指出，对群众正常、合理、善意的批评和监督，不论多么尖锐，我们都欢迎，都不要不高兴，都不要压制，不仅要欢迎，而且要认真听取、切实加以改正。同时，要讲清楚一个道理，对待问题必须持正确态度，不能遇到一些问题就全盘否定自己的道路、理论、制度，就全盘否定自己的历史和奋斗。对一般性争论和模糊认识，不能靠行政、法律手段解决，而是要靠马克思主义真理的力量，靠深入细致的思想政治工作，用真理揭露谎言，让科学战胜谬误。对那些恶意攻击党的领导、攻击社会主义制度、歪曲党史国史、造谣生事的言论，要敢抓敢

管，敢于亮剑。总之，要区分情况，把工作做深、做细、做实。

三、合规律、接地气，提高宣传思想文化工作的质量和水平

在思想文化领域扶正祛邪，是思想文化建设的重要使命。弘扬主旋律、传递正能量与增强阵地意识、有理有利有节开展舆论斗争，是这一使命的生动体现。要履行好这一职责，就要提高宣传思想文化工作的质量和水平，增强吸引力和感染力，合规律、接地气。

（一）传承和弘扬优秀文化传统，接传统文化的地气

中国人民的理想和奋斗，中国人民的价值观和精神世界，始终深深植根于中国优秀传统文化沃土之中。宣传思想文化工作合规律、接地气，很重要一点就是要深入了解中国的文化血脉，准确把握滋养中国人的文化土壤。习近平多次阐释传统文化的重要意义，归纳起来至少有以下五个方面：

其一，中国优秀传统文化是中华民族的独特标识和生生不息、发展壮大的丰厚滋养。为什么中华民族能够在几千年的历史长河中生生不息和不断发展呢？很重要的一个原因，是中华民族有一脉相承的精神追求、精神特质、精神脉络。习近平把传统文化比作我们民族的“根”和“魂”，并多次强调，丢了这个“根”和“魂”，就没有根基了。

其二，中国优秀传统文化是中国特色社会主义道路的重要基石。习近平指出，中国特色社会主义道路是在对中华民族5000多年悠久文明的传承中走出来的。中华民族是具有非凡创造力的民族，创造了伟大的中华文明，我们能够继续拓展和走好适合中国国情的发展道路。

其三，中国优秀传统文化是涵养社会主义核心价值观的重要源泉，也是我们在世界文化激荡中站稳脚跟的坚实根基。牢固的核心价值观，都有其固有的根本。文化标识模糊了，我们自己的价值体系就坚持不住了。习近平强调，“中华优秀传统文化已经成为中华民族的基因，植根在中国人内心，潜移默化影响着中国人的思想方式和行为方式。今天，

我们提倡和弘扬社会主义核心价值观，必须从中汲取丰富营养，否则就不会有生命力和影响力”。①

其四，中国优秀传统文化是提高国家文化软实力的深厚源泉和重要途径。以理服人，以文服人，以德服人，是中华文化的生命禀赋和生存耐性。中华民族早就懂得“观乎人文，以化成天下”的力量。老子、孔子、墨子、孟子、庄子等中国诸子百家学说至今仍然具有世界性的文化意义。

其五，中国优秀传统文化可以为治国理政提供有益启示。在纪念孔子诞辰 2565 周年国际学术研讨会暨国际儒学联合会第五届会员大会开幕会上，习近平列举了“道法自然、天人合一的思想”等 15 个中国传统文化中蕴藏的哲学思想、人文精神、教化思想、道德理念，强调只有坚持从历史走向未来，从延续民族文化血脉中开拓前进，我们才能做好今天的事业。

当然，也必须看到，传统文化在其形成和发展过程中，不可避免会受到当时人们的认识水平、时代条件、社会制度的局限性的制约和影响，因而也不可避免会存在陈旧过时或已成为糟粕性的东西。因此，必然存在着需要与社会主义市场经济、民主政治、先进文化、社会治理等相协调适应的问题。

为此，习近平提出了“推动中华文明创造性转化和创新性发展”的时代课题，强调要使中华民族最基本的文化基因与当代文化相适应、与现代社会相协调，以人们喜闻乐见、具有广泛参与性的方式推广开来②，用中华民族创造的一切精神财富来以文化人、以文育人③；要加强对中国优秀传统文化的挖掘和阐发，把跨越时空、超越国度、富有永恒魅力、具有当代价值的文化精神弘扬起来，把继承优秀传统文化又弘

---

① 《人民日报》2014 年 5 月 5 日。
② 《人民日报》2014 年 1 月 1 日。
③ 《人民日报》2014 年 2 月 26 日。

扬时代精神、立足本国又面向世界的当代中国文化创新成果传播出去。①

（二）顺应时代潮流，做到因势而谋、应势而动、顺势而为，接时代发展的地气

当前，国内外环境都在发生极为广泛而深刻的变化。这就更加需要我们胸怀大局、把握大势、着眼大事，找准工作切入点和着力点，做到因势而谋、应势而动、顺势而为，积极推进宣传思想工作理念创新、手段创新、基层工作创新。对此，习近平有不少具体论述。比如：

针对我国经济市场化、国际化程度越来越高，市场预期、市场信心等对经济运行的影响越来越大，舆论引导越来越重要的形势，强调牢牢掌握舆论引导主导权，一定要把握好时、度、效，注意研究和深入理解市场预期，学会用市场经济所接受的方式进行舆论引导。

顺应互联网已经成为舆论斗争的主战场这一实际情况，强调要把网上舆论工作作为宣传思想工作的重中之重来抓。习近平指出：“我国网民有近六亿人，手机网民有四亿六千多万人，其中微博用户达到三亿多人。很多人特别是年轻人基本不看主流媒体，大部分信息都从网上获取。必须正视这个事实，加大力量投入，尽快掌握这个舆论战场上的主动权，不能被边缘化了”。②

（三）树立以人民为中心的工作导向，接人民需求的地气

文化建设要有扎实的出发点和落脚点，根本上说来，就是要解决“为了谁”的问题。不解决文化为了人民这个基本问题，文化建设就会失去深厚的源泉和动力，就会从根本上失去代表性，就会不接地气，成为空中楼阁。

树立以人民为中心的工作导向，就要把服务群众同教育引导群众结合起来，把满足需求同提高素养结合起来，多宣传报道人民群众的伟大

---

① 《人民日报》2014 年 2 月 18 日。
② 《习近平关于全面深化改革论述摘编》，第 83 页。

奋斗和火热生活，多宣传报道人民群众中涌现出来的先进典型和感人事迹，丰富人民精神世界，增强人民精神力量，满足人民精神需求。

树立以人民为中心的工作导向，就要认真研究不同群众的思想文化需求。人民是具体的而不是抽象的。要弄清楚不同群众需求的共性是哪些、个性是哪些，以便有的放矢开展工作。要处理好点、线、面的关系，既加强面的广泛覆盖、线的分类指导，又注意把工作做到每个点上，“一把钥匙开一把锁”。

树立以人民为中心的工作导向，就要以人民喜闻乐见的方式做好宣传思想工作。“宣传思想工作是做人的工作的，人在哪儿重点就应该在哪儿。”①

（四）促进文化的改革与创新，接文化发展规律的地气

文化发展同经济、政治和社会发展一样，有其独特的规律。如果违反了文化发展规律，不仅不能满足人民群众的文化期待，还会造成严重的后果。顺应文化发展规律，很重要的一点就要坚持文化的改革与创新。

坚持和发展中国特色社会主义文化发展道路，改革创新是根本动力。改革开放以来，正是因为文化体制的改革与完善，使得我国文化领域整体面貌和发展格局焕然一新，初步走出了一条中国特色社会主义文化发展道路。但是，文化体制改革也面临许多新情况新问题。在这些新情况新问题下，该如何稳步推进文化体制改革呢？

习近平指出，要坚持以人民为中心的工作导向，坚持把社会效益放在首位、社会效益和经济效益相统一，以激发全民族文化创造活力为中心环节，进一步深化文化体制改革。文化体制改革一定要始终坚持社会主义先进文化前进方向，始终把社会效益放在首位。无论改什么、怎么改，导向不能改，阵地不能丢。党的十八届三中全会围绕着激发全民族

---

① 《习近平关于全面深化改革论述摘编》，第 83 页。

文化创造活力这个文化建设的重要环节，提出要完善文化管理体制、建立健全现代文化市场体系、构建现代公共文化服务体系、提高文化开放水平的具体改革举措。

这些论述和要求既凸显了新形势下继续深化文化体制改革的重要意义、指明了下一步改革的重点工作，又明确了改革必须坚持的正确方法与基本原则。落实这些思想观点、方法举措必将为中国特色社会主义文化发展道路提供源源不断的动力。

四、提高国际话语权，讲好中国故事、传播好中国声音、阐释好中国特色

习近平指出，“提高国家文化软实力，关系‘两个一百年’奋斗目标和中华民族伟大复兴中国梦的实现”。① 国际话语权是国家文化软实力的重要组成部分。这些年，尽管我们在提高国际话语权方面取得了重要进展，但在整个国际话语体系中，我们的发言权还是比较有限。这就要求我们精心构建对外话语体系，发挥好新兴媒体作用，增强对外话语的创造力、感召力、公信力，讲好中国故事，传播好中国声音，阐释好中国特色。

（一）讲好中国故事

中华民族历经磨难而信念愈坚、饱尝艰辛而斗志更强，在改造客观世界的过程中创造了博大精深的灿烂文化。中华民族5000多年文明史、中国人民近代以来170多年斗争史、中国共产党90多年奋斗史、中华人民共和国60多年发展史、改革开放30多年探索史，为我们积累了讲好中国故事的丰富资源。习近平指出，“要系统梳理传统文化资源，让收藏在禁宫里的文物、陈列在广阔大地上的遗产、书写在古籍里的文字都活起来。要以理服人，以文服人，以德服人，提高对外文化交流水

① 《人民日报》2014年1月1日。

平，完善人文交流机制，创新人文交流方式，综合运用大众传播、群体传播、人际传播等多种方式展示中华文化魅力”。①

要通过讲好中国故事，塑造我国的国家形象，展示中国历史底蕴深厚、各民族多元一体、文化多样和谐的文明大国形象，政治清明、经济发展、文化繁荣、社会稳定、人民团结、山河秀美的东方大国形象，坚持和平发展、促进共同发展、维护国际公平正义、为人类做出贡献的负责任大国形象，对外更加开放、更加具有亲和力、充满希望、充满活力的社会主义大国形象，让当代中国形象在世界上不断树立和闪亮起来。

（二）传播好中国声音

人类历史发展的过程，就是各种文明不断交流、融合、创新的过程。但是，在“西强我弱”的舆论格局下，这种双向交流有时并不尽如人意。在西方主要媒体左右着世界舆论的条件下，我们往往有理说不出，或者说了传不开。特别是，虽然随着我国经济社会发展和国际地位提高，国际社会对中国发展道路和发展模式的理性认识逐步加深，但同时对我们的误解也还不少，“中国威胁论”“中国崩溃论”等论调不绝于耳。

造成这种现象的原因，从我们自身来讲，既有硬件方面的原因，即现代传播体系建设相对滞后；也有软件方面的原因，即对现代传播技巧的掌握和话语体系建设有待进一步加强。习近平指出，要创新文化走出去模式，着力推进国际传播能力建设，创新对外宣传方式，加强话语体系建设，着力打造融通中外的新概念新范畴新表述，传播好中国声音。

传播好中国声音，一个重要内容就是要努力传播当代中国价值观念。习近平强调，“我国成功走出了一条中国特色社会主义道路，实践证明我们的道路、理论体系、制度是成功的。要加强提炼和阐释，拓展对外传播平台和载体，把当代中国价值观念贯穿于国际交流和传播方方

① 《人民日报》2014年1月1日。

面面”。[1] 中国梦反映了中华民族的“共同利益”“共同理想”“共同追求”“共同愿景”“共同期盼”，意味着中华民族为人类和平与发展做出更大贡献的真诚意愿。习近平强调，要把中国梦与当代中国价值观念紧密结合起来，把中国梦同各国各地区人民实现自己的梦想联系起来，在促进互利共赢中引导国际社会全面客观认识中国梦。

（三）阐释好中国特色

讲好中国故事、传播好中国声音，一个重要目的就是引导人们更加全面客观地认识当代中国、看待中国与世界的关系。

在全国宣传思想工作会议上，习近平明确指出，“宣传阐释中国特色，要讲清楚每个国家和民族的历史传统、文化积淀、基本国情不同，其发展道路必然有着自己的特色；讲清楚中华文化积淀着中华民族最深沉的精神追求，是中华民族生生不息、发展壮大的丰厚滋养；讲清楚中华优秀传统文化是中华民族的突出优势，是我们最深厚的文化软实力；讲清楚中国特色社会主义植根于中华文化沃土、反映中国人民意愿、适应中国和时代发展进步要求，有着深厚历史渊源和广泛现实基础”。[2] 这“四个讲清楚”为我们如何在与外部世界的比较中阐释好中国特色指明了方向。

为了帮助世界观察、研究、认识中国，习近平在布鲁日欧洲学院的演讲中，从中国是有着悠久文明的国家、经历了深重苦难的国家、实行中国特色社会主义的国家、世界上最大的发展中国家、正在发生深刻变革的国家五个方面，对中国是一个什么样的国家做了简要回答。他指出，脱离了中国的历史、脱离了中国的文化、脱离了中国人的精神世界、脱离了当代中国的深刻变革，是难以正确认识中国的。[3]

世界是多向度发展的，世界历史不是单线式前进的。中国特色社会

---

① 《人民日报》2014 年 1 月 1 日。
② 《人民日报》2013 年 8 月 21 日。
③ 《人民日报》2014 年 4 月 2 日。

主义道路具有深厚的历史渊源和广泛的现实基础。阐释好中国特色，对于帮助世界认识中国，引导我国人民树立和坚持正确的历史观、民族观、国家观、文化观，增强做中国人的骨气和底气，有着重要意义。

沿着中国特色社会主义道路实现中华民族伟大复兴，是无比壮丽的崇高而伟大的事业，但这一伟业的实现不可能一片坦途，更不可能一蹴而就，需要我们为之付出艰辛的不懈的努力。面对前进道路上复杂多变的形势和艰巨繁重的任务，只有振奋起全民族的“精气神”，保持奋发有为的精神状态，勇于实践，敢于开拓，才能做出经得起实践、人民、历史检验的实绩，中华民族的伟大复兴才能如期实现。

（原载于《党的文献》2015 年第 4 期）

十八大以来共产党对意识形态认识的创新与深化*

意识形态关乎旗帜道路、关乎党和国家的前途命运。党的十八大以来，以习近平为总书记的党中央把意识形态工作视为引领社会、统一思想、凝聚人心、推动发展的根本性工作来抓。基于对我国思想领域面临的新形势新任务的分析，习近平总书记就加强意识形态建设提出了一系列新思想、新观点、新论断，赋予意识形态建设新的内涵，丰富、完善了党的意识形态理论体系，在新的历史条件下为党的意识形态工作的顺利开展提供了方向指引和原则遵循。

一、关于意识形态工作的思想提出的背景

任何思想的产生都有其历史条件与时代背景。习近平总书记关于意识形态工作的论述，是在继承与发展我党意识形态理论，对改革开放特别是十八大以来党的意识形态建设面临的新的形势特征全面分析的基础之上，而做出的对新形势下如何保障马克思主义意识形态的社会主导地

* 本文作者：李合亮（1973—），聊城大学政治与公共管理学院教授、博士；高庆涛（1988—），天津师范大学马克思主义学院 2015 级博士研究生。

基金项目：本文系国家社科基金项目“改革开放以来中国共产党意识形态建设研究”（14BDJ019）、山东省齐鲁文化英才资助项目“中国共产党意识形态建设发展策略论析”（16QL0801）的阶段性成果。

位，实现意识形态建设与经济建设、政治建设、文化建设、社会建设等一体发展、和谐发展的科学回答。

改革开放以来，伴随改革开放的纵深发展与市场经济的加速运行，经济发展方式多样化、收入差距加大、阶层差别扩大、各种思潮纷涌、多种观点纷争、社会碎片化出现，马克思主义一元意识形态的社会主导地位受到的冲击加大。而党的十八大以来，国际经济深度调整、复苏乏力，地缘政治风险上升、外部发展环境不稳定，国内经济调整阵痛增加、社会矛盾与风险进一步显现，主流意识形态的社会整合力、吸引力、民众认可度都面临更大、更严峻的挑战。

其一，全面深化改革所带来的思想问题影响着党的意识形态工作的公信力。党的十八大以来，面对复杂的国际形势和繁巨的国内改革发展稳定任务，中央及时做出了全面深化改革的决定。全面深化改革不是某一方面、某一领域的变革，而是涉及政治、经济、文化等社会发展的各个方面，是在保持社会主义根本制度不变的前提下的一场全社会领域内的变革。不过，此时的中国改革，“已进入深水区，可以说，容易的、皆大欢喜的改革已经完成了，好吃的肉都吃掉了，剩下的都是难啃的硬骨头。”① 全面深化改革必然调整已经成型的利益格局，必然触动一部分群体的利益，必然对人们的思想观念产生巨大影响。长期以来人们形成的对社会主义的坚定之心，受此影响有动摇之势，因为很多人会进行比较选择，会进行利益的考量。与此同时，在社会生活中，公平和效率已成为人们关注的焦点，利益分配不均，社会矛盾不断激化。未受益或受益较小的群体和个人，甚至部分实际获益较大但其自身却认为未得以满足的群体和个人，可能会对党和政府产生敌对情绪，对马克思主义、社会主义不信任甚至排斥。此时，如果我们的意识形态不能做出正面回应，不及时进行引导，那我们意识形态工作的公信力在民众心目中的地

① 《习近平谈治国理政》，外文出版社 2014 年版，第 101 页。

位会逐渐下降，甚至影响到党的执政地位。

其二，资本主义意识形态渗透影响着我国意识形态的竞争力。党的十八大以来，虽然世界社会主义运动已开始恢复与发展，社会主义国家的政党和人民也正在低潮中奋进，但与资本主义相比，社会主义意识形态的国际竞争力还较弱，在竞争策略方面还有许多不足。资本主义意识形态的全球扩张战略与新的渗透方式，已经对社会主义意识形态的竞争力造成了较大威胁。而更应警惕的是，当前资本主义意识形态渗透与侵蚀的最大特点是隐形化，即不再是赤裸裸的侵略，而是以文明与文化对话的方式，化装成全球“普世观念”“普世价值”试图一统人们的思想。资本主义对社会主义的斗争，不再是武力的对抗，而是思想的较量，并且以“巩固”社会主义的面目出现，即借用社会主义国家的改革之势，将资本主义之思想包装成社会主义之“必需”，通过所谓的“代理人”之嘴发布出去，从而变身为形式上、表面上为社会主义实则为资本主义。

其三，信息技术与媒体发展影响着党对意识形态的控制力。当今世界，信息技术革命日新月异，信息技术已深入每一个国家与家庭，正深刻改变着人们的生产生活，有力推动着社会发展。“谁掌握了信息，控制了网络，谁就拥有整个世界。”① 虽然党和政府已经意识到了网络信息传播是把双刃剑，在给人们的生产生活带来方便的同时，也造成了舆论导向的虚假性与思想管理的复杂性，对此亦采取了一系列措施加强管理，取得了一定成绩。但是，面对虚拟的空间，一直善于从事思想教育与引导的社会主义意识形态却没能及时做出回应，面对网络交流与传播，意识形态建设有种无力感，许多意识形态管理部门面对铺天盖地的信息传播，也有点不知所措。特别是对于西方国家利用网络信息传播进行意识形态渗透的动机认识不到位，措施防范不及时；对于各国、各民

① ［美］阿尔温·托夫勒、海蒂·托夫勒：《创造一个崭新的文明——第三次浪潮的政治》，陈峰译，上海三联书店 1996 年版，第 31 页。

族文化交流背后的意识形态性认识不清，往往乐于交流与借鉴，忽略了思想的侵蚀与渗透。正是对网络传播的意识形态性认识不清，这才导致了资本主义意识形态对我国渗透的加剧。最终，网络信息技术发展带来的意识形态渗透的隐形化、网络交流的虚拟化、信息传播的无序性等，导致了思想领域纷繁芜杂，这一切都在挑战着社会主义意识形态对整个社会思想的控制力。

其四，自身发展不足影响着党所领导的意识形态的生命力。自成立之日起，中国共产党就十分重视意识形态建设，重视意识形态的研究与探索，并在实践中根据形势变化，不断调整意识形态策略，以保持意识形态体系的生命力，不断批判异种思想，积极回应现实问题，以增强意识形态的吸引力。但是，当前党所领导的意识形态建设还不能完全适应社会发展的需要，相对于经济建设而言还比较滞后，与理论设计、人民期待还有一定差距。这主要表现为：意识形态的吸引力较弱，只注重创造体系，而在体系的普及与宣传，特别是提升民众的认同感方面还不到位；意识形态的政治权威高于理性权威，缺乏说理支持，只是依凭政治强制力作保证，晓之以理退居后位，致使经过灌输与教育而建立起来的民众信仰经不起政治运动的折磨；意识形态的实践性较弱，即宣传宣扬的多，落实到实际中的少，特别是许多美好的承诺或设计，只是一种理想，现实却很残酷；意识形态的敏感性较弱，当发生问题时，往往从经济角度、社会角度区分，忽视了意识形态的隐性作用，对于掩藏于经济现象背后的文化、思想侵蚀缺乏警惕；意识形态教育的方式方法陈旧，说、讲、听的会议模式还是主流，新媒体的运用还停留在形式上。

二、关于意识形态工作的思想的主要内容

党的十八大以来，习近平总书记把意识形态工作放在世界大变革的时代背景下加以思考，放在坚持和发展中国特色社会主义的新的伟大实践中加以运筹，他在一系列重要讲话中赋予了意识形态新的内涵，对意

识形态的重要地位、本质向度、阵地建设等问题进行了深入阐述。

1. 明确定位：意识形态工作是党的一项极端重要的工作

意识形态与其经济基础是否相适应，体现了一个执政党、一个国家的性质和信仰，关系到旗帜、道路和制度等重大政治问题，与一个政权的生死存亡密切相关。党的十八大以来，习近平结合国内外形势变化，对党的意识形态工作的重要性做了重要论述。2013 年 8 月，他在全国宣传思想工作会议上对新时期意识形态工作的定位做了专门论述，认为“意识形态工作是党的一项极端重要的工作”，“能否做好意识形态工作，事关党的前途命运，事关国家长治久安，事关民族凝聚力和向心力。”① 2016 年 2 月，他又对新闻舆论工作的重要性做了专门论述：“做好党的新闻舆论工作，事关旗帜和道路，事关贯彻落实党的理论和路线方针政策，事关顺利推进党和国家各项事业，事关全党全国各族人民凝聚力和向心力，事关党和国家前途命运。”②

“党的一项极端重要的工作”，是习近平总书记站在党和国家全局的高度，站在推进“四个全面”、实现“五位一体”的社会主义建设新阶段，对意识形态工作赋予的新定位，是对意识形态“生命线”定位的创新发展，突出了意识形态工作的根本性、战略性和全局性。在我国社会发展步入新常态后，对中国共产党和中国政府而言，经济建设和意识形态建设不可偏废，经济建设是党的中心工作，起着强基固本的作用，而意识形态建设在党的各项工作中处于关键环节，有着凝魂聚气的作用。特别是在改革进入攻坚期和深水区，社会矛盾日益复杂与凸显，人们思想活动的自主性、选择性、易变性、不可捉摸性明显增强，社会思想文化和人们的需求多样化、复杂化的情况下，意识形态工作尤其重

① 中共中央宣传部：《习近平总书记系列重要讲话读本》，学习出版社、人民出版社 2016 年版，第 192、193 页。

② 《坚持正确方向创新方法手段，提高新闻舆论传播力引导力》，《人民日报》2016 年 2 月 20 日。

要。为此，在全面深化改革，一心一意搞建设的同时，党必须牢牢掌握意识形态工作的领导权和话语权，增强对意识形态的控制力，不断巩固马克思主义的意识形态指导地位，凝聚社会发展的共同的思想基础。

2. 本质向度：培育和践行社会主义核心价值观

对于一个民族、一个国家而言，核心价值观反映了社会民众共同的价值追求。“一个民族、一个国家的核心价值观必须同这个民族、这个国家的历史文化相契合，同这个民族、这个国家的人民正在进行的奋斗相结合，同这个民族、这个国家需要解决的时代问题相适应。”① 正是基于对历史传统与中国建设实际的考察，党的十八大从国家、社会、个人三个层面，分别用“富强、民主、文明、和谐”“自由、平等、公正、法治”“爱国、敬业、诚信、友善”等词语对社会主义核心价值观进行概括与表述。这一社会主义核心价值观反映了全国各族人民价值观的“最大公约数”，是对社会主义本质、中国特色社会主义制度与理论体系的集中反映、有效表达与精神彰显。当前，最关键的是充分发挥核心价值观凝魂聚气、强基固本的功能，“切实把社会主义核心价值观贯穿于社会生活方方面面。通过教育引导、舆论宣传、文化熏陶、实践养成、制度保障等，使社会主义核心价值观内化为人们的精神追求，外化为人们的自觉行动。”②

对于社会主义核心价值观的培育和弘扬，习近平特别强调要立足作为中华民族精神基因的中华传统优秀文化来进行。他指出：“中华文化源远流长，积淀着中华民族最深层的精神追求，代表着中华民族独特的精神标识，为中华民族生生不息、发展壮大提供了丰厚滋养。中华传统美德是中华文化精髓，蕴含着丰富的思想道德资源。不忘本来才能开辟

① 习近平：《青年要自觉践行社会主义核心价值观——在北京大学师生座谈会上的讲话》，《光明日报》2014 年 5 月 5 日。

② 《习近平谈治国理政》，外文出版社 2014 年版，第 164 页。

未来，善于继承才能更好创新。”① 在当前全国上下不断推进中国特色社会主义建设，全面深化改革的背景下，中华优秀传统文化的价值日益彰显，社会主义核心价值观、中国梦都能从中追溯到自己的理论渊源。为此，在马克思主义指导下，对中华传统文化进行挖掘性转化，使之与时代精神相适应，与当代实践相结合，与人民口味相吻合，真正让中华优秀文化服务人民大众和社会主义建设。

3. 理论武装：重学经典，返本开新

科学理论武装是马克思主义学习型政党的本质特征。习近平高度重视党的建设，尤其是党的思想理论建设，不断强调要丰富和发展马克思主义理论，以此来武装全党头脑，指导实践。为此，他一再指出认真学习马克思主义基本理论，掌握马克思主义基本原理，是做好各项工作、办好一切事情、实现工作制胜的看家本领。党员干部尤其是高级干部要系统掌握马克思主义基本理论，要老老实实地学，要原原本本地学，要认认真真地学。

那如何学习马克思主义理论呢？一是“返本”，就是重温马克思主义经典文本，通过认真研读原著，真正掌握马克思主义的精神实质和思想精髓。早在2011年5月，习近平就指出，“马克思主义经典著作蕴含和集中体现着马克思主义基本原理，是马克思主义理论的本源和基础。只有认真学习马克思主义经典著作，系统掌握马克思主义基本原理，才能完整准确地理解中国特色社会主义理论体系，才能创造性地运用马克思主义立场观点方法去分析和解决我们面临的实际问题，不断把中国特色社会主义事业推向前进。”② 2013年12月，他在中央政治局集体学习时强调，要原原本本地认真研读马克思主义经典著作，学习掌握历史唯物主义的基本原理与方法，更好地认识历史发展规律，有力推进各项工

① 《习近平谈治国理政》，外文出版社2014年版，第164页。

② 《认真学习马克思主义经典著作，不断推进中国特色社会主义事业》，《人民日报》2011年5月14日。

作。2016年5月，他又在哲学社会科学工作座谈会上强调，“对马克思主义的学习和研究，不能采取浅尝辄止、蜻蜓点水的态度。有的人马克思主义经典著作没读几本，一知半解就哇啦哇啦发表意见，这是一种不负责任的态度，也有悖于科学精神。”① 二是“开新”，就是在坚持马克思主义的基本立场、观点和方法的基础上，把握时代精神与我国实际，用不断发展的马克思主义理论来指导实践，解决改革发展中的实际问题。习近平指出，“空谈误国，实干兴邦”，学习的根本目的在于运用，在于增强工作本领，提高分析与解决实际问题的能力与水平。

4. 阵地建设：守好意识形态建设的主阵地

在我国，当前意识形态领域的主流是好的，马克思主义处于指导地位，健康积极的正面声音占据着重要领地。然而，意识形态领域也存在着一些消极腐朽的社会思潮和唱衰抹黑中国的负面声音，试图与以马克思主义为指导的社会主义意识形态分庭抗礼。此外，还存在一些由立场摇摆、声音模糊的思想言论所构成的“中间地带”。习近平对此有着清醒的认识，近年来他在许多场合都强调要坚守社会主义意识形态主阵地，把意识形态的领导权和话语权牢牢掌握在党的手中。他对军队、高校、互联网、宣传思想等领域的意识形态建设均提出了明确要求。

“党指挥枪”是中国共产党在长期的革命实践中形成的关于军队建设的基本原则，也是党维护执政地位、保障国家利益的力量保证。习近平对此认识深刻，多次强调要始终将思想政治建设放置于军队各项建设的首位，努力强化党对军队的绝对领导，确保军队在任何时候任何情况下都必须坚决听从党中央的指挥。2014年10月，为在新形势下充分发挥政治工作在军队建设中的生命线作用，加强和改进军队政治工作，全军政治工作会议在古田召开，习近平在会上发表重要讲话，强调了加强军队政治工作的重要性与必要性。他指出：“当前，国内外形势发生深

① 习近平：《在哲学社会科学工作座谈会上的讲话》，《光明日报》2016年5月19日。

刻复杂变化，面对深化国防和军队改革这场考试，我军政治工作只能加强不能削弱，只能前进不能停滞，只能积极作为不能被动应对。”“坚持党对军队绝对领导是强军之魂，铸牢军魂是我军政治工作的核心任务，任何时候都不能动摇。”①

高校是培养社会主义建设者和接班人的重要场所，同时也是各种思想言论的集散地，青年师生是敌对势力进行渗透分化的重点人群，是社会思潮的寒暑表和主要争夺对象。高校的特殊地位使它处于意识形态斗争的风口浪尖。2014 年 12 月，第 23 次全国高校党建工作会议召开，习近平做出重要指示：“高校肩负着学习研究宣传马克思主义、培养中国特色社会主义事业建设者和接班人的重大任务。加强党对高校的领导，加强和改进高校党的建设，是办好中国特色社会主义大学的根本保证。”“办好中国特色社会主义大学，要坚持立德树人，把培育和践行社会主义核心价值观融入教书育人全过程；强化思想引领，牢牢把握高校意识形态工作领导权”②。

近年来，随着信息技术的迅猛发展，世界各国的互联网际争夺战愈演愈烈，互联网已成为意识形态斗争的主阵地。尤其是以美国为首的西方国家，凭借其技术方面的优势掌控着“网络话语霸权”，被曝光的美国“棱镜”“X 关键得分”等计划，充分说明了网络意识形态斗争形势的严峻和复杂。对此，习近平指出，要充分认识网上舆论斗争的长期性与艰巨性，将网络安全与信息化建设放置于同等重要的地位，科学正确地处理安全和发展的关系，保发展、促安全，实现安全与发展的协调共进。当前，在坚定不移实施创新驱动发展战略，加大网络信息核心技术研发的同时，特别要下大气力做好网络舆论引导，牢牢掌控网络意识形

---

① 《发挥政治工作对强军兴军的生命线作用，为实现党在新形势下的强军目标而奋斗》，《人民日报》2014 年 11 月 2 日。

② 《坚持立德树人思想引领，加强改进高校党建工作》，《人民日报》2014 年 12 月 30 日。

态主导权，“本着对社会负责、对人民负责的态度，依法加强网络空间治理，加强网络内容建设，做强网上正面宣传，培育积极健康、向上向善的网络文化，用社会主义核心价值观和人类优秀文明成果滋养人心、滋养社会，做到正能量充沛、主旋律高昂，为广大网民特别是青少年营造一个风清气正的网络空间。”①

党的十八大以来，习近平把宣传思想工作看作是治国理政、定国安邦的大事，对此做出了一系列重要论述，确保了新时期宣传思想工作的精准有力。他认为坚持党性原则是宣传思想工作的根本原则，最重要的就是坚持党对宣传思想工作的领导，党和政府主办的媒体必须姓党。为此，宣传思想工作要牢牢坚持“团结稳定鼓劲、正面宣传为主”的基本方针，明确方向、站稳立场，体现党的意志与主张，反映人民的心声，维护人民利益，真正做到让党放心、让人民满意。

三、关于意识形态工作思想蕴含的价值

党的十八大以来，在全面建设小康社会的征程中，面对社会发展步入新常态，以习近平为总书记的党中央一方面毫不动摇地坚持社会主义制度，把马克思主义作为意识形态的主流与核心，把世界共产主义与社会主义运动、马克思主义理论发展作为精神来源，另一方面又根据世界社会主义运动的发展，不断吸收世界各类马克思主义对资本主义社会的批判、对社会主义社会的反思、对社会发展的展望等认识成果，更为重要的是将对中国传统文化的批判、反思、继承与维护发展中国特色社会主义理论体系有机结合起来，推动社会主义意识形态在当代中国健康发展，实现了党对意识形态认识的创新与深化，从而形成了马克思主义意识形态理论在当代中国的最新发展成果——习近平总书记关于意识形态工作的重要论述。关于意识形态工作思想蕴涵着丰富的理论价值与实践

① 《在践行新发展理念上先行一步，让互联网更好造福国家和人民》，《人民日报》2016年4月20日。

意义。

1．彰显了鲜明的与时俱进的理论品质

与时俱进是马克思主义最重要的理论品质，也是中国共产党最可宝贵的理论品格。我们党自成立之初就把马克思主义确立为指导思想，并在领导中国革命的长期实践中，坚持把马克思主义基本原理同中国革命的具体实际相结合，创立形成了毛泽东思想；改革开放以来，又立足于中国改革开放与社会主义建设的新实践，运用马克思列宁主义、毛泽东思想分析解决中国经济社会发展中出现的新情况新问题，不断进行理论创新，形成了邓小平理论、“三个代表”重要思想、科学发展观，以及习近平总书记系列重要讲话精神等既一脉相承又与时俱进的马克思主义中国化的重大理论成果。

党的十八大以来，以习近平为总书记的党中央在“以强烈的历史使命感，最大限度集中全党全社会智慧，最大限度调动一切积极因素，敢于啃硬骨头，敢于涉险滩，以更大决心冲破思想观念的束缚、突破利益固化的藩篱，推动中国特色社会主义制度自我完善和发展”① 的过程中，高度重视意识形态建设，不断丰富和发展党的指导思想，在全社会形成了培育和践行社会主义核心价值观、同心共筑中国梦的浓厚氛围。社会主义核心价值观是对中华价值观和中华传统美德的创造性转化和创新性发展，也是对马克思主义中国化理论成果的丰富和发展。而习近平所提出的“实现中华民族伟大复兴”的中国梦则指明了中国特色社会主义的奋斗目标和前进方向，是新的历史条件下弘扬中国精神、凝聚中国力量的最大公约数。社会主义核心价值观的凝练与表达，中国梦的提出与形象表述，均是党在对中国特色社会主义建设实践全面认识的基础上进行意识形态创新的鲜明体现。

---

① 《中共中央关于全面深化改革若干重大问题的决定》，《人民日报》2013 年 11 月 16 日。

2. 体现出深厚的马克思主义哲学根基

马克思主义哲学深刻揭示了客观世界和人类社会发展的一般规律，是关于世界观和方法论的科学体系，是中国共产党人的世界观和方法论。“我们党自成立起就高度重视在思想上建党，其中十分重要的一条就是坚持用马克思主义哲学教育和武装全党。学哲学、用哲学，是我们党的一个好传统。”① 党的十八大以来，习近平围绕意识形态建设所做出的相关论述，有着巨大的思想性、理论性和创新性，闪耀着辩证唯物主义和历史唯物主义的光辉。

其一，坚持运用“世界统一于物质、物质决定意识”的原理和社会存在决定社会意识的原理分析中国的意识形态问题。习近平强调物质文明与精神文明、经济建设和意识形态建设两手都要抓、两手都要硬，主张从我国仍处于社会主义初级阶段这个客观实际出发制定政策，牢牢坚持经济建设的中心地位不动摇。同时，又充分认识到意识可以反作用于物质，上层建筑同样可以反作用于经济基础，进而把思想建设摆在党的建设首位，“毫不放松理想信念教育、思想道德建设、意识形态工作，大力培育和弘扬社会主义核心价值观，用富有时代气息的中国精神凝聚中国力量。”②

其二，坚持运用唯物辩证法分析处理繁杂问题。习近平认为当前社会利益复杂，要正确处理好局部与全局、当前与长远、重点与非重点的关系，需要我们增强辩证思维能力，权衡利害关系，做出有利的选择。特别要善于掌握并运用好事物矛盾运动的基本原理，深刻分析党和国家事业发展中存在的主要矛盾与矛盾的主要方面，“对各种矛盾做到心中有数，同时又要优先解决主要矛盾和矛盾的主要方面，以此带动其他矛

---

① 《推动全党学习和掌握历史唯物主义，更好认识规律更加能动地推进工作》，《人民日报》2013 年 12 月 5 日。

② 《坚持运用辩证唯物主义世界观方法论，提高解决我国改革发展基本问题本领》，《人民日报》2015 年 1 月 25 日。

盾的解决。我们提出要协调推进全面建成小康社会、全面深化改革、全面依法治国、全面从严治党，是当前党和国家事业发展中必须解决好的主要矛盾。我们既要注重总体谋划，又要注重牵住‘牛鼻子’。在任何工作中，我们既要讲两点论，又要讲重点论，没有主次，不加区别，眉毛胡子一把抓，是做不好工作的。”①

其三，有效运用社会基本矛盾分析法探讨包括意识形态建设在内的上层建筑调整完善的必要性。习近平指出，全面深化改革具有重要性与紧迫性，为此，我们要结合中国国情与发展实际，全面把握生产力与生产关系、经济基础与上层建筑的矛盾运动规律，从整体上认识社会基本矛盾，深刻认识社会发展全貌与发展方向。当前，全面深化改革，推进社会主义现代化建设，必须精准把握社会基本矛盾运动规律，不断适应生产力和经济基础发展要求，调整生产关系、完善上层建筑。他认为，社会基本矛盾不断发展，生产关系的调整与上层建筑的完善不会停止，全面深化改革就会持续不断地进行下去。“改革开放只有进行时、没有完成时，这是历史唯物主义态度。”②

其四，坚守群众史观，坚持人民主体地位。党的十八大以来，习近平多次强调人民群众是历史的创造者，是中国改革发展的主体与力量源泉，意识形态建设必须以人民为中心，“要坚持党性和人民性相统一，把党的理论和路线方针政策变成人民群众的自觉行动，及时把人民群众创造的经验和面临的实际情况反映出来，丰富人民精神世界，增强人民精神力量。”③ 这一思想不仅体现于宣传思想层面，在政策层面与实践操作中，我们党所做出并全力推进的建设中国特色社会主义“五位一

---

① 《坚持运用辩证唯物主义世界观方法论，提高解决我国改革发展基本问题本领》，《人民日报》2015 年 1 月 25 日。

② 《推动全党学习和掌握历史唯物主义，更好认识规律更加能动地推进工作》，《人民日报》2013 年 12 月 5 日。

③ 《坚持正确方向创新方法手段，提高新闻舆论传播力引导力》，《人民日报》2016 年 2 月 20 日。

体”的总布局就贯彻了以人为本、以民为本的思想，即经济建设坚持科学发展，不搞盲目的蛮干式发展；政治建设坚持一切权力属于人民，坚定不移走中国特色社会主义发展道路；文化建设重视人才培养，注重培养民族精神；社会建设立足基本国情，保障和改善民生，树立正确的幸福观，齐心协力建设和谐社会；生态文明建设走可持续发展之路，为人类发展做出应有贡献。

3. 有着强烈的实践旨向

习近平总书记关于意识形态工作的重要论述是在学习和掌握认识与实践的辩证关系原理的基础上，坚持实践导向、一切从实际出发，运用马克思主义意识形态理论分析解决当代中国问题的产物，包含许多富有创见的新思想、新观点。这些思想不是理论的臆造，而是来源于实践，指导实践的真理。

习近平从中国的社会主义建设实践出发，强调在意识形态斗争中，要增强主动性、占领制高点，掌握主动权、打好主动仗；在对外传播中，增强传播能力，提升中华文化话语权，面向世界展示美丽中国，讲述中国故事、传播中国声音；在发展策略上，坚守由道路、制度、理论体系三位一体所构成的中国特色社会主义，既不封闭僵化，也不改旗易帜；在对待党的历史的态度上，正确看待改革开放前和改革开放后两个历史时期，坚持“两个不能否定”，坚决反对历史虚无主义。

关于意识形态工作思想的实践特性不仅在于其来自实践，是以马克思主义基本原理指导中国实践的结果，更重要的在于它指导实践，要求意识形态建设必须融入中国特色社会主义建设事业的整体布局中，与经济建设、政治经济等诸建设相统一，在实践中得到巩固和改善。而在这其中，他特别强调要突出意识形态建设的中国色彩，要讲清楚文化传统、历史命运、基本国情决定了我们必然要走中国特色社会主义发展道路。“宣传阐释中国特色，要讲清楚每个国家和民族的历史传统、文化积淀、基本国情不同，其发展道路必然有着自己的特色；讲清楚中华文化积淀着中华民族最深沉的精神追求，是中华民族生生不息、发展壮大的丰厚滋养；讲清楚中华优秀传统文化是中华民族的突出优势，是我们最深厚的文化软实力；讲清楚中国特色社会主义植根于中华文化沃土、反映中国人民意愿、适应中国和时代发展进步要求，有着深厚历史渊源和广泛现实基础。”①

参考文献：

[1] 中共中央宣传部：《习近平总书记系列重要讲话读本》，学习出版社、人民出版社2016年版。

[2]《习近平谈治国理政》，外文出版社2014年版。

[3] 习近平：《在中央党校建校80周年庆祝大会暨2013年春季学期开学典礼上的讲话》，《人民日报》2013年3月3日。

[4] 习近平：《青年要自觉践行社会主义核心价值观——在北京大学师生座谈会上的讲话》，《光明日报》2014年5月5日。

[5] 习近平：《在文艺工作座谈会上的讲话》，《人民日报》2015年10月15日。

（原载于《马克思主义研究》2016年第7期）

① 《胸怀大局把握大势着眼大事，努力把宣传思想工作做得更好》，《人民日报》2013年8月21日。

关于主流意识形态建设的思想论析*

习近平总书记在系列重要讲话中阐释了关于加强主流意识形态建设的思想，明确表达了当前加强主流意识形态建设的基本定位和策略，其中涉及加强主流意识形态建设的核心内容、基本要求、方式方法等，体现出他对主流意识形态建设的理论创新和实践创新。

一、加强主流意识形态建设的基本要求

社会主义核心价值体系建设是主流意识形态建设的基本内容，因为核心价值观的培育和践行状况决定着国家的精神面貌、内在素养和发展活力，缺乏核心价值观会导致精神“缺钙”和思想“缺氧”。因此，习近平同志要求：“要按照党的十八大提出的培育和践行社会主义核心价值观的要求，高度重视和切实加强道德建设，推进社会公德、职业道德、家庭美德、个人品德教育，倡导爱国、敬业、诚信、友善等基本道德规范，培育知荣辱、讲正气、做奉献、促和谐的良好风尚。”①

---

* 本文作者：孟宪平（1968－），男，河南沈丘人，博士，周口师范学院特聘教授，南京师范大学教授、博士生导师，主要从事中国特色社会主义理论研究。

基金项目：国家社会科学基金项目“社会主义核心价值体系建设常态化研究”（项目编号：BBKS075）。

① 《深入开展学习宣传道德模范活动为实现中国梦凝聚有力道德支撑》，《人民日报》2013年09月27日。

1. 把培育和弘扬社会主义核心价值观作为凝魂聚气、强基固本的基础工程

社会主义核心价值体系建设具有独特的精神内涵，在实际生活中起着凝聚民心、激发志气的作用，是加强主流意识形态建设的基础工程。做好这项工作，必须弘扬“以爱国主义为核心的民族精神，以改革创新为核心的时代精神”①。从内容看，马克思主义理论、中国特色社会主义共同理想、爱国主义和时代精神、社会主义荣辱观，共同支撑着中国特色社会主义的思想大厦。国家层面上的富强、民主、文明、和谐，社会层面上的自由、平等、公正、法治，个人层面上的爱国、敬业、诚信、友善，是这个思想大厦的重要材质。显然，材质的优劣、多寡及良差，都会影响到这项工程的质量。要想表里如一，必须质量可靠；要想大厦牢固，必须科学构建；要思想一致，必须“增强人们的认同感和归属感”。如果群众不认同、不理解、不接受，即使理论体系很完整、构思很精密，也很难激起人们内心的共鸣。正因为这是一个综合的复杂的工程，习近平同志特别强调，要“使经济、政治、文化、社会等方方面面政策都有利于社会主义核心价值观的培育”②，充分发挥政策的导向作用，发挥法律的规范作用，尤其是发挥各种社会管理措施的作用，把社会主义核心价值观体现在日常生活中，使那些适合社会主义核心价值观的行为得到发扬光大，使那些背离社会主义核心价值的行为没有市场。

2. 把培育和弘扬社会主义核心价值观作为弘扬中华优秀传统的重要途径

中华优秀传统文化，“是我们民族的‘根’和‘魂’，丢了这个

---

① 《在十二届全国人民代表大会第一次会议上的讲话》，《人民日报》2013 年 03 月 18 日。

② 《培育和弘扬社会主义核心价值观作为凝魂聚气强基固本的基础工程》，《人民日报》2014 年 02 月 26 日。

‘根’和‘魂’，就没有根基了”①。如果抛弃传统、割断血脉、丢掉根本，那就等于自断精神命脉，等于丢掉了精神家园中最宝贵的东西。继承和发扬中华民族传统文化和传统美德，形成讲道德、尊道德、守道德、追求高尚道德的良好风尚，在全社会构建一个具有中国特色的道德体系，是社会主义核心价值体系建设的重要内容。在长期的历史发展中，中华民族留下了优秀的文化产品和传统道德，自强不息的精神追求，厚德载物的精神滋养，独立不倚的坚强人格，圆润通融的博纳胸怀，都是社会主义核心价值体系建设中不可或缺的养料。习近平同志在不同场合分别提出“两个讲清楚”和“四个讲清楚”的要求：“要讲清楚中华优秀传统文化的历史渊源、发展脉络、基本走向，讲清楚中华文化的独特创造、价值理念、鲜明特色，增强文化自信和价值观自信。”②“要讲清楚每个国家和民族的历史传统、文化积淀、基本国情不同，其发展道路必然有着自己的特色；讲清楚中华文化积淀着中华民族最深沉的精神追求，是中华民族生生不息、发展壮大的丰厚滋养；讲清楚中华优秀传统文化是中华民族的突出优势，是我们最深厚的文化软实力；讲清楚中国特色社会主义植根于中华文化沃土、反映中国人民意愿、适应中国和时代发展进步要求，有着深厚历史渊源和广泛现实基础。”③“两个讲清楚”和“四个讲清楚”的基本要求是一致的，目的是把中华优秀传统文化的本质要义贯彻体现在群众的思想和行为中，把中华优秀传统文化讲仁爱、重民本、守诚信、崇正义、尚和合、求大同的时代价值，贯彻到当代中国特色社会主义建设实践中，通过转化和创新，使之成为涵养社会主义核心价值观的重要源泉。

---

① 《增强改革的系统性整体性协同性做到改革不停顿开放不止步》，《人民日报》2012年12月12日。

② 《培育和弘扬社会主义核心价值观作为凝魂聚气强基固本的基础工程》，《人民日报》2014年02月26日。

③ 《胸怀大局把握大势着眼大事努力把宣传思想工作做得更好》，《人民日报》2013年08月21日。

3. 把弘扬和培育社会主义核心价值观作为一项经常性的基础性的工作

“提高国家文化软实力，要努力传播当代中国价值观念。当代中国价值观念，就是中国特色社会主义价值观念，代表了中国先进文化的前进方向。”① 要真正发挥社会主义核心价值观的作用，必须采取有效措施使之融入社会生活的各个层面，让人们在社会实践中和个人行为中感知它、领悟它、落实它。社会主义核心价值体系不是虚无缥缈的说教，不是脱离实际的高调，它要与实践结合才能发挥其应有作用。“要切实把社会主义核心价值观贯穿于社会生活方方面面。要通过教育引导、舆论宣传、文化熏陶、实践养成、制度保障等，使社会主义核心价值观内化为人们的精神追求，外化为人们的自觉行动。榜样的力量是无穷的，广大党员、干部必须带头学习和弘扬社会主义核心价值观，用自己的模范行为和高尚人格感召群众、带动群众。”② 这是一项细致耐心的工作，来不得半点的夸饰。社会中的英模、劳模、凡人伟事等都可以成为宣传社会主义核心价值观的良好素材，要把我们所提倡的价值观与人们的日常生活紧密联系起来，在审慎、精思、贯彻等环节上下功夫，把工作做细、做实、做好。要建章立制，通过完善市民公约、乡规民约、学生守则等行为准则，把社会主义核心价值观转化为人们的基本遵循和自觉追求；要建立和完善社会的礼仪制度，通过多种形式的庆典活动承续优秀传统、缅怀英烈故事、追思创业精神、激励奋斗精神；要确立明确的价值认同和社会归属，“告诉人们什么是真善美，什么是假恶丑，什么是值得肯定和赞扬的，什么是必须反对和否定的”③；要广泛开展各种精

① 《建设社会主义文化强国着力提高国家文化软实力》，《人民日报》2014 年 01 月 01 日。

② 《培育和弘扬社会主义核心价值观作为凝魂聚气强基固本的基础工程》，《人民日报》2014 年 02 月 26 日。

③ 《培育和弘扬社会主义核心价值观作为凝魂聚气强基固本的基础工程》，《人民日报》2014 年 02 月 26 日。

神文明创建活动，尊重群众的创造性参与，在促社会和谐、谋家庭幸福、送他人温暖、为国家贡献的过程中提高精神境界、培育文明风尚；"要利用各种时机和场合，形成有利于培育和弘扬社会主义核心价值观的生活情景和社会氛围，使核心价值观的影响像空气一样无所不在、无时不有"①；还要从基础抓起、从学校抓起，推动社会主义核心价值观进教材、进课堂、进头脑、进生活，以润物细无声的教育形式，生动具体地表现社会主义核心价值观。

4. 把弘扬和培育社会主义核心价值观作为体现精神力量的重要方式

习近平同志在不同的场合和时间以不同的事例强调了社会道德、精神和理想的力量：中国革命和建设历史上一代又一代仁人志士"靠的就是一种精神信仰，为的就是一个理想"②。在谈到航天事业的成就时，他认为这充分展示了伟大的中国道路、中国精神、中国力量；在《关于向践行群众路线的好干部兰辉同志学习的批示》中，他高度赞扬兰辉的敬业精神、宗旨意识和崇高品格；在同全国劳模的谈话中，他鼓励工人用先进思想和模范行动为中国精神注入新能量，认为"铁人精神""大庆精神"等都是鼓励各族人民意气风发投身社会主义建设的强大精神力量，信念的力量、忘我的精神、大爱的胸怀、进取的锐气是激发社会正能量和实现中国梦的强大精神动力。没有精神力量难以自立，没有文化支撑难以自强，以爱国主义为核心的民族精神和以改革创新为核心的时代精神，是全民族的"精气神"。在当前，"中国梦的宣传和阐释，要与当代中国价值观念紧密结合起来"③。中国梦是中国人民和中华民

① 《培育和弘扬社会主义核心价值观作为凝魂聚气强基固本的基础工程》，《人民日报》2014 年 02 月 26 日。

② 《增强改革的系统性整体性协同性做到改革不停顿开放不止步》，《人民日报》2012 年 12 月 12 日。

③ 《建设社会主义文化强国着力提高国家文化软实力》，《人民日报》2014 年 01 月 01 日。

族的价值体认和价值追求，其意蕴表现为“四个意味着”，即“意味着全面建成小康社会、实现中华民族伟大复兴，意味着每一个人都能在为中国梦的奋斗中实现自己的梦想，意味着中华民族团结奋斗的最大公约数，意味着中华民族为人类和平与发展做出更大贡献的真诚意愿”①。精神力量就体现在现实生活中，体现在为国家事业做出贡献的各行各业中，在平凡中孕育伟大，在现实中把握未来，是社会主义核心价值体系建设的重要思路。

二、加强主流意识形态建设的基本方法

习近平关于主流意识形态建设的思维是开放式的，其中，树立历史唯物主义观点，开展全面的宣传教育工作，以及加强各阶层、各领域的学习，是基本的途径和形式。

1. 历史唯物主义是主流意识形态建设的方法论基础

马克思主义哲学依然是指导我们共产党人前进的强大思想武器，坚持历史唯物主义和辩证唯物主义，是我们党的好传统。习近平认为，全党学习历史唯物主义的主要目的，是“更好认识国情，更好认识党和国家事业发展大势，更好认识历史发展规律，更加能动地推进各项工作”②。事实证明，只有坚持历史唯物主义，才能不断开辟当代中国马克思主义发展的新境界。在革命、建设和改革时期，我们党正是恰当地运用历史唯物主义，系统、具体、历史地分析中国社会运动及其发展规律和表现形式，在认识世界、理解世界和改造世界过程中不断把握规律、运用规律，才不断取得胜利。今天的主流意识形态建设，也离不开辩证唯物主义和历史唯物主义这个重要武器，要辩证地看待问题，把社

---

① 《建设社会主义文化强国着力提高国家文化软实力》，《人民日报》2014 年 01 月 01 日。

② 《推动全党学习和掌握历史唯物主义更好认识规律更加能动地推进工作》，《人民日报》2013 年 12 月 05 日。

会基本矛盾作为一个整体来观察，力争全面把握整个社会的基本面貌和发展方向。对此，习近平提出了“四个学习和掌握”的要求，即：学习和掌握物质生产是社会生活的基础的观点，学习和掌握社会基本矛盾分析法，学习和掌握人民群众是历史创造者的观点，学习和掌握马克思主义经典著作。

2. 思想宣传教育是主流意识形态建设的重要方式

“思想纯洁是马克思主义政党保持纯洁性的根本，道德高尚是领导干部做到清正廉洁的基础。”① 要达到思想纯洁和道德高尚，就“要教育引导广大党员、干部坚定理想信念、坚守共产党人精神家园，不断夯实党员干部廉洁从政的思想道德基础，筑牢拒腐防变的思想道德防线。要抓好思想理论建设、抓好党性教育和党性修养、抓好道德建设，教育引导广大党员、干部认真学习和实践马克思列宁主义、毛泽东思想、中国特色社会主义理论体系，牢固树立正确的世界观、权力观、事业观，模范践行社会主义荣辱观，以理论上的坚定保证行动上的坚定，以思想上的清醒保证用权上的清醒，不断增强宗旨意识，始终保持共产党人的高尚品格和廉洁操守”②。一是积极培育和践行社会主义核心价值观，全面提高公民的道德素质，培育知荣辱、讲正气、做奉献、促和谐的良好风尚。习近平同志强调，各级党委要负起政治责任和领导责任，加强对宣传思想领域重大问题的分析研判和重大战略性任务的统筹指导，不断提高思想工作的能力和水平。要树立大宣传的工作理念，动员各条战线各个部门一起来做，把宣传思想工作同各个领域的行政管理、行业管理、社会管理更加紧密地结合起来。二是巩固壮大主流思想舆论，弘扬主旋律，传播正能量，激发全社会团结奋进的强大力量。立足于团结稳

---

① 《推动全党学习和掌握历史唯物主义更好认识规律更加能动地推进工作》，《人民日报》2013 年 12 月 05 日。

② 《推动全党学习和掌握历史唯物主义更好认识规律更加能动地推进工作》，《人民日报》2013 年 12 月 05 日。

定鼓劲，立足于正面宣传，立足于提高质量和水平。在事关大是大非和政治原则的问题上，要增强主动性、掌握主动权、打好主动仗，帮助广大干部和群众划清是非界限、澄清模糊认识。三是古为今用、洋为中用，去粗取精、去伪存真。中华民族独特的文化传统和独特的历史命运、独特的基本国情，注定了必然要走中国特色的发展道路，本国的传统思想，国外的文化内容，经过科学的扬弃后都能为我所用，在全面对外开放的条件下做好宣传思想工作，引导人们全面客观地认识当代中国和当今外部世界。

3. 学习是加强主流意识形态建设的基本形式

习近平指出，学习是增强本领的重要方式，既要把学到的知识运用于实践，又要在实践中增长解决问题的新本领；既要善于学习，又要善于重新学习。"如果我们不努力提高各方面的知识素养，不自觉学习各种科学文化知识，不主动加快知识更新、优化知识结构、拓宽眼界和视野，那就难以增强本领，也就没有办法赢得主动、赢得优势、赢得未来。"① 习近平指出，在加强主流意识形态建设中，学习体现在四个层次上：第一层次是宣传思想部门必须守土有责、守土负责、守土尽责；各级宣传部门领导同志要加强学习、加强实践，真正成为让人信服的行家里手，"既要向书本学习，也要向实践学习；既要向人民群众学习，向专家学者学习，也要向国外有益经验学习"②。第二层次是教育和科研部门的学习。党校、干部学院、社会科学院、高校、理论学习中心组等要成为马克思主义学习、研究、宣传的重要阵地。"通过学校教育、理论研究、历史研究、影视作品、文学作品等多种方式，加强爱国主义、集体主义、社会主义教育，引导我国人民树立和坚持正确的历史

① 习近平：《在中央党校建校80周年庆祝大会暨2013年春季学期开学典礼上的讲话》，《人民日报》2013年03月03日。

② 习近平：《在中央党校建校80周年庆祝大会暨2013年春季学期开学典礼上的讲话》，《人民日报》2013年03月03日。

观、民族观、国家观、文化观，增强做中国人的骨气和底气。”① 第三层次是广大党员、干部的学习。要认真学习和实践马克思列宁主义、毛泽东思想、中国特色社会主义理论体系，牢固树立正确的世界观、权力观、事业观，模范践行社会主义荣辱观，以理论上的坚定保证行动上的坚定，以思想上的清醒保证用权上的清醒，不断增强宗旨意识，始终保持共产党人的高尚品格和廉洁操守。要切实把党章学习好、遵守好、贯彻好，扎实推进党的工作和党的建设制度化、规范化、程序化。“新干部、年轻干部尤其要抓好理论学习，通过坚持不懈学习，学会运用马克思主义立场、观点、方法观察和解决问题，坚定理想信念。”② 第四层次是广大群众的学习。要教会群众运用马克思主义立场、观点、方法观察和解决问题，坚定理想信念，这是提高辨别能力的“基本方法”，也是领导干部必须普遍掌握的工作制胜的“看家本领”。要学习党的路线方针政策和国家法律法规，“在学习宣传全会精神上还要下细功夫、苦功夫、深功夫，夯实全面深化改革的思想认识基础”③，还要“不断学习他人的好东西，把他人的好东西化成我们自己的东西，这才形成我们的民族特色”④。

习近平强调，学习应该是全面的、系统的、富有探索精神的，“必须增强忧患意识，做到居安思危，懂就是懂，不懂就是不懂；懂了的就努力创造条件去做，不懂的就要抓紧学习研究弄懂，来不得半点含糊”⑤。通过学习，改变“新办法不会用，老办法不管用，硬办法不敢

① 《建设社会主义文化强国着力提高国家文化软实力》，《人民日报》2014 年 01 月 01 日。

② 《胸怀大局把握大势着眼大事努力把宣传思想工作做得更好》，《人民日报》2013 年 08 月 21 日。

③ 《完善和发展中国特色社会主义制度推进国家治理体系和治理能力现代化》，《人民日报》2014 年 02 月 18 日。

④ 《完善和发展中国特色社会主义制度推进国家治理体系和治理能力现代化》，《人民日报》2014 年 02 月 18 日。

⑤ 《毫不动摇坚持和发展中国特色社会主义在实践中不断有所发现有所创造有所前进》，《人民日报》2013 年 01 月 06 日。

用，软办法不顶用”的状态。“在学习理解上，要防止一知半解、断章取义、生搬硬套，要弄清楚整体政策安排与某一具体政策的关系、系统政策链条与某一政策环节的关系、政策顶层设计与政策分层对接的关系、政策统一性与政策差异性的关系、长期性政策与阶段性政策的关系，既不能以局部代替整体、又不能以整体代替局部，既不能以灵活性损害原则性、又不能以原则性束缚灵活性。”①

三、加强主流意识形态建设的基本路径

习近平关于加强主流意识形态建设的思想，是以党的十八大精神为基础展开的，是以改革创新为动力全面推进思想建设的伟大工程，是与提高党的建设科学化水平相适应的发展思路。

1. 把加强主流意识形态建设贯彻到党的建设的全过程

“把党建设成为用科学理论和革命精神武装起来的、同人民群众有着血肉联系的、思想上政治上组织上完全巩固的马克思主义政党”②，是社会主义核心价值体系建设的政治保证。党的政治领导和思想领导决定着意识形态建设的方向，要善于把群众力量整合到社会主义大方向上，善于将思想意志化为群众的行动，“善于通过提出和贯彻正确的路线方针政策带领群众前进，善于从人民的实践创造和发展要求中完善政策主张”③。党员干部要起到表率示范作用，自觉加强思想道德建设，理想纪律教育，宗旨观、人生观教育，廉洁意识教育，坚持党性和人民性的统一，增强紧迫感和责任感，坚定理想信念，保持同人民群众的血肉联系。在这方面，习近平同志提出了“三个结合”，即“与保持党的

---

① 《完善和发展中国特色社会主义制度推进国家治理体系和治理能力现代化》，《人民日报》2014 年 02 月 18 日。

② 习近平：《在纪念毛泽东同志诞辰 120 周年座谈会上的讲话》，《人民日报》2013 年 12 月 27 日。

③ 习近平：《以更大的政治勇气和智慧深化改革朝着十八大指引的改革开放方向前进》，《人民日报》2013 年 01 月 02 日。

先进性、纯洁性相结合，与高素质干部队伍建设相结合，与反腐倡廉相结合”。共产党员要时刻牢记“人民群众是历史发展和社会进步的主体力量”，经常保持同人民群众的血肉联系，不断提高拒腐防变和抵御风险能力，以更加坚定的信念，与时俱进发展中国特色社会主义。

2. 把加强主流意识形态建设贯彻到改革开放和群众路线实践教育的全过程

“人民是历史的创造者，群众是真正的英雄。人民群众是我们力量的源泉。我们深深知道：每个人的力量是有限的，但只要我们万众一心，众志成城，就没有克服不了的困难；每个人的工作时间是有限的，但全心全意为人民服务是无限的。”① 社会主义事业植根于群众的实践之中，建设社会主义核心价值体系必须依靠人民群众的力量，必须坚持以人为本，尊重人民群众的主体地位，发挥人民群众的首创精神。主流意识形态建设的方法、经验来源于人民群众的实践创造，因此，“广泛听取群众意见和建议，及时总结群众创造的新鲜经验”②，是一个良好的路径。可以说，科学地凝聚共识，本身就是一种力量，这离不开群众观点和群众路线，离不开工人阶级的主力军作用。解决思想问题，必须与现实的利益结合起来，实现社会和谐稳定和国家长治久安，要靠制度规范社会行为，要靠社会主义核心价值观规范人心，要靠全社会的力量推进国家治理现代化。

3. 把加强主流意识形态建设贯彻到文化软实力建设的全过程

“核心价值观是文化软实力的灵魂、文化软实力建设的重点。”③ 因为社会主流意识形态决定着文化的性质和方向，是文化软实力建设的最

① 习近平：《始终与人民心相印共甘苦》，新华网，http：//tibet. news. cn/xwzt/xcsbd/18sqfb/2012 - 11/14/c_ 131989941. htm.

② 习近平：《切实把思想统一到党的十八届三中全会精神上来》，《人民日报》2014 年 01 月 01 日。

③ 《培育和弘扬社会主义核心价值观作为凝魂聚气强基固本的基础工程》，《人民日报》2014 年 02 月 26 日。

深层要素。如果一个国家缺少能体现凝聚作用的社会主流意识形态，它的文化建设就会一盘散沙，就谈不上真正的软实力；如果一个国家的社会主流意识形态没有强大的感召力，它的文化也难有感染力。文化建设中，社会主流意识形态的引领作用，表现为对社会主体思想的引导和行为的规整。它和文化一样，都表现出软中有硬、虚中有实的二象性力量特征，在深化改革、维护社会系统正常运转中起着“胶合剂”的作用。“我们要继续坚持走中国特色社会主义文化发展道路，推动社会主义文化大发展大繁荣，深化文化体制改革，提高国家文化软实力，加强社会主义核心价值体系建设，丰富人民群众精神文化生活，增强人民精神力量。”①

习近平同志指出，通过加强主流意识形态建设提升文化软实力，要用主流意识形态占领网络阵地。对网络文化建设，要从总体布局统筹各方创新发展，努力把我国建设成为网络强国。“做好网络安全和信息化工作，要处理好安全和发展的关系，做到协调一致、齐头并进，以安全保发展、以发展促安全，努力建久安之势、成长治之业。”② 做好这项工作，需要创新和改进网上宣传方式，尊重网络传播规律，弘扬主旋律，激发正能量，把网上舆论引导的时、度、效有机结合起来。在网络空间里，“要弘扬社会主义先进文化，深化文化体制改革，推动社会主义文化大发展大繁荣，增强全民族文化创造活力，推动文化事业全面繁荣、文化产业快速发展，不断丰富人民精神世界、增强人民精神力量，不断增强文化整体实力和竞争力，朝着建设社会主义文化强国的目标不断前进”③。在习近平看来，文学作品、理论研究、新闻媒体、影视艺

---

① 习近平：《始终与人民心相印共甘苦》，新华网，http：//tibet. news. cn/xwzt/xcsbd/18sqfb/2012 - 11/14/c_ 131989941. htm.

② 《习近平主持召开中央网络安全和信息化领导小组第一次会议时的讲话》，新华社 2014 年 02 月 27 日。

③ 《习近平主持召开中央网络安全和信息化领导小组第一次会议时的讲话》，新华社 2014 年 02 月 27 日。

术是宣传主流思想的重要载体或渠道，是加强爱国主义、集体主义、社会主义教育的重要方式，也是展示正确的历史观、民族观、国家观、文化观的很好方式，这些工作要与主流意识形态建设结合起来。

4. 把加强主流意识形态建设体现在对外交流的全过程

“中国的发展离不开世界，世界的繁荣也需要中国。我们要以更加开放的姿态，加强同世界的联系和互动，加深同各国人民的了解和友谊。”① 要努力提高中国在国际社会的话语空间和话语权，精心构建自己独特的对外话语体系，利用新兴媒体增强话语创造力、感召力和公信力，“讲好中国故事，传播好中国声音，阐释好中国特色”②。要有“如履薄冰，如临深渊”的自觉，时刻把思想建设放在心上；要“坚守爱国主义精神”，牢记人民的利益高于一切；要展示“中华民族始终崇尚的品德和胸怀”；要拓展对外传播平台和载体，把当代中国价值观念贯穿于国际交流和传播方方面面；要以理服人，以文服人，以德服人，提高对外文化交流水平；要完善人文交流机制，统筹国内国际两个大局，综合运用大众传播、群体传播、人际传播等多种方式展示中华文化魅力。要在对外开放中重点展示中国历史底蕴深厚、各民族多元一体、文化多样和谐的文明大国形象，展示政治清明、经济发展、文化繁荣、社会稳定、人民团结、山河秀美的东方大国形象，展示坚持和平发展、促进共同发展、维护国际公平正义、为人类做出贡献的负责任大国形象，展示对外更加开放、更加具有亲和力、充满希望、充满活力的社会主义大国形象。

四、加强主流意识形态建设的叙事特征

习近平同志从社会现实出发，揭示了主流意识形态建设的基本要求

---

① 习近平：《在欧美同学会成立 100 周年庆祝大会上的讲话》，新华网，http://news.xinhuanet.com/politics/2013－10/21/c_117808372.htm.

② 《胸怀大局把握大势着眼大事努力把宣传思想工作做得更好》，《人民日报》2013 年 08 月 21 日。

和基本路径，其话语基础、话语内容、话语环境和话语向度都包含着具有鲜活生命力的思想元素。这个叙事结构中的基本要素相互渗透，体现出理论上的承续和逻辑上的贯通。其目的不仅在于认识思想世界，更在于改造世界，提升主体世界。它不是以说教的形式表达自己的思维，而是尽可能切中所指涉的问题，深入社会结构探寻文化的现实影响，把最本质的内涵表现在思想和语言层面上。

1. 叙事方式

关于加强主流意识形态建设的思想，是在中国梦的话语环境中描述和表达的。这种话语叙事方式是马克思主义主流意识形态建设思想的基本特质在实现中国梦过程中的具体表达，其理论和实践线索存在于中国特色社会主义建设之中。习近平同志在加强主流意识形态建设中提出了促进文化大发展大繁荣的各项要求，也增加了深化改革和推进国家治理现代化的话语内涵，这是理论创新和实践创新背景下的思想建设方略。他不以纯粹的学究式描述表现自己的理论主张，也不以强制的行政措施贯彻自己的思想路线，而是以现实为基础进行理论构设和实践探索，思想的现实和现实的思想都在其中表现出来。这个话语环境浸透了交流理性，以辩证的方案预见了未来思想建设和社会的发展走向，并把主体独立性和依赖性贯穿起来，这是一个完整的当代中国主流意识形态建设的话语范式。在这个话语体系中，意识形态建设的效能，不仅在于量的增加，更在于质的提高。他注重物质文明、精神文明、政治文明、社会文明和生态文明的有机结合，注重主流文化与多元文化的合理融通，注重在实现人的价值中增加正能量减少负能量。

习近平同志主流意识形态建设方略中，社会主义核心价值体系建设是重要内容，其精神维度、政治维度、经济维度和社会维度都与实现中国梦相关联，它包含着中华民族的世界观、价值观、思维方式、知识体系、精神信仰、心理结构和社会意识等方面的内容。这个语境所预设的思想软实力、精神软实力、道德软实力等，是主流意识形态建设的必要基础。当前的群众路线实践教育活动设定了主流意识形态建设的话语场景，群众观点是思想建设的成败所系，是否走群众路线关系到主流意识形态的安危。群众路线实践教育活动体现了主流意识形态建设的道路特征，体现了社会主体、价值主体和文化主体的统一。坚持以人为本是习近平同志关于主流意识形态建设的另一个叙事语境，它以丰厚的人文关怀在经验世界中展开并借助经验世界的质料来表现，其所蕴含的文化精神以及所显示的文化力量，绝不是将生活领域约化为理念领域进而取消生活领域的独立性，更不是用绝对理念来替换它，而是探究社会意识中各部分的相互影响，从而展示出思想建设的内在依据。

2. 辩证语境

其一，用联系的观点看待主流意识形态建设的重要性。习近平指出，“方向决定道路，道路决定命运”①，“中国特色社会主义，是科学社会主义理论逻辑和中国社会发展历史逻辑的辩证统一”②。他重视主流意识形态建设的整体性和统一性，如：把个人命运与国家和民族的命运联系起来，“国家好，民族好，大家才会好”③。习近平把主流意识形态建设看成一个复杂的系统工程，看成经济、政治、文化、社会、生态的协调统一中的过程，因此思想建设的协调工作极为重要。

其二，正确处理主要矛盾和次要矛盾的关系。习近平指出，道路问题是最根本的问题，创新是民族的灵魂，优秀传统文化是中华民族的“根”和“魂”，中国精神是“兴国之魂”和“强国之魄”。习近平关于加强主流意识形态建设思想的辩证态度还表现在求同存异的方法要求上，“求同”有利于做好当下的重点工作，“存异”有利于调动更多的社会力量，求同存异就是把最大公约数找出来，在实际工作中形成思想

---

① 《建设社会主义文化强国着力提高国家文化软实力》，《人民日报》2014 年 01 月 01 日。

② 《毫不动摇坚持和发展中国特色社会主义在实践中不断有所发现有所创造有所前进》，《人民日报》2013 年 01 月 06 日。

③ 《习近平总书记深情阐述中国梦》，《人民日报》2012 年 11 月 30 日。

聚焦。他还把主流意识形态建设放在国际关系的大环境中理解，认为中国梦与各国人民追求和平与发展的梦想是相通的，这个基础上会有一个“命运共同体”，中国社会的意识形态建设离不开这个背景。

其三，用历史唯物主义观点看待社会发展。习近平关于主流意识形态建设话语中，群众和人民是非常重要的关键词。人民群众是依靠力量，也是关怀对象，要“善于通过提出和贯彻正确的路线方针政策带领人民前进，善于从人民群众的实践创造和发展要求完善政策主张”①。这里，人民群众既是思想的载体又是社会的主体及社会历史的创造者，人民群众的任何活动都受到有预期目的的思想或情感的支配，因此，人在社会发展和历史进程中的作用成了衡量意识形态进步性的重要尺度。

3. 话语特色

习近平关于加强主流意识形态建设方略的叙述，采用通俗易懂的语言，由表及里、由近及远、由浅入深，让人读起来不枯燥，容易入脑入心。比如：用“打铁还需自身硬”，表达“坚持党要管党、从严治党，切实解决自身存在的突出问题”的决心；用“千磨万击还坚劲，任尔东西南北风”，表达中国特色社会主义的道路自信、理论自信、制度自信；用“学者非必为仕，而仕者必为学”，阐释做官与学习的关系；用“盲人骑瞎马，夜半临深池”，表达一些思想工作的危机感；用“一勤天下无难事”，表达意识形态建设工作不能荒废怠惰；用“每个人的世界都是一个圆，学习是半径，半径越大，拥有的世界越广阔”，揭示学习的重要意义；用“非学无以广才，非志无以成学”，表达学习对于涵养功夫、激发心志的重要性；用“耳闻之不如目见之，目见之不如足践之”，表达躬身践行的重要性。他还用领导干部和广大党员的“考试”比喻事业的艰难，多次强调空谈误国、实干兴邦，话语中透露的基本思想是：“人世间的美好梦想，只有通过诚实劳动才能实现，发展

① 《建设社会主义文化强国着力提高国家文化软实力》，《人民日报》2014 年 01 月 01 日。

中的各种难题，只有通过诚实劳动才能破解；生命中的一切辉煌，只有通过诚实劳动才能铸就。”① 在谈到思想工作时，他要求有钉钉子的韧劲，要求有“功成不必在我”的淡泊精神。习近平的这些话语表达了“注重文化诉求、强调文化表达、善用文化元素，有助于塑造主流意识形态的知识形象、理论形象和创新形象”② 的思想意向，是推动主流意识形态建设大众化、通俗化的典范。他把马克思主义为指导的主流意识形态以通俗的形式转化为易接受的表达方式，用明白生动的叙述显示了语言的魅力。这样做有助于给人以亲近印象，增强主流意识形态的文化亲和力、感召力；有助于增进社会认同，对于塑造执政文化形象，提升国家治理能力，具有独特作用；有助于塑造中国特色社会主义的知识形象、理论形象和创新形象，有助于提高主流意识形态的竞争力。

（原载于《探索》2014 年第 5 期）

① 习近平：《在同全国劳动模范代表座谈时的讲话》，《人民日报》2013 年 04 月 29 日。
② 沙水清：《习近平讲话格言运用的特色》，人民网，http：//theory. people. com. cn/n/2013/1211/c40531 – 23808014. html.

在引领多样化社会思潮中巩固意识形态阵地*

“经济建设是党的中心工作，意识形态工作是党的一项极端重要的工作。”① 党的十八大以来，在以习近平为总书记的党中央坚强领导下，意识形态领域形势与党和国家整体形势同步向好，马克思主义指导地位更加巩固，正面舆论力量不断壮大，党心民心进一步凝聚。但与此同时，我们也要清醒地看到，由于世界范围内各种思想文化的交流交融交锋更加频繁，由于我国改革发展中各种矛盾和问题相互叠加、集中呈现，由于以移动互联网和智能终端为代表的新兴传媒快速发展，一些非马克思主义、反马克思主义的模糊乃至错误观点还时有出现，多样化的社会思潮仍在互相激荡，意识形态领域依然情况复杂、斗争尖锐。

上述错误观点内容庞杂、形态各异，有的用新自由主义解构全面深化改革，有的用西方宪政民主曲解全面依法治国，有的用西方普世价值消解社会主义核心价值观，有的用历史虚无主义歪曲、否定党史、国史、革命史和改革开放史，但它们有一个共同特点，就是极力抢占意识形态阵地，以达到一个共同目的，诱使中国在根本性问题上犯颠覆性错误，直至发生颜色革命、实现改旗易帜。对于境内外敌对势力竭力实施的这种“松土工程”“金字塔计划”，我们一定要高度警醒，坚持用社

---

* 本文作者：左鹏，北京科技大学马克思主义学院教授，博士生导师。

① 习近平：《在全国宣传思想工作会议上的讲话》，《人民日报》2013 年 8 月 21 日。

会主义核心价值观引领多样化社会思潮，把意识形态工作的领导权、管理权、话语权牢牢掌握在手中，任何时候都不能旁落。为此，需要重点做好以下几项工作。

第一，把马克思主义基本理论的学习和应用作为引领多样化社会思潮、巩固意识形态阵地的“看家本领”。马克思主义是我们立党立国的根本指导思想，“只有学懂了马克思列宁主义、毛泽东思想、邓小平理论、‘三个代表’重要思想、科学发展观，特别是领会了贯穿其中的马克思主义立场、观点、方法，才能心明眼亮，才能深刻认识和准确把握共产党执政规律、社会主义建设规律、人类社会发展规律，才能始终坚定理想信念，才能在纷繁复杂的形势下坚持科学指导思想和正确前进方向，才能带领人民走对路，才能把中国特色社会主义不断推向前进。”① 近年来，一些错误思潮之所以能在部分知识分子中产生、发酵，并经由他们在相当数量的群众中传播，进而影响社会舆论的发展方向，重要原因之一就是这些错误思潮的制造者、传播者、拥趸者没有真正为马克思主义的立场、观点、方法所武装，尤其是淡漠了甚至放弃了马克思主义政治立场。马克思主义政治立场，首先就是阶级立场，进行阶级分析，这“始终是我们观察社会主义同各种敌对势力斗争的复杂政治现象的一把钥匙”②。在这些人中间，除却极个别已经为敌对势力所豢养、沦为其走卒外，大多数只是因思想认识的偏颇和信息占有的不对称而对多样化社会思潮辨识不清、人云亦云。有鉴于此，在着力推进党的理论创新最新成果武装头脑的过程中，决不可忽视马克思主义基本理论的学习和应用。只有系统地而不是零碎地、实际地而不是空洞地学习并掌握了马克思主义基本理论，敢于而且善于运用阶级观点和阶级分析方法观察多样化社会思潮，才能站稳脚跟，

① 习近平：《在中央党校建校 80 周年庆祝大会暨 2013 年春季学期开学典礼上的讲话》，《人民日报》2013 年 03 月 03 日。

② 《江泽民文选》第 3 卷，人民出版社 2006 年版，第 83 页。

分清是非。对处于红色地带的，主动接受并进一步扩大其影响；对处于黑色地带的，坚决拒绝并不经由自己接力传播；对处于灰色地带的，设法使其向红色地带转化，防止其向黑色地带蜕变。

第二，把对重大理论、现实问题的科学阐释、合理解决作为引领多样化社会思潮、巩固意识形态阵地的根本举措。国际上不同发展模式和价值观念的激烈竞争是一些错误思潮在我国产生并传播的外部原因，但外因总是通过内因起作用的。改革开放30多年来，在我国经济社会快速发展中，也出现了一系列问题。比如收入分配差距过大问题、教育医疗住房等民生问题、个别领域的贪污腐败问题等等。对此，广大群众都切身感受并迫切求解。这时，如果有人打着“学术研究”的旗号，做出不同于主流意识形态的解读，把取得的成就都归功于“市场化改革”，把存在的问题都归咎于“只搞经济改革，不搞政治改革”，把未来的希望都寄托于接受“普世价值”、实行“宪政民主”。这些都具有很强的迷惑性，在未经科学分析和明确澄清的情况下，很容易被一些人接受。针对这种情况，要引领多样化社会思潮、巩固意识形态阵地，就不能只是停留在严谨、宏大的理论研究和笼统、宽泛的宣传教育中，而应着眼于实际。正如马克思和恩格斯指出：“意识的一切形式和产物不是可以通过精神的批判来消灭的，……而只有通过实际地推翻这一切唯心主义谬论所由产生的现实的社会关系，才能把它们消灭。”① 为此，我们一方面要做好重大理论、现实问题的科学阐释，使人们普遍关注的社会热点难点问题都能在主流意识形态中得到圆满解答，并使其成果以大众化、时代化的形式占据思想文化主阵地；另一方面要协调推进全面建成小康社会、全面深化改革、全面依法治国、全面从严治党，合理解决改革发展中深层次的矛盾和问题，完善和发展中国特色社会主义制度，让每一个老百姓都能有更多的获得感，都能切身感受到主流意识形

① 《马克思恩格斯选集》第1卷，人民出版社1995年版，第92页。

态倡导的社会公平正义、人民富裕幸福。

第三，把网上舆论工作作为引领多样化社会思潮、巩固意识形态阵地的重中之重。20 世纪 90 年代以来，以信息技术为核心的科技进步有力推动了世界经济政治文化的发展和创新，同时也加剧了世界范围内不同思想文化的互相激荡，进一步放大了我国意识形态领域多元多样多变的特点。尤其是近年来随着移动智能终端的发展和普及，网上信息的源头和传播渠道越来越多，网络舆论的规模和影响力也越来越大。针对这种情况，要引领多样化社会思潮、巩固意识形态阵地，就必须实现工作重点的战略转移，使其由报刊、电台、电视台、通讯社等传统媒体转向基于互联网的新兴媒体，由 web1.0 时代平面、静止的门户网站转向 web2.0 时代即时互动、立体多元的微博、微信等。也正如习近平指出："宣传思想工作是做人的工作的，人在哪儿重点就应该在哪儿。……很多人特别是年轻人基本不看主流媒体，大部分信息都从网上获取。必须正视这个事实，加大力量投入，尽快掌握这个舆论战场上的主动权，不能被边缘化了。"① 为此，需要在严密防范和抑制网上攻击渗透的同时，建立起科学有效的网络信息收集系统，准确把握人们关注的社会热点话题，及时捕捉网络舆论场的风吹草动，进而以主流意识形态为统领，借用网上流行的语言、文体和表现形式，设置议程，策划讨论，创作出受众肯于浏览、勤于分享、乐于讨论的好文章、好段子，先入为主地占据网上思想制高点，后发制人地同网上错误观点正面交锋，在对人们网上诉求的全面回应中，在透彻的说理、激烈的论辩中，有效引导"沉默的大多数"，既传达正确思想观点，又制造良好传播效应。

第四，把对错误思潮的及时澄清、有力批驳作为引领多样化社会思潮、巩固意识形态阵地的关键环节。意识形态阵地，马克思主义不去占领，非马克思主义、反马克思主义的思想必然会去占领。思想防线被攻

---

① 《习近平关于全面深化改革论述摘编》，中央文献出版社 2014 年版，第 83 页。

破了，其他防线就很难守住。能否坚守思想阵地，事关党的前途命运，事关国家长治久安，事关民族凝聚力和向心力。在当代中国，以马克思主义为指导的科学思想是整个意识形态的主流，这是毫无疑义的；违反马克思主义的错误的观点，尽管是支流，但也必须认真对待，如果任其发展，必然造成极大危害。而今，各种错误思潮在深刻的社会变革中沉渣泛起、大肆传播，已经成为意识形态工作必须面临的一个基本事实。在这样的事实面前，是装聋作哑、听之任之，投鼠忌器、隔靴搔痒；还是坚持原则，敢抓敢管，旗帜鲜明地予以批驳，理直气壮地予以抵制，是各级党组织和每一个党员干部必须做出的现实选择。选择了前者，固然能求得一团“和气”，但势必搞乱人们的思想，搞乱党的意识形态，最终把改革开放引向邪路。选择了后者，就必须切实担负起领导责任、政治责任，坚持党性和人民性的统一，敢抓敢管、敢于亮剑，决不对党的政治纪律、政治规矩置若罔闻、不当回事，决不挑那些党已经明确规定的政治原则来说事，口无遮拦、毫无顾忌，“对于那些明显反对社会主义、反对共产党的，这次就要处理。可能会引起波浪，那也不可怕”。① 与此同时，密切关注群众的现实关切和利益诉求，找准各种错误思潮容易打动他们的内外原因，在帮助他们解决实际问题的过程中，通过耐心细致的说服教育，巩固马克思主义在他们思想上和意识形态领域的指导地位。

（原载于《思想教育研究》2016 年第 1 期）

---

① 《邓小平文选》第 3 卷，人民出版社 1993 年版，第 196 页。